정변의 역사

政變　歷史

정변의 역사 (확장판)

확장판 1쇄 발행 2024년 7월 15일

지은이 최경식 / **펴낸이** 배충현 / **펴낸곳** 갈라북스 / **출판등록** 2011년 9월 19일(제2015-000098호) / **전화** (031)970-9102 **팩스** (031)970-9103 / **블로그** blog.naver.galabooks / **페이스북** www.facebook.com/bookgala / **이메일** galabooks@naver.com / ISBN 979-11-86518-83-0 (03910)

정변의 역사

확장판

드라마틱한 인간사
'정변'에 대한 탐구

어느덧 확장판을 출간했다. 첫 책이었음에도 많은 사람들이 읽어
줘서 여기까지 올 수 있었다. 기존 내용을 대폭 보강했다. 다양한
곳에서 관련 자료들을 알아보고 발췌해 내용에 담았다. 나름의 사
명감이 있어서 이 일을 하고 있다. 역사도 흥미로운 분야라는 것을
널리 알리기 위해서다. 그만큼 역사는 중요하기 때문이다.

정변은 '쿠데타나 혁명 등에 의한 정치상 대변동'을 말한다. 예로
부터 우리나라에는 많은 정변들이 있었다. 이로 인해 역사의 흐름
이 크게 뒤바뀌곤 했다. 흐름을 바꾸는 역동적인 사건들인 만큼 그
안에는 거사 준비 과정에서의 비밀과 음모, 권력을 향한 인간의 욕
망, 정변 진행 과정에서의 무력투쟁, 성공한 자의 권력독점과 실패
한 자의 전락 등 인간사의 드라마틱한 요소들이 가득 담겨있다. 해

당 주제를 통해 독자들에게 교훈과 재미를 동시에 전달할 수 있을 것이라 판단했다.

　삼국시대부터 현대사에 이르기까지. 각 시대별로 주요 정변들을 선정, 내용을 유기적으로 구성하려 했다. 우리나라 역사의 큰 흐름을 이해하는데 용이할 것으로 보인다. 비단 사건뿐만 아니라 그 전후의 역사도 폭넓게 다뤘다. 그리고 정변이란 개념을 광의적으로 바라봤다. 엄밀히 보면 정변의 개념에서 다소 벗어나 보일 수 있지만, 큰 틀(정치상 대변동)에서 봤을 때 정변에 해당된다고 판단되는 사건들도 다뤘다. 모쪼록 이 책이 독자들에게 유익한 독서 경험이 되길 바란다.

_저자 최경식

차
례

1부

정치상 대변동

2부

지배체제 변혁

3부

극적인 상승과 몰락

4부

고난과 좌절

부 록

또 다른 정변들

1

정치상 대변동

"… 모든 호종한 문관 및 대소신료 환시가 모두

해(害)를 만나매. 쌓인 시체가 산과 같았다."

-무신정변 中

01

연개소문 정변

고구려는 천자의 제국이다

중화 패권주의에 대항한 마지막 불꽃

662년(보장태왕 21년), 제2차 고당 전쟁 당시 고구려의 실권자 대막리지 연개소문은 평양성 부근 사수에서 방효태가 이끄는 당나라 10만 대군을 전멸시켰다.

"선악현부(善惡賢否)는 별 문제로 하고 당시 동방아시아 전쟁사에서 유일한 중심인물이었으며, 조선 역사 4000년 이래 최고의 영웅이다...(중략)... 봉건세습의 호족공치제(豪族共治制)의 정치를 타파하여 정권을 한곳에 집중시켰으니, 이는 분립의 대국을 통일로 돌리는 동시에 그 반대자는 군주나 호족을 묻지 않고 한꺼번에 소탕하여 영류왕 이하 수백 명의 대관을 죽였다. 아울러 침노해 온 당태종을 격파하였을 뿐 아니라 도리어 당을 진격하여 전국을 놀라 떨게 하였으니, 그는 다만 혁명가의 기백을 가졌을 뿐 아니라 또한 혁명가의 재능과 지략을 갖추었다고 함이 옳겠다."

－신채호 '조선상고사' 中

　독립운동가이자 민족사학자였던 단재 '신채호' 선생은 오래전에 살았던 한 '고구려인'에 대해 이렇게 평가했다. 한국근대역사학의 중요한 저작 중 하나로 손꼽히는 '조선상고사'에서였다. 사대주의 사관이 깃들어있는 김부식의 '삼국사기'와 객관성이 결여된 중국의 역사서 등에서 평가절하됐던 한 인물이 고매한 역사가의 손에서 다시 태어나는 순간이었다.

　그 주인공은 바로 고구려 말기의 실권자, 대막리지였던 '연개소문'이다. 연개소문은 고구려의 한 유서 깊은 가문에서 출생했고 정통 고구려인의 기개를 갖춘 인물이었다. 비록 호전적인 성격 탓에 주변 사람들이 어려워했고 역사적 평가가 엇갈리는 부분도 있지만 대륙에 있는 제국들에 대항해 고구려가 나아가야 할 방향, 즉 '자주적 기조'를 명확히 각인시킨 인물이었다. 연개소문의 리더십 하에서 고구려는 우리나라 역사상 (광의적 의미에서의) '중화 패권주의'에 대등하게 맞섰던, 어쩌면 능가하는 모습을 보여줬던 유일무이한 세력으로 거듭날 수 있었다. 하지만 이후의 국내 역사에서 고구려에 버금가는 세력은 좀처럼 등장하지 못했다. 되레 친중 사대주의 고착화라는 퇴행의 역사가 나타났다. 안타까운 역사가 지속될수록 우리 민족 사이에선 강력했던 고구려와 연개소문에 대한 향수가 짙어져 갔다.

자주적인 한민족의 마지막 불꽃, '혼'(魂)으로 평가받는 연개소문. 지금도 중국의 경극에서 중국인들이 가장 두려워하는 존재로 부각되는 고구려인. 고구려는 대륙의 하수인이 아닌 '천자의 제국'이라고 선포하며 단행했던 '연개소문 정변'(막리지의 난) 전말을 되돌아봤다.

■ 고구려의 기개, 수나라 멸망

5세기 중반 이후의 국제 정세를 살펴보면 중국의 남북조, 북방의 유연, 동방의 고구려가 세력 균형을 형성한 상태였다. 동아시아는 이전에 비해 안정적인 상황을 유지했다. 이 같은 국제 정세 하에서 고구려는 대륙의 여러 세력과 다각도로 외교 관계를 맺으며 장기간 태평성대를 누릴 수 있었다. 하지만 이는 6세기말 수나라가 대륙의 통일제국으로 등장하면서 깨지기 시작했다. 중국을 중심으로 한 국제질서 개편을 추구했던 수나라는 북방의 돌궐을 복속시키고 고구려를 위협했다. 즉각 고구려 왕이 직접 입조해 머리를 조아릴 것을 요구했다. 고구려는 결코 호락호락하지 않았다. 오히려 598년 '영양태왕'은 수나라 요서지역에 대한 선제공격을 감행했다. 이에 격분한 수나라 문제 양견은 같은 해에 약 30만 대군을 이끌고 고구려를 처음으로 침공했다. 문제의 뒤를 이어 즉위한 수나라 양제 양광도 612년 문제보다 훨씬 많은 113만 대군을 이끌고 고구려를 침공했다.

문제와 양제에 걸친 수나라의 침공은 총 4차례 이뤄졌지만, 수나라는 요충지였던 고구려의 요동성을 좀처럼 돌파하지 못했다. 요동성에서 계속 막히자 양제는 우문술, 우중문 등으로 하여금 별동대를 이끌고 압록강을 건너 남하해 평양성을 공격하게 했다. 그러나 해당 병력은 고구려의 '을지문덕' 장군에 의해 살수에서 거의 전멸당했다. 이것이 그 유명한 '살수대첩'이다. 관련 역사서는 "30만에 달했던 수나라 병력 중 요동으로 살아 돌아간 사람은 수천 명에 지나지 않았다"라고 전하고 있다. 살수대첩 이후에도 수나라 양제는 고구려를 공격했지만 요동성과 신성을 결코 함락시키지 못했다. 여기에 내부의 반란까지 발생해 자중지란에 빠지게 됐다. 이에 수나라는 고구려 복속을 포기하기에 이르렀다. 오랜 기간 고구려와의 무리한 전쟁으로 국력이 소진된 수나라는 극심한 정치적 혼란에 휩싸였다. 급기야 618년 양제는 우문술의 아들인 우문화급에게 살해당했고 이듬해 수나라는 멸망했다.

■ 외교 노선 변화와 거듭된 굴욕

수나라의 멸망에 결정적인 영향을 미친 것은 영양태왕을 중심으로 한 고구려의 대중 강경노선이었다. 이는 동북아 강자로서의 고구려 위상을 확고히 해줬다. 이런 와중에 영양태왕이 세상을 떠났다. 영양태왕의 죽음은 고구려 외교 노선의 급변을 야기했다. 618년 영양태왕의 뒤를 이어 이복동생인 '영류태왕'이 즉위했다. 그는 수나라와의 전쟁으로 피폐해진 국가를 회복시키는 것을 급선무로 설정했다. 아울러 수나라에 뒤이어 등장한 강대한 당나라와 평화적인 외교 관계를 맺기 위해 노력했다. 더 이상 대륙에 대항하는 것은 무리수라는 판단이었다. 이때 영류태왕의 공식적인 외교 정책명이 북쪽을 지키고 남쪽으로 진격한다는 '북수남진'(北守南進)이었다.

문제는 고구려를 향한 당나라의 오만한 태도였다. 당시 당나라의 황제는 그 유명한 당 태종 '이세민'이었다. 당나라는 622년 수나라의 고구려 침공 때 본국으로 돌아가지 못한 중국인들의 대거 송환을 요구했다. 고구려 입장에서는 자신들을 침공했던 적국의 포로를 잡아두는 게 당연한 일이었지만, 당나라의 일방적 요구에 순응해 1만여 명에 달하는 포로들을 아무 조건 없이 풀어줬다. 또한 당나라의 요구에 따라 고구려 요충지들이 세세하게 나와있는 지도(봉역도)도 넘겨줬다. 지도를 획득한 당나라는 추후 고구려 침공 때 이를 효과적으로 활용하며 유리한 국면을 조성할 수 있게 된다.

오만함이 가득한 당나라의 요구는 계속됐다. 그중에 가장 굴욕

적인 일이 631년에 발생했다. 당시 고구려에는 고·수 전쟁 때 죽
은 수나라 병사들의 해골을 파묻고, 수군 격퇴를 기념하기 위해 세
운 경관(승전탑)이 있었다. 이는 고구려의 위대한 승리를 상징적으로
보여주는 징표이자 자부심 그 자체였다. 이세민은 광주사마 장손사
를 보내 이를 철거하라고 요구했다. 해당 사안을 놓고 고구려 조정
에선 그 어느 때보다 격렬한 논쟁이 오고 갔다. 쉽사리 답이 나오지
않자 모든 신료들의 시선은 최종 결정권자인 영류태왕에게 쏠렸다.
그의 결정은 한결같았다. 이번에도 온건 노선을 견지하며 당나라의
요구를 그대로 수용했다.

■ 노선 갈등 심화

경관 사건을 계기로 고구려 내부는 대당 강경파와 온건파로 나뉘
어 극심하게 대립하는 양상을 보였다. 연개소문을 중심으로 한 군
부 소장파는 저자세 외교를 비판하며 다시금 영양태왕 때의 강경
노선을 표방해야 한다고 주장했다. 계속 밀리면 당나라가 더 심한
요구를 해올 것이 분명했고, 유화적인 태도를 취한다고 해도 결국
당나라의 침공을 피할 순 없을 것이라고 봤다. 반면 장년·원로 대
신들은 군부 소장파들의 주장을 현실을 도외시한 치기 어린것에 불
과하다고 비판하며 영류태왕의 온건 노선이 지속돼야 한다고 주장
했다.

이와 관련해 후대의 역사가들은 "고구려가 어떠한 노선을 취했든
간에 당나라의 침공은 예정돼 있었다"라는 견해에 대체로 동의하

고 있다. 주변 강국을 용납하지 않았던 이세민에게 있어, 수나라까지 물리친 고구려는 그 존재 자체만으로 작지 않은 걸림돌로 여겨졌다. 아울러 연개소문도 한때 (영류태왕처럼) 전략적 차원에서 당나라의 환심을 사기 위한 것으로 보이는 '도교' 진흥 정책(당나라는 노자의 후예를 주장하며 도교를 존숭하고 있었다.)과 사대 책봉 관계를 추구했음에도 불구하고, 이세민 장손무기 등소 등은 이에 아랑곳하지 않고 고구려에 대한 침공 계획을 구체적으로 논의 추진했다. 다만 이세민이 가장 아끼던 책사인 '위징'이 고구려 침공을 결사 반대해 침공 시점이 다소 늦춰진 측면이 있다. 644년 정월에는 이세민이 조서를 통해 신라에 대한 고구려의 군사 행동을 중단할 것을 요구했고, 이를 받아들이지 않을 경우 고구려를 정벌하겠다는 노골적인 경고를 가하기도 했다. 고구려 침공을 위한 구실을 어떻게든 찾고 있었던 셈이다.

■ 연개소문 정변(막리지의 난)

연개소문을 중심으로 한 군부 소장파의 노선 변화 요구가 거세지자 장년 · 원로 대신들의 위기감은 높아져 갔다. 특히 소장파의 수장인 연개소문은 눈엣가시나 다름없었다. 연개소문은 부친인 연태조가 막리지였고 예로부터 가문 자체가 힘이 있었다. 앞서 장년 · 원로 대신들은 연개소문을 견제하며 그가 아버지의 관직을 승계하는 것을 반대하기도 했었다. 결국 이들은 영류태왕을 설득해 연개소문 제거 계획을 세우게 된다. 그 첫 단계로 당나라의 침공에 대비해 축조하고 있던 '천리장성'에 대한 감독 업무를 연개소문이 맡도록 했다. 천리장성은 수도 평양에서 멀리 떨어진 고구려의 서쪽 국경에 위치해 있었다. 연개소문을 중앙정치 무대가 아닌 변방으로 보낸 후 서서히 힘을 약화시키려는 복안이었다. 이와 관련해 다른 이야기도 있다. 당초 연개소문이 천리장성 축조 책임자로 일하고 있었는데, 조정에서 당나라의 요구에 순응해 천리장성 축조를 중단시켰고 연개소문이 이에 격분해 정변을 일으켰다는 의견도 제기된다.

하지만 장년 · 원로 대신들의 계획은 연개소문에게 은밀히 보고됐다. 그는 당하기 전에 먼저 거사를 일으키기로 마음먹었다. 연개소문은 642년 자신이 관장하는 부에 소속된 사병들을 동원해 평양성 남쪽에서 열병식을 거행하기로 했다. 이 자리에 장년 · 원로 대신들을 초청한 뒤 모조리 척살한다는 계획이었다. 실제로 열병식에는 100여 명에 달하는 대신들이 참석했다. 열병식은 화려하게 진행됐다. 대신들 그 누구도 이상한 낌새를 눈치채지 못했고 그저 즐겁게 술을 마실 뿐이었다. 한창 분위기가 무르익던 중, 연개소문은 사병들에게 미리 약속한 신호를 보냈다. 척살 신호였다. 그러자 열병식을 진행하고 있던 사병들이 돌연 대신들에게 뛰어들어 무자비하게 칼을 휘둘렀다. 순식간에 수많은 대신들이 목숨을 잃었다.

연개소문은 열병식 거사가 성공하자 즉각 궁궐로 쳐들어갔다. 그는 궁궐을 손쉽게 장악한 뒤 영류태왕을 죽였고 왕의 시신을 토막내 구덩이에 던져 버렸다. 살수대첩 당시 대동강 주변에서 수나라해군을 격퇴해 전쟁 영웅으로 칭송받았던 고건무, 영류태왕은 비참한 최후를 맞았다. 연개소문은 영류태왕의 조카인 장을 새로운 왕으로 추대했다. 이 왕이 바로 고구려의 마지막 왕인 '보장태왕'이다. 연개소문 자신은 군권과 인사권을 총괄하는 '대막리지'에 올랐다. 한편 연개소문이 태왕과 많은 신료들을 잔인하게 살해하고 대막리지에 올랐음에도 이 당시 여론의 반발은 거의 없었던 것으로 보인다. 그만큼 영류태왕의 온건 노선이 여론의 지지를 받지 못한 반면 연개소문 정변의 정당성은 어느 정도 인정을 받았다는 분석이 나온다.

■ 한민족의 마지막 불꽃

연개소문이 집권한 후 당나라를 향한 고구려의 외교 노선은 갈수록 비타협적이고 도전적으로 변했다. 어쩌면 고구려 본연의 모습으로 돌아간 것인지도 모른다. 또한 김춘추와의 동맹 관련 회담이 결렬되자 신라에 대해서도 강경한 태도를 취했고, 백제와 연합해 신라의 40여 개 성을 공격하기도 했다. 이러한 모습에 격분한 이세민은 645년 드디어 고구려를 침공했다. 그런데 이세민은 누구였던가. 그는 김부식의 '삼국사기'에서도 보이듯 역사상 보기 드문 '명군'으로 칭송받았던 군주다. 김부식은 "당 태종 이세민은 매우 총명하여 세상에서 좀처럼 보기 드문 임금이었다. 난을 평정함은 탕왕과 무왕에 비할 수 있고, 다스림을 이룬 것은 성왕과 강왕에 가까웠다. 때에 이르러서는 기묘한 계책을 내는 것이 무궁하여 향하는 곳마다 대적할 자가 없었다"라고 평가했다. 지금도 이세민은 청나라 강희

제, 한무제와 더불어 중국의 3대 명군으로 불리고 있다. 그의 치세, 일명 '정관의 치'를 기록한 '정관정요'(貞觀政要)는 정치인들의 필독서로 읽히고 있다.

이러한 이세민을 상대한다는 것은 이전에 수나라를 상대했던 것과는 차원이 다른 일이었다. 실제로 제1차 고당 전쟁 초반에 이세민이 이끄는 당나라군은 공성 장비인 포차를 앞세워 수나라가 돌파하지 못했던 요동성, 개모성, 현도성, 비사성 등을 잇따라 함락시키며 파죽지세로 나아갔다. (그나마 북쪽의 신성과 남쪽의 건안성은 당나라군의 공격을 잘 막아냈다.) 자칫 고구려의 요동방어선이 완전히 붕괴되고 평양성이 적들의 사정거리에 그대로 노출될 수 있는 위험천만한 순간이었다. 그러나 연개소문과 양만춘 등을 중심으로 한 고구려군은 결코 물러서지 않았다. 강력한 당나라군에 맞서 분전했고, 끝내 '안시성' 전투에서 당나라군의 전의를 꺾는 데 성공했다. 안시성 전투는 약 3개월가량 이어졌는데, 이전 전투와 달리 당나라군의 포차 공격이 좀처럼 통하지 않았다. 그러자 당나라군은 안시성보다 더 높은 '토산'을 쌓아 공격하려 했다. 이 또한 허사였다. 어찌 된 영문인지 토산이 안시성 방향으로 무너졌고 고구려군이 재빨리 토산을 점령해 버렸다. 토산 전략도 빗나가면서 사실상 당나라군이 안시성을 공략할 수 있는 동력은 사라졌다.

이런 가운데 연개소문의 고구려는 비단 전쟁만이 아닌 외교 전략을 적극 병행하기도 했다. 연개소문은 안시성 전투 직전에 당나라와 안 좋은 관계에 있던 설연타에게 사신을 보내 당나라에 대한 공격을 유도했다. 당나라가 이중전선을 형성하게 만들었던 것이다. 불리한 상황 전개로 당나라군의 사기는 급속도록 저하됐다. 엎친데 덮친 격으로 매서운 동장군까지 찾아왔다. 날씨와 보급 등에서 심각한 문제에 직면한 당나라군은 고심 끝에 퇴각을 결정했다. 퇴각 경로는 요택밖에 없었다. 이 지역은 진흙탕이어서 퇴각 속도가 현저히 둔화됐다. (앞서 이세민은 고구려로 진격할 때 요택 부근에 부설한 다리를 모두 불사르며 퇴로를 끊어버렸다. 이는 고구려를 반드시 정벌하고야 말겠다는 의지의 표현이었지만 결과적으로 뼈아픈 자충수가 됐다.) 이때를 놓치지 않고 고구려군이 빠르게 추격해 당나라군을 큰 곤경에 빠뜨렸다.

일각에서는 고구려군이 추격전을 펼칠 때 이세민의 눈에 화살을 명중시켰다는 이야기도 전해진다. 중국 측이 기록한 정사(正史)에는 이 같은 내용이 나와있지 않지만, 적지 않은 야사와 구전에는 이러한 내용이 기정사실처럼 담겨있다. 심지어 고려시대 목은 이색의 시에도 "이(고구려)는 주머니 속의 물건이라더니, (이세민) 눈이 흰 깃(화살)에 떨어질 줄 누가 알았으랴"라는 대목이 나온다. 이세민의 사망 원인이 이때 입은 눈 부상 때문이라는 주장도 제기된 바 있다. 또한 단재 신채호 선생은 '조선상고사'에서 연개소문의 추격대가 천리장성을 넘어 중국 북경 북쪽에 있는 상곡지방까지 공격했다고 전하고 있다. 역사적 사실 여부에 있어 역사가들마다 의견이 엇갈리는 부분이 있지만, 중국인들이 자랑스러워하는 명군 이세민이 연개소문의 고구려군에게 대패했고 비참하게 퇴각 길에 올라 가까스로 목숨을 부지했다는 것은 역사가들 사이에서 의견이 일치한다. 연개소문과 고구려는 수많은 전쟁에서 한 번도 패배한 적이 없던 '전투형 군주' 이세민에게 매우 치명적인 오점을 남겼다. 이세민은 1차 고당 전쟁으로부터 4년 후인 649년에 숨졌다. 유언으로 "다시는 요하를 넘지 말라(고구려를 침공하지 말라)"는 말을 남겼다고 한다.

이로부터 한동안 평화가 유지됐다. 하지만 오래가지는 못했다. 661년 신라와 함께 백제를 멸망시킨 당나라는 이 여세를 몰아 고구려를 재차 침공했다. 제2차 고당 전쟁이었다. 이때 당나라군은 1차 침공 때보다 더 적극적으로 해상 전력을 가동했다. 고구려군은 상당히 어려운 상황에 처했지만, 이번에도 한치의 물러섬 없이 강경하게 대응했다. 특히 고령이었던 연개소문은 평양성 부근 '사수' 전투에 직접 출전해 방효태가 이끄는 당나라 10만 대군을 전멸시키는 전과를 올렸다. 이 같은 연개소문의 헌신적인 주도로 2차 고당 전쟁도 고구려의 승리로 돌아갔다. 연개소문의 고구려는 이 당시 세계 최강으로 불렸던 당나라군을 연이어 격파했던 것이다. 1,2차 고당 전쟁의 승리를 계기로 연개소문의 권력과 명성은 더욱 공고해졌다. 당나라는 연개소문이 살아있는 한 감히 고구려를 넘볼 수 없었다.

다만 연개소문도 당해내지 못한 것이 있었으니 바로 세월의 무게였다. 666년 연개소문은 자신의 죽음을 예감한 뒤 세 아들인 남생, 남건, 남산을 불러 다음과 같이 당부했다. "너희들이 화합하지 않으면 모두 죽는다. 당나라가 여전히 우리의 허점을 노리고 있다. 내가 죽더라도 너희들이 힘을 모아 나라를 이끌면 당나라가 넘보지 못할 것이다. 하지만 서로 싸운다면 고구려의 운명을 알 수 없다." 연개소문은 사이가 좋지 않았던 아들들의 권력 다툼과 그로 인한 국가의 존망을 염려했다. 연개소문의 죽음은 고구려의 끝을 의미했다. 호랑이의 몸에서 살쾡이들이 나왔다고 했던가. 연개소문이 사망한 후 우려했던 대로 철없는 아들들 간의 권력 다툼이 발생했다. 당나라는 내분을 적극 활용하며 고구려를 또다시 침공했다. 당나라에게 있어 연개소문이 없는 고구려는 '이빨 빠진 호랑이'나 다름없었다. 결국 연개소문이 사망한 지 2년밖에 안 된 668년 고구려는 멸망했다. 자주적 기조를 바탕으로 중화 패권주의에 대등하게 맞섰고, 나아가 승리하기까지 했던 한민족의 마지막 '혼'이 역사의 뒤안길로 사라지는 매우 안타까운 순간이었다.

02

태조왕건 정변

혁명인가 쿠데타인가

'정사 너머에' 있는 역사

칠장사 명부전 궁예벽화. 궁예의 말기와 최후 행적은 석연치 않은 점이 많다.

"궁예 말년에 기병장수 홍유, 배현경, 신숭겸, 복지겸 등이 몰래 모의한 후 밤중에 태조(왕건)의 집에 찾아와 왕으로 추대하겠다고 했다. 이에 태조는 단호하게 거절하며 허락하지 않았다. 이때 부인 유씨가 손수 갑옷을 가지고 와서 태조에게 입히고 여러 장수들이 옹위하여 밖으로 나왔다. 그리고 사람을 시켜 말을 달리며 '드디어 왕공께서 정의의 깃발을 드셨다'라고 외치게 했다. 이렇게 되자 뒤질세라 달려오는 자가 헤아릴 수 없었으며, 저 궁문에 이르러 북을 치고 환호하면서 기다리는 자도 1만 명을 넘었다. 궁예가 그 소식을 듣자 깜짝 놀라며 '왕공이 나라를 얻었다면 나의 일은 다 허사로다'라며 어찌할 바를 몰라하다가 미복 차림으로 북문을 빠져나와 달아났다. 나인들이 궁궐을 청소하고 새 왕을 맞이했다. 궁예는 산골짜기에 숨어 이틀 밤을 머물렀고 보리 이삭을 몰래 잘라먹다가 백성들에 의해 맞아서 세상을 떠났다."   —고려사 中

우리나라 역사에서 대중들에게 가장 널리 알려진 인물 중의 하나가 바로 '궁예'다. 드라마 등을 통해 애꾸눈과 미륵 관심법을 쓰는 궁예의 이미지가 대중들에게 강렬히 각인돼 있다. 그런데 우리나라 역사에서 궁예만큼 말기와 최후가 석연치 않은 상황에서 '폭군'이라는 부정적 이미지가 완벽하게 덧씌워져 있는 인물도 드물 것이다. 그동안 왕건의 정변은 궁예의 폭정을 종식시키고 새로운 나라를 건국한 '혁명'으로 받아들여졌다. 왕건은 고려 '태조'라는 위대한 역사의 승자가 됐고, 궁예는 왕위에서 쫓겨나 일개 도적보다 못한 비참한 최후를 맞는 역사의 패자가 됐다. 일반적으로 받아들여지는 소위 '정사'는 이 점을 한없이 부각한다.

하지만 역사는 반드시 정사만을 고집할 수 없는 측면도 있다. 그것이 '승자'들의 관점 만을 기초로 삼아 실제 사실과는 다르게 기록됐을 수도 있기 때문이다. 해당 역사의 전후 맥락과 일부 근거들을 기반으로 합리적으로 '추정'해보고, 항간에서 기록한 역사서인 야사와 민담 등을 살펴보는 것도 역사적 사실을 탐구해 나가는 중요한 과정 중의 하나다. 이러한 측면에서 궁예의 석연치 않은 말기와 최후 행적, 그리고 궁예라는 인물과 왕건 정변의 본질 등을 살펴보는 것은 의미가 있고 필요한 일이다. 정사에 나온 기록과 몇 가지 단서들에 기반한 합리적 추정 등을 아우르며 '왕건 정변' 전말을 되돌아봤다.

■ 군웅할거, 후삼국 정립

9세기말 통일 신라는 쇠퇴하고 있었다. 50년 가까이 지속된 지배층 간의 내란으로 왕권은 크게 약화됐고, 전국 각지에서 군웅들이 할거하며 독자 세력화를 추진했다. 다양한 군웅들 사이에서 단연 두드러진 인물은 '궁예'와 '견훤'이었다. 특히 궁예는 정사에 따르면 신라의 왕자(서자) 출신이다. 다만 누구의 자식인지는 정확히 밝혀진 바가 없다. 궁예는 신라 왕실 내부의 권력 다툼에 휘말려 어린 나이에 죽을 위기를 맞았다. 한 유비(젖먹이 비녀)에 의해 가까스로 목숨을 부지했지만 한쪽 눈을 잃고 말았다. 궁예는 10세가 될 무렵 세달사로 출가했고 자신의 법호를 '선종'이라고 했다. 이 시기에 그는 불교 신앙을 현실 정치에 적용하는 기초를 닦은 것으로 보인다. 즉 추후 '미륵 부처'를 자처하며 세력을 다져나가는 정치적 방향성이 이때 태동한 것으로 보는 것이다. 궁예는 891년 세달사를 떠나 반 신라 기치를 내세우는 죽주의 호족 '기훤' 밑으로 들어갔다. 오만한 기훤은 그를 제대로 대접해주지 않았다. 이에 분노한 궁예는 이듬해 기훤 곁을 떠나 북원의 호족 '양길' 밑으로 들어갔다.

기훤과 달리 궁예의 능력을 알아본 양길은 그를 후하게 대접했다. 별도 군사들까지 내줘 궁예가 독자적인 세력을 형성할 수 있는 기반도 마련해 줬다. 하지만 이는 호랑이에게 날개를 달아준 격이었다. 3000명이 넘는 군사들을 확보한 궁예는 병사 한 명 한 명을 자비롭게 대하며 큰 신망을 얻었다. 이를 기반으로 장군으로 추대가 되며 명주(현재 강원도 강릉)에서 완전히 자립하는 데 성공했다. 부대 편제를 완료한 궁예는 본격적으로 세력을 확장해 나갔다. 우선 895년에 태백산맥을 넘어 한산주 관내 10 군현을 차지했고, 패서(현재 예성강 이서 황해도) 지역의 호족들을 복속시켰다. 이때 송악(현재 개성)의 유력한 호족인 왕건 가문이 궁예에게 귀부 했다. 궁예는 이들에게 군사를 내줘 독자적으로 활동할 수 있게 했다. 왕건 가문은 출중한 능력 및 인지도 등을 바탕으로 여러 성들을 점령해 궁예의 세력 확장에 큰 몫을 했다. 자신감이 높아진 궁예는 898년 수도를 기존 철원에서 송악으로 옮겼다. 비로소 궁예 세력은 국가로서의 면모를 갖추게 됐다.

한편 궁예의 세력 확장을 우려스럽게 지켜보던 양길은 궁예를 공격하기 시작했다. 양길의 공격을 이미 예측했던 궁예는 여유롭게 막아냈고 되레 역공을 가해 양길을 패퇴시켰다. 이에 궁예는 양길의 지배 하에 있던 지역들까지 장악했다. 그 세력 범위는 지금의 경기도, 충청북도, 강원도, 황해도까지 미치게 됐다. 통일 신라의 9주 중 고구려의 옛 땅 대부분을 지배하게 된 것이다. 한반도의 새로운 강자로 부상한 궁예는 마침내 901년 '고려'를 건국했다. 이때의 국가 명칭은 왕건의 고려와 구분하기 위해 '후고구려'라고도 부른다. 앞서 900년에는 신라의 하급무관 출신이었던 견훤이 '후백제'를 건국했다. 비로소 후삼국 시대가 도래했다. 궁예의 고려 건국은 고구려 계승을 명확히 표방하고 반 신라 기치를 드높인 것이었다. 견훤의 후백제 역시 백제 계승을 표방하고 신라에 대한 복수심을 노골적으로 드러냈다.

■ 신정(神政), 반감의 증폭

고려를 건국 한 이후 궁예는 한동안 눈부신 성과들을 달성해 나갔다. 903년 궁예는 왕건을 시켜 금성(현재 나주)을 공격, 점령했다. 금성은 후백제의 배후에 있던 전략적 요충지였다. 이듬해 궁예는 국호를 마진으로 바꿨고 신라의 제도를 모방해 '광평성' 등을 설치하며 관제를 정비했다. 광평성은 내정을 통괄하는 최고중앙관서였고 그 밑에 병부, 대룡부, 수춘부 등을 둬 각각 사무를 분담했다. 특히 광평성은 신라 시대 중요한 정책을 결정하던 귀족들의 회의체인 '화백'(和白)을 모방한 것이었는데, 이를 통해 국정에 호족 세력들의 입김이 만만치 않게 작용했을 것으로 추정된다. 아울러 이 즈음 후삼국 통일 전쟁의 주요한 무대가 되는 공주의 장군 홍기가 투항하기도 했다. 905년 궁예는 다시 철원으로 수도를 옮겼고 죽령의 동북 지역까지 세력을 확장했다. 또한 패서의 지배 구역에 대한 구체적인 조정을 통해 지배권을 확립한 결과 그 주변부에 있는 대동강 유역 호족들도 귀부하게 됐다. 이듬해인 906년에는 상주 사화진을 점령함으로써 신라에 대한 직접적인 영향력을 행사할 수 있는 길이 열렸다. 909년에는 수군을 통해 후백제 지역에 있던 진도 등을 점령했고, 3년 후에는 나주 일대에 대한 지배권을 완전히 장악하며 후삼국 통일 전쟁에서 후백제보다 우위에 섰다.

이처럼 잘 나가던 궁예가 안 좋은 방향으로 변화하는 모습을 나타낸 것은 911년 국호를 '태봉'으로 바꾼 이후부터다. 정사에 따르면, 이 시기부터 궁예는 자신을 '미륵 부처'라고 자처하며 본격적으로 '신정적인 전제주의' 정치를 행했다. 자신은 물론 아들들까지 신격화했고 강론, 행차, 복장 등에 있어서 미륵 부처로서의 위엄을 한껏 드러내 보였다. 결정적으로 '관심법'(觀心法)이라는 전지적 수단을 동원해 신하들의 충성을 유도하고 공포를 유발했다고 전해진다. 관심법은 상대방의 몸가짐이나 얼굴 표정, 얼굴 근육의 움직임 따위로 속마음을 알아낸다는 것이다. 이에 궁예의 손에 죽임을 당하거나 위기를 맞는 사람들이 늘어났다. 당시 대표적인 승려였던 '석총'은 궁예의 강설을 괴담이라고 비난했다가 철퇴에 맞아 죽었다. 심지어 궁예의 부인인 강 씨와 두 아들들도 관심법에 걸려 처참하게 살해됐다. 왕건 역시 반역 혐의를 받았지만 책사인 '최응'의 기지로 기사회생했다. 궁예는 전쟁 수행 등을 명분으로 백성들에게 과도한 세금까지 부과해 민생이 도탄에 빠졌다. 거병한 후 상당 기간 자애로운 지도자의 이미지를 가졌던 궁예가 어느새 정신적으로 미쳐버린 '폭군'으로 변질돼 있었다.

그 결과 대다수의 호족, 교단 승려들, 유학자들, 그리고 백성들이 궁예에게서 등을 돌렸다. 궁예 정권은 종간, 이흔암 등 특정 소수 세력에 의해 겨우 유지되는 모습이었다. 이런 상황에서 궁예의 대안으로 후삼국 통일 전쟁의 영웅이자 호족 세력의 '거두'라고 할 수 있는 왕건이 급부상하게 됐다. 실제로 궁예 정권 말기에는 궁예의 쇠퇴와 왕건의 부상을 예언하는 '도참'(圖讖) 사상이 널리 퍼지기도 했다고 전해진다.

■왕건 정변

궁예의 폭정을 참지 못한 일단의 장수들을 중심으로 정변에 대한 모의가 시작됐다. 대표적인 인물들은 홍유, 배현경, 신숭겸, 복지겸 등이다. 사실상 왕건의 최측근들이나 다름없었다. 이들은 궁예를 폐위하고 왕건을 새로운 왕으로 추대할 것을 결의했다. 왕건의 집으로 찾아가 자신들의 뜻도 전달했다. 때는 918년 6월이었다. 왕건은 처음엔 단호히 반대했다. 왕에 대한 배신으로 봤던 것이다. 그런데 왕건의 부인 유 씨(추후 신혜왕후)가 밖에서 엿들은 후 손수 갑옷을 챙겨 와 말했다. "대의를 내세우고 폭군을 갈아 내는 것은 예로부터

그러한 일입니다. 지금 여러 장군들의 의견을 들으니 저도 의분을 참을 수가 없는데 하물며 대장부야 말할 나위가 있겠습니까."

이에 설득된 왕건은 갑옷을 입고 장군들과 함께 밖으로 나가 정변을 단행했다. 정사에 따르면, 정변이 일어났을 때 왕건의 군대에 저항하는 세력은 거의 없었다. 수많은 민중들이 호응했다. 이윽고 왕건의 군대가 궁예가 있는 궁궐문 앞에 당도했을 때, 일반 군사들과 민중들이 함께 어울려 북을 두드리며 궁예를 끌어내자고 소리쳤다. 정변 소식을 전해 들은 궁예는 이렇다 할 저항 한번 해보지 않고 미복 차림으로 궁궐 북문으로 도망쳤다. 그는 얼마 안 가 백성들에게 초라한 모습으로 붙잡혀 살해됐다. 한 시대를 풍미했던 궁예는 비참하게 역사의 뒤안길로 사라졌다. 무혈입성한 왕건은 고려의 '태조'로 등극했다.

■ 궁예 진위 논란

궁예의 말기와 최후는 석연치 않은 점이 많아 지금까지도 역사학계에서 논란이 되고 있다. 이 같은 논란의 핵심은 궁예가 정말 미쳐버린 폭군이었냐는 것이다. 상술했듯 궁예는 초·중기에는 어진 정치로 백성들의 신망을 한 몸에 받았다. 말기에 이르러 갑자기 폭군으로 돌변해 민심을 잃었고 신하와 백성들에 의해 비참한 최후를 맞는 것으로 묘사됐다. 그런데 역사는 '승자의 기록'이라는 말이 있다. 역사적으로 한 세력이 정변을 통해 권력을 잡으면, 그 세력은 정당성 확보 차원에서 전임자와 그 추종 세력을 왜곡하거나 격하하는 일이 비일비재했다. 이에 기반해 역사의 기록을 남겼고 후대 사람들은 해당 기록을 '정사'로서 받아들일 수밖에 없었다. 대표적으로 이성계와 혁명파 사대부들은 조선을 건국할 때 고려 왕조 및 왕족들에게 이 같은 공격을 가했다. 이러한 점이 궁예에게도 적용됐을 가능성이 있다. 즉 왕건 쿠데타의 정당성을 입증하는 것이 필요했고, 그러기 위해선 전임자였던 궁예를 '인격 말살'시키는 것만큼 효과적인 방법이 없었을 것이라는 추정이다.

이 같은 추정을 바탕으로 궁예에게 유리한 주장, 근거들이 적지 않게 제기된다. 우선 궁예가 온전치 않은 정신으로 폭정을 일삼았고, 신하들이 정당한 혁명을 일으켰다는 것부터가 의문이다. 한 때 살아있는 부처로까지 추앙받았던 인물이 일순간 미치광이 폭군이 되는, 극과 극을 오가는 것이 쉽사리 이해가 되지 않는 측면이 있다. 이에 따라 단순히 정신적인 문제가 아니라 궁예의 왕권 강화 노력 및 호족 세력 등과의 권력 투쟁이 있었고, 여기서 궁예가 패배해 왕위에서 쫓겨남에 따라 역사에서 평가절하됐다는 주장이 나온다.

특히 궁예가 901년 황해도 송악을 도읍으로 삼아 후고구려를 건국했다가 904년 국호를 '마진'으로, 905년 수도를 '철원'으로 옮긴 것에 주목할 필요가 있다. 지금도 그렇지만 당시에도 국호와 수도를 바꾼다는 것은 결코 쉬운 일이 아니었다. 그럼에도 궁예는 한강 하구와 인접한 요충지인 송악을 버리고, 군이 물길이 희박하고 내륙 깊숙이 위치해 있는 철원으로의 천도를 단행했다. 송악에 비해 상당히 열악한 입지를 갖춘 곳이었음에도 불구하고 궁예가 철원을 택한 이면에는 황해도 호족 세력과의 권력 투쟁이 있었을 것으로 추정된다. 철원 천도 직전에 설치했던 '광평성'에서도 이와 관련한 단서를 엿볼 수 있다. 다시 말해 '정적'인 호족 세력의 입김이 강하게 작용하는 곳에서 벗어나, 궁예 자신에게 우호적인 세력 기반이 존재하는 곳으로 이동해 이른바 '새판 짜기'를 모색했다는 것이다.

반면 궁예와 달리 기득권 세력인 황해도 호족 등에게는 철원 천도가 매우 불리한 일이었다. 자신들의 근거지가 수도에서 멀어지면서 이전에 비해 정치적 영향력 및 경제적 이권이 감소할 수밖에 없기 때문이다. 더욱이 궁예가 철원에 궁궐을 지으면서 호족 세력이 소유한 자금과 노동력 등을 대거 징발함에 따라 궁예에 대한 호족 세력의 반감은 극에 달했을 것으로 보인다. 궁예가 강하게 표방했던 고구려 계승 및 '북진'(北進) 정책 기조도 안정을 추구하는 보수적인 호족들에게는 부담이었을 수 있다.

궁극적으로 궁예는 이러한 것들을 통해 호족 세력의 기를 누르고 왕권을 강화하려고 했을 것이다. 그렇다면 그의 트레이드 마크인 '관심법'도 왕권 강화를 위한 효과적인 수단이자 전략으로 동원된 측면이 있다는 해석이 가능하다. 결국 호족 세력은 궁예의 정책 기조를 견디지 못했고, 자신들에게 우호적일 수밖에 없는 배경을 가진 왕건을 앞세워 '권력 찬탈'을 도모했을 가능성이 있었을 것으로 추정된다. 앞서 언급한 대로 잠재적 대권 주자였던 왕건은 황해도 송악에 기반을 둔 호족이었다. 궁예가 죽었다고 하는 왕비 강 씨 역시 황해도 신천의 호족 딸이었다. 실제로 왕위에 오른 왕건은 궁예와는 달리 호족 세력을 적극적으로 포용하는 정책을 취했다.

궁예의 최후에 대한 의문도 제기된다. 정사에는 궁예가 저항 한번 해보지 못하고 비참한 최후를 맞는 것으로 나와있다. 하지만 양길 휘하에 있는 평장군일 때는 '맹장'의 면모를 유감없이 보여줬고, 왕위에 올라서는 '정복군주'로서의 면모도 보여줬던 궁예가 그렇게 맥없이 무너졌다는 것은 선뜻 이해가 되지 않는 측면이 있다. 궁예의 추종 세력도 존재하고 있었던 만큼, 여차하면 그쪽으로 몸을 피해 반격을 도모하는 것이 가능했을 수도 있다. 이런 가운데 오래전부터 전해 내려오는 '민담'에는 정사와는 다른 이야기가 담겨있다. 궁예가 왕건에게 크게 '항전'했다는 것이다. 이를 뒷받침하는 구체적인 장소도 거론된다. 특히 당시의 기와가 발견되기도 한 포천의 '보개산성'은 궁예가 왕건과의 최후 결전을 위해 쌓은 성으로 알려졌다. 또한 철원의 명성산은 '울음산'이라고도 불린다. 이는 궁예가 친위부대와 함께 최후의 보루로 삼고 항전하다 더 이상 승산이 없다고 판단, 친위부대를 해산하면서 슬피 울었던 곳으로 전해진다.

한편 전남 강진 무위사에 세워진 '선각대사비'(先覺大師碑)는 지금까지의 추정들에 힘을 실어주는 중요한 근거가 된다. 선각대사비는 고려의 건국을 예언한 인물로 꼽히는 선각대사 형미의 행적을 기록해 둔 비석이다. 이 비석은 궁예와 왕건이 죽은 후인 946년(정종 1년)

에 건립됐다. 다시 말해 고려 초에 세워진 것이다. 여기에는 후삼국 통일 과정과 고려 건국 비화도 담겨 있으며, 왕을 뜻하는 '금상'(今上)과 '대왕'(大王)이라는 용어가 등장한다. '금상'은 '왕건'을 지칭하는 것이 분명했다. 그러면 '대왕'은 누구를 지칭하는 것인 지가 논란이었다. 처음에는 이 역시 왕건을 지칭하는 용어라는 주장이 많았지만 최근에는 궁예를 지칭하는 용어라는 것이 유력한 상황이다. 그렇지 않고서야 군이 금상과 대왕을 구분할 필요가 없었다는 분석이다. 이에 따라 적어도 고려 초까지는 궁예가 단순한 폭군이 아닌 대왕으로 인정을 받았고, 시간이 지나면서 대왕에서 폭군으로 변질된 것이라는 추정이 나온다.

이 비석에는 912년 대왕(궁예)이 직접 군대를 이끌고 금성(나주)을 공격해 점령했다는 내용도 들어있다. 나주는 영산포 뱃길을 통하는 서남해안 지역의 물류 중심지였다. 이곳을 손에 넣는 것은 후삼국 통일 전쟁에 있어 매우 중요한 과제였다. 그동안 나주 정벌은 왕건의 대표적인 업적으로 알려졌다. 삼국사기나 고려사 등에는 궁예가 직접 참전한 기록이 없었다. 그러나 선각대사비의 내용을 기초로 하면, 나주 정벌은 왕건이 아닌 궁예의 업적이고 기실 정복군주로서 궁예의 면모를 여과 없이 드러내고 있다. 결국 후대 사람들이 궁예를 격하하는 과정에서 이 같은 사실을 '인멸'했을 가능성도 있는 것이다. 다만 지금까지 언급한 주요 내용들은 객관적 사실이 아닌 몇 가지 단서들을 기반으로 삼아 도출한 '추정'의 영역에 속하는 것이다. 역사의 전후 맥락 등을 감안할 때 충분히 숙고할 만한 가치가 있는 추정들이다.

■ 포용 · 통합 리더십, 후삼국 통일

918년 정변을 통해 집권한 왕건은 국호를 고려, 연호를 천수라고 했다. 기본적으로 궁예의 고구려 부흥 및 북방 진출 의지를 계승한 것으로 볼 수 있다. 왕건은 잔존하고 있던 김순식, 이흔암 등 궁예 추종 세력을 척결했고 조세 경감과 토지 제도 개선, 빈민 구제 등 민생을 안정시키는 데 주력했다. 강력한 세력으로 존재하고 있는 호족들을 궁예처럼 적대하는 것이 아닌 회유, 포용하는 정책도 취했다. 이 정책의 핵심은 호족 세력과의 '정략결혼'이었다. 이에 왕건은 무려 29명이나 되는 후궁들을 거느렸다.

어느 정도 기반을 닦은 왕건은 이듬해 1월 다시 송악으로 수도를 옮겼고, 후삼국 통일을 놓고 후백제의 견훤과 본격적인 전쟁을 준비했다. 당시 후삼국 통일전쟁 과정에 있어 왕건이 남다르게 표방했던 정책은 호족 세력에게 사용했던 '포용' 정책이다. 우선 왕건은 신라를 대하는 데 있어 전임자였던 궁예 및 후백제의 견훤과는 확연히 다른 모습을 보였다. 궁예는 신라를 이른바 '멸도'(멸망해야 할 도시)라고 부르며 경멸했다. 왕자였던 자신을 버렸으니 개인적인 원한도 상당했을 것이다. 신라의 하급무관 출신이었던 견훤도 시종일관 신라에 대해 적대적인 노선을 견지했다. 그러나 왕건은 기본적으로 신라라는 나라를 인정했고, 일부 신라 관제 차용과 포로 반환 등 유화적인 노선을 택했다.

927년 견훤이 신라의 수도인 서라벌(경주)을 공격했을 때에도 왕건은 신라의 도움 요청에 적극 화답하며 대규모 지원군을 파견했다. 하지만 강력한 견훤의 군대는 서라벌을 마음대로 유린했고 당시 신라의 왕이었던 경애왕을 살해했다. 이어 왕비를 욕보이고 허수아비 왕인 '경순왕'을 세웠다. 나아가 견훤의 군대는 '공산'(현재 대구 달성군 팔공산)의 동수에서 왕건의 지원군을 격파했다. 이 전투에서 왕건의 충신이었던 신숭겸, 김락 등이 전사했고 왕건은 가까스로 목숨을 부지했다. 비록 왕건은 견훤에게 완패했지만 신라와 경순왕의 확고한 지지 및 신뢰를 보장받게 됐다. 이것이 발판이 돼 935년 경순왕은 고려에 자발적으로 투항했다.

심지어 왕건은 견훤도 포용하는 모습을 보였다. 공산 전투 이후 견훤은 왕건에게 자신을 '상부'(上府)로 우대할 것을 요구하는 등 기고만장했다. 한동안 통일 전쟁의 주도권은 견훤의 후백제에게 있었다. 그러다가 왕건의 고려군은 930년에 벌어진 '고창'(현재 경상북도 안동) 전투에서 대승을 거두며 전세를 역전시키는 데 성공했다. 왕건은 운주 전투에서도 승리해 이북 30여 성을 차지하는 큰 성과를 올렸다. 이 즈음 노쇠해진 견훤은 막내아들인 금강을 후계자로 지명했다. 이에 반발해 첫째 아들인 '신검'을 비롯한 다른 아들들이 들고 일어나 금강을 살해했고 아버지인 견훤을 금산사에 유폐시켰다. 아들들에게 버림을 받은 견훤은 어쩔 수 없는 자구책으로서 몰래 탈출해 왕건에게 투항하는 길을 선택했다. 왕건은 견훤이 투항해 오자 과거 견훤이 요구했던 존칭인 '상부'라는 용어를 구사하며 환대해 줬다. 공산 전투에서 자신의 충신들이 죽임을 당했지만 왕건은 이에 아랑곳하지 않고 적국의 수장이었던 견훤마저 품었다.

  이후 왕건은 견훤을 앞세워 후백제 정벌에 효과적으로 나설 수 있었다. 신검이 이끄는 후백제군은 이전에 자신들의 왕이자 후백제의 건국자였던 견훤이 고려군을 이끌고 나타나자 사기가 급격히 저하되는 모습을 보였다. 마침내 936년 벌어진 '일리천'(현재 선산) 전투에서 고려군이 후백제군을 대파하며 후삼국 통일 전쟁이 막을 내렸다. 왕건은 고려를 건국한 지 19년 만에 후삼국 통일이라는 '대업'을 달성하게 됐다. 한편 왕건은 불교뿐만이 아닌 다양한 사상들도 포용했고 최언위, 최은함, 최승로 등 종교와 사상을 초월해 인재를 고루 등용했다. 후삼국 통일 전인 926년에는 거란족이 세운 요나라에 의해 멸망한 '발해' 유민들을 대거 흡수했다. 사실상 고려라는 국가는 완전한 포용, 통합의 기반 위에 세워진 최초의 한민족 통일 국가였던 셈이다.

03

이자겸의 난

고려판 국정농단 사건

고려 문벌귀족 사회의 민낯

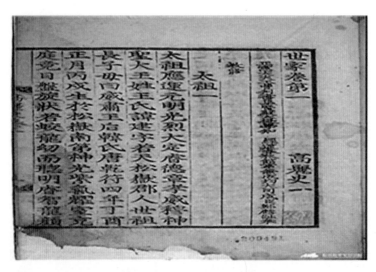

'고려사'. 이자겸은 왕을 뛰어넘는 권력을 휘두르며 국정을 농단했다.

"이자겸은 친족들을 요직에 배치하고 관직을 팔아 자기 일당을 요소요소에 심어두었다. 스스로 국공(國公)에 올라 왕태자와 동등한 예우를 받았으며 그의 생일을 인수절이라 하고 국왕에게 올리는 형식으로 그에게 글을 올리게 했다. 아들들이 다투어 지은 저택은 거리마다 이어져 있었고, 세력이 커지자 뇌물이 공공연하게 오가고 사방에서 선물로 들어온 고기 수만 근이 날마다 썩어나갔다. 토지를 강탈하고 종들을 풀어 백성들의 수레와 말을 빼앗아 물건을 실어 나르니, 힘없는 백성들은 수레를 부수고 소와 말을 파느라 도로가 소란스러웠다. 이자겸은 지군국사(知軍國事)가 되어 왕에게 그 책봉식을 궁궐이 아니라 자신의 집에서 하게 했고 시간까지 강제로 정할 정도였다. 이로 인해 왕은 이자겸을 몹시 싫어하였다."

—고려사 中

　　태조 왕건이 고려를 건국했을 때 중심 세력은 지방 '호족'이었다. 이 호족 세력은 시간이 지나면서 '문벌귀족'으로 변모해 갔다. 이들은 왕실과의 혼인, 토지 독점, 관직 세습 등을 기반으로 고려 사회의 절대적인 지배계층으로 군림했다. 하지만 너무나 막강한 권세를 소유한 부작용 때문이었을까. 문벌귀족 사회의 모순이 증폭되면서 고려는 연이어 큰 사달을 겪게 된다. 가장 대표적인 것이 바로 '이자겸의 난'이다. 이자겸의 인주(현재 인천) 이씨 가문은 수십 년 간 왕실과 가장 가까운 외척 세력으로 존재했다. 급기야 이자겸 때에 이르러서는 왕권을 능가하고 위협하는 권세를 부리게 됐다. 이른바 고려판 '국정 농단' 사건이었으며 자칫 왕조의 교체까지 불러올 수도 있었던 '대정변'이었다.

 '이자겸의 난'은 이후 고려 정국의 향방에도 적지 않은 영향을 미쳤다. 이를 계기로 귀족들 간의 갈등과 분열이 더욱 심화되면서 고려는 정치·사회적으로 크게 흔들렸다. 나아가 고려 귀족 사회의 근간을 송두리째 뒤흔드는 '무신정변'(武臣政變)을 촉발시키는 단초를 제공했다. 귀족 사회의 민낯을 적나라하게 드러내며 고려 중기 이후의 역사를 규정지었던 '이자겸의 난' 전말을 되돌아봤다.

■ 문벌귀족 사회와 인주이씨 권세

 11세기 이후 고려는 '문벌귀족' 사회로 진입했다. 문벌귀족은 여러 세대에 걸쳐 고위 관직자를 배출하고 왕실의 외척이 된 자들을 말한다. 고려 성종 때 중앙집권 체제가 확립되면서 새로운 지배계층으로 부상했다. 주로 지방 호족이나 개국공신의 후손들이 이에 속했다. 문벌귀족을 지탱한 것은 경제력과 권력 세습이었다. 이들은 권력을 이용해 광대한 토지를 소유하며 경제력을 확대했는데, 대표적으로 '과전'과 '공음전'이 있었다. 과전은 관직·관품에 따라 18등급으로 나눠 차등 있게 분급한 것이었다. 공음전은 5품 이상 고위 관리에게 지급한 토지로써 자손에게 세습이 가능한 영업전이었다.

 문벌귀족들은 '음서'(蔭敍)와 과거를 통해 권력도 세습했다. 신라

시대의 사례를 본뜬 음서는 문벌귀족의 특권을 유지하기 위해 그 후손을 관리로 선발했던 제도다. 음서로 임용되는 관직은 이속에서부터 정 8품까지 이르렀다. 형식상 승진 제한에도 불구하고 과거를 통한 등용자처럼 5품 이상까지 승진하는 경우도 많았다. 고려 초기에는 직계 1촌인 친자에게만 특권을 부여했지만 인종 대에 와서는 양자, 친손자, 외손자, 조카까지 특권이 확대됐다. 나아가 이들은 왕실과 중첩된 혼인 관계를 맺으며 외척 세력으로 군림하기도 했다. 이처럼 고려의 문벌귀족들은 신라의 성골, 진골처럼 각종 권력을 장악하며 화려한 귀족 문화를 꽃피웠다. 당시 대표적인 문벌귀족들로는 인주 이씨(이자겸), 안산 김씨(김은부), 경주 김씨(김부식), 해주 최씨(최충), 청주 이씨(이가도), 광양 김씨(김양감), 수주 최씨(최사위), 이천 서씨(서희), 남평 문씨(문공원), 파평 윤씨(윤관), 평산 박씨(박인량), 경주 최씨(최승로) 등이 있었다.

이 가운데 고려 초기 이래 가장 세력이 강했던 문벌귀족은 인주 이씨 가문이었다. 이 가문은 문종부터 인종까지 무려 80여 년 간 외척 세력으로 있으면서 강력한 권세를 떨쳤다. 이자겸의 증조할아버지인 이허겸이 두 딸을 현종의 왕비로 만들면서 인주 이씨 세도정치의 물꼬를 텄다. 손자인 이자연 때에 이르러 인주 이씨 가문은 일약 '권문세가'(權門勢家)로 부상했다. 이자연은 왕실 외척에 더해 22세에 과거 장원급제라는 개인적 역량까지 더해진 화려한 인물이었다. 이를 기반으로 세 딸을 문종의 왕비로 들여보냈는데, 세 딸 중 하나인 인예왕후의 혈통은 문종 이후 선종, 헌종, 인종으로 이어졌다.

다만 인주 이씨 가문이 위기를 맞을 때도 있었다. 나이가 어리고 병약했던 헌종 시기, 이자겸의 사촌인 이자의가 자신의 누이인 원신궁주와 선종 사이에서 출산된 한산후 왕균을 옹립하려다 왕의 숙부인 계림공(숙종)에 의해 진압됐다. 이후 계림공은 헌종에게 양위를 받아 왕위에 올랐고, 원신궁주 및 한산후 등을 유배 보내거나 외척 세력들을 멀리 하면서 왕권을 강화해 나갔다. 하지만 이 같은 모습은 오래가지 못했다. 숙종 이후 왕위에 오른 예종은 한편으로는 신진관료들을 등용해 기득권 세력을 견제하는 등 부분적으로 왕권 강화 노력을 이어가면서도, 다른 한편으로는 다시금 인주 이씨 가문과 결연하는 모습을 보였다. 이에 이자겸은 자신의 딸을 예종의 왕비(문경황후)로 만드는 데 성공하며 예전과 같은 권세를 회복했다.

예종의 죽음이 가까워지자 차기 대권을 놓고 이자겸 세력과 예종이 등용한 한안인 등 신진관료들 간의 대립이 발생했다. 신진관료들은 외척 세력의 '발호'를 없애야 한다며 나이가 어린 태자 대신 예종의 동생 대방공 왕보에게 양위해야 한다고 주장했다. 반면 이자겸은 외손인 태자가 왕위를 이어야 한다면서 예종을 끈질기게 설득했다. 결국 이자겸의 주장이 받아들여져 태자 왕해(인종)가 14세의 어린 나이에 즉위했다. 인종이 왕위에 오른 후 이자겸은 그 공을 인정받아 협모안사공신(協謀安社功臣)이라는 호를 받았고, '수태사 중서령 소성후'(守太師中書令邵城侯)라는 최고위직에 올랐다.

■ 이자겸의 국정농단

1122년 인종의 즉위 직후 신진관료들의 우려대로 어린 왕은 사실상 허수아비로 전락했고, 이자겸 세력이 실권을 잡고 국정을 마음대로 주무르기 시작했다. 우선 이자겸은 신진관료 등 반대파 숙청에 나섰다. 그는 예종의 동생이자 인종의 작은 아버지인 대방공과 대원공이 문하시랑 한안인 등 신진관료들과 모의해 왕위를 '찬탈'하려 했다며 허위 주장을 펼쳤다. 이자겸은 이참에 예종 때부터 떠오르는 세력인 신진관료들의 씨를 잘라버리려 했던 것이다. 이에 대방공, 한안인 등 수많은 신진관료들이 숙청을 당했다. 뒤이어 이자겸은 무인 출신으로 무시할 수 없는 세력을 형성하고 있던 동지추밀원사 최홍재 등을 제거했다. 그 공로를 인정받아 양절익명공신(亮節翼命功臣)을 제수받았으며 '중서령 영문하상서도성사 판이병부 서경유수사 조선국공 식읍팔천호 식실봉이천호'(亮節翼命功臣中書令領門下尙書都省事判吏兵部西京留守事朝鮮國公食邑八千戶食實封二千戶)라는 매우 긴 이름의 관직에 책봉됐다. 이 가운데 '판이병부사'가 핵심이었는데, 이는 문무신 관료에 대한 인사권을 동시에 갖는 것이다.

이자겸은 주변 자제들과 친족들을 요직에 등용했다. 아울러 예종에 이어 인종에게도 자신의 셋째, 넷째 딸을 왕비로 들이게 했다. 막대한 경제적 부도 자연스레 따라왔다. 왕으로부터 일정한 지역을 '식읍'(食邑)으로 받았고 많은 저택과 토지 등을 점유했다. 주변에는 아첨꾼들이 넘쳐나 무수한 뇌물이 이자겸의 집에 쌓였다. 이쯤 되자 이자겸은 높아진 권세만큼 교만도 하늘을 찔렀다. 자신의 집 이름에 왕실에서나 쓸 수 있는 '궁'(宮)이라는 칭호를 붙였고 자신의 생일을 '인수절'이라 하며 기념일로 정했다. 교만의 절정은 이자겸이 스스로를 '지군국사'라고 일컬은 것이다. 이는 이자겸이 신하를 송나라로 보내 표문을 올리고 토산물을 바칠 때 사용한 용어였다. 자신이 국가의 모든 일을 담당하고 있다는 뜻이었다. 사실상 스스로를 '왕'이라고 여긴 것이다. 심지어 인종에게 자신의 집에 와서 정식으로 지군국사에 책봉해 줄 것을 요청했고 책봉식 시간까지 마음대로 정했다.

■제거 시도, 실패

인종은 어린 나이였지만 일찍이 이자겸 국정농단의 심각성과 그의 교만함을 인지하고 있었다. 그러나 이자겸의 권세에 눌려 한동안 상황을 관망할 수밖에 없었다. 그러다가 지군국사 책봉 요구에서 참았던 화가 폭발하고 말았다. 1126년 18세가 된 인종은 은밀히 측근들을 불렀다. 그는 이 자리에서 외할아버지이자 장인인 이자겸의 제거를 바라는 본인의 의중을 처음으로 드러냈다. 이에 내시지후 김찬, 내시녹사 안보린, 동지추밀원사 지녹연 등이 상장군 최탁과 오탁, 대장군 권수, 장군 고석 등과 모의한 뒤 이자겸 제거와 관련한 구체적인 계획을 세워 인종에게 보고했다. 신중한 인종은 김찬을 평장사 이수와 전평장사 김인존에게 보내 해당 계획에 대한 의견을 물어보게 했다. 이수와 김인존은 "그(이자겸)의 무리가 조정에 가득해 경솔히 움직일 수 없으니, 시기를 기다리도록 해야 한다"라며 사실상 반대 의사를 표명했다.

이들의 반대에도 불구하고 인종은 뜻을 굽히지 않았고, 측근들에게 이자겸 제거 계획을 실행에 옮기라고 명했다. 명을 받은 인종의 측근들은 초저녁에 군사들을 이끌고 궁궐로 진입해 이자겸의 최측근이었던 '척준경'의 동생 척준신과 아들인 내시 척순 등을 척살했다. 그런데 거사가 더 진행되기도 전에 궁궐에서 있었던 일이 이자겸과 척준경에게 신속히 보고됐다. 이자겸은 척준경 및 가까운 신료들을 급히 소집해 대책을 논의했다. 대책 회의가 한창 진행되던 중, 별안간 척준경이 자리에서 벌떡 일어났다. 그는 상황이 매우 긴급하다며 자리를 박차고 나가버렸다. 이후 무작정 군사들을 이끌고 궁궐 세 번째 문인 신봉문 쪽으로 쳐들어갔다. 척준경은 면밀한 대책이 도출되기도 전에 자신의 무력만을 믿고 독자 행동을 감행한 것이다. 척준경은 우리나라 역사상 세 손가락 안에 드는 자타공인 맹장 중의 맹장이었다. (여진 정벌 당시 '석성 전투' 등에서 보였던 척준경의 눈부신 활약은 지금까지도 전설적인 위업으로 회자된다.)

과연 척준경의 무력과 위세는 실로 대단했다. 척준경과 그의 정예 병력은 무지막지하게 칼을 휘두르며 관군을 격파해 나갔고 이내 전세는 역전됐다. 척준경을 보고 놀란 인종의 측근들은 두려움에 사로잡혀 제대로 된 대응을 하지 못한 채 궁궐 안에서 숨죽이고 있었다. 척준경은 전투에 쓰이는 기구를 보관하는 창고인 군기고를 습격한 후 궁궐 남쪽 성문인 승평문을 포위했다. 상황이 심상치 않게 돌아가고 있다는 것을 직감한 인종은 직접 성문으로 나와 척준경 등에게 무장을 해제하고 해산할 것을 명했다. 그러나 자신의 혈족들이 살해당한 것을 확인한 척준경은 이성을 잃은 상태였고 왕의 코앞까지 화살을 쏘게 했다. (이때 척준경이 분노에 차 울부짖었는데, 온 땅이 진동했다고 전해진다.) 이자겸은 합문지후 최학란과 도병마녹사 소억 등을 인종에게 보내 "난을 일으킨 자를 내어주지 않으면 궁궐이 위험해질 것"이라고 경고했다. 이미 이자겸과 척준경은 이 사건의 배후에 인종이 있다는 것도 알고 있었다.

인종은 측근들을 내놓으라는 이자겸의 요구를 묵살했다. 이에 이자겸은 척준경 등에게 궁궐을 공격하라고 명했다. 공격이 시작된 후 얼마 지나지 않아 척준경의 군사들에 의해 궁궐 동화문에 큰 불이 났다. 불은 짧은 시간 안에 번져 궁궐을 모두 불태워버리고 말았다. 인종은 소수의 신료들만을 대동한 채 급히 다른 곳으로 피했다. 폐허가 된 궁궐을 완전히 장악한 이자겸과 척준경은 거사를 주도한 상장군 최탁, 오탁 등을 그 자리에서 죽였다. 김찬과 지녹연 등은 멀리 유배를 보냈다. 거사 실패 직후 신변의 위협을 느낀 인종은 이자겸에게 양위 의사를 밝혔다. 이자겸을 제거하고 왕권을 드높이려 했던 인종은 되레 왕위를 빼앗기고 고려 왕조의 멸망마저 불러올 위기에 처했다. 인종은 조서를 내려 이자겸에게 양위할 것을 청했고 이자겸도 처음에는 이를 받으려고 했다. 그런데 재종형제인 이수가 "주상께서 비록 조서를 내리더라도 이공(이자겸)이 어찌 감히 그 같은 일을 하겠나"라고 고함을 쳤다. 그 순간 이자겸은 마음을 돌렸고 "신은 두 마음을 품지 않았으니 깊이 양찰(諒察)하소서"라며 눈물을 흘렸다. 이자겸은 주변에 보는 눈들이 많으니 선뜻 왕위를 받기보단 일단 상황을 지켜보고 훗날을 도모할 생각이었던 것으로 보인다.

인종은 한동안 이자겸에게 완전히 억눌려 살게 됐다. 이자겸은 인종을 자신의 집 서원에 연금했고 국정을 전혀 살피지 못하게 했다. 오히려 이자겸이 모든 국정을 통할했다. 심지어 이자겸은 이씨가 왕위에 오른다는 '십팔자도참설'(十八子圖讖說)을 굳게 믿고 두 차례에 걸쳐 왕을 독살하려고도 했다. 이자겸의 딸인 왕비가 기지를 발휘해 인종은 겨우 목숨을 부지할 수 있었다.

■뜻밖의 간극

인종은 어려운 상황에 처해있었지만 어느 정도의 강단은 있었던 것으로 보인다. 이자겸을 제거한 뒤 왕정을 복고할 의지를 쉽사리 버리지 않았다. 인종은 최측근이었던 내의군기소감 최사전 등을 은밀히 불러 관련 계획을 논의했다. 그 결과 인종은 이자겸과 척준경 사이의 틈을 노려보자는 결론에 도달했다. 만약 이자겸에게서 척준경을 돌려세울 수만 있다면 이자겸은 '이빨 빠진 호랑이'에 불과할 터였다. 당초 이자겸과 척준경의 관계는 매우 돈독했다. 하지만 시간이 갈수록 이자겸이 척준경을 도외시하는 모습을 나타냈다. 특히 무슨 문제가 발생할 경우 이자겸은 관련 책임을 척준경에게 돌리는 일이 다반사였다. 이자겸을 향한 척준경의 불만은 날로 높아져 갔다. 척준경의 입장에선, 이자겸을 돕다가 자신의 동생과 아들까지 잃었는데 돌아오는 것은 부당한 대우라고 생각했을 법하다.

이런 가운데 인종은 최사전을 통해 은밀히 척준경에게 교서를 전달했다. 교서에는 "모두가 과인의 죄이다. 지난 일은 생각하지 말고 마음을 다해 보필해 후환이 없도록 하라"라는 내용이 담겨있었다. 다시 말해 인종은 척준경에게 동생과 아들을 잃게 만들었던 지난 일은 잊어버리고, 종묘사직(宗廟社稷)을 위해 이자겸을 제거하는 큰 공을 세울 것을 간곡히 부탁한 것이다. 척준경의 마음은 조금씩 흔들리기 시작했다. 그러다가 뜻밖의 지점에서 척준경의 마음을 확실히 돌이키게 만드는 사건이 발생했다. 이자겸의 아들인 이지언의 종과 척준경의 종 사이에서 다툼이 벌어졌는데, 이지언의 종이 "너의 주인(척준경)이 저위(군주가 조회하는 곳)에 활을 쏘고 궁궐을 불태웠으니 그 죄는 죽어 마땅하다"라는 극언을 했다. 자신의 종에게서 이 말을 전해 들은 척준경은 대로했고 결국 이자겸에게서 완전히 등을 돌렸다. 이자겸은 오랜 시간 자신을 든든하게 보필해 준 맹장을 잃을 수 있다는 생각에 초조해졌다. 즉각 동생을 보내 화호를 청했다. 하지만 척준경은 이를 받아들이지 않았고 고향으로 돌아가 여생을 보내겠다고 선언했다. 이자겸과 척준경의 사이가 완전히 틀어진 것을 확인한 인종은 김부식의 형인 지추밀원사 김부일을 척준경에게 보내 이자겸 제거를 독촉했다.

이 즈음 이자겸의 야심은 노골화되고 있었다. 인종이 연금에서 벗어나 복구된 궁궐로 돌아가자 이자겸은 다방면으로 왕을 감시했다. 급기야 자신의 사병인 '숭덕부군'을 무장시켜 여차하면 궁궐로 쳐들어가려 했다. 더욱이 앞서 언급한 대로 '십팔자도참설'을 맹신

한 나머지 인종 독살을 재차 시도하기도 했다. 이자겸은 스스로 왕위에 오르려 했던 것이다. 왕의 간곡한 요청을 무시하지 못하고 있던 척준경은 이자겸의 반역적인 행태를 더 이상 지켜볼 수 없었다. 그는 왕의 뜻에 따를 것이라는 의사를 전달했다. 이후 1126년 5월 20일, 이자겸의 숭덕부군이 궁궐을 침범하려는 움직임을 보이자 인종은 손수 "짐이 해를 당해 왕조가 다른 성씨로 바뀐다면 짐의 죄만이 아니라 보필하는 대신도 수치스러운 일이니 대책을 잘 강구하라"라는 밀지를 써서 척준경에게 보냈다. 이를 받아 본 척준경은 상황의 급박함을 인지하고 제대로 무장도 하지 않은 소수의 장교 및 관노들을 이끌고 궁궐로 진격했다. 순검도령 정유황도 일단의 군사들을 이끌고 궁궐로 향했다.

궁궐 상황은 이미 숨 가쁘게 돌아가고 있었다. 이자겸의 군사들이 궁궐을 공격하기 시작했고 소수의 자객들은 인종을 암살하기 위해 어전 침입을 시도했다. 척준경의 군대는 더욱 신속히 진격했고 마침내 궁궐로 진입했다. 그는 환관 조의의 안내를 받으며 인종을 찾아 나섰다. 왕은 궁궐 전각인 천복전 문에서 척준경을 애타게 기다리고 있었다. 인종을 발견한 척준경은 우레와 같은 목소리로 "폐하, 신 척준경이 왔사옵니다"라는 유명한 말을 남겼다. 이어 왕을 밀착 호위하며 밖으로 나가려 했다. 그러자 이자겸의 군사들이 인종에게 활을 쏘려고 했는데, 이때 척준경이 크게 호통을 쳤다. 역사상 최고의 맹장으로 손꼽혔던 척준경의 호통에 이자겸의 군사들은 더 이상 아무런 행동을 취하지 못했다. 최종적으로 인종 제거에 실패한 이자겸의 군사들은 지리멸렬해졌다. 척준경은 인종을 안전한 곳에 모신 후 승선 강후현에게 이자겸과 그의 처자식들을 체포하고 이자겸 추종세력을 척살하라고 명했다. 이에 이자겸 일가는 팔관보에 갇혔고 이자겸을 따르던 장군 강호와 고진수 등은 죽임을 당했다. 오랜 기간에 걸쳐서 일어났던 이자겸의 난이 마침내 진압되는 순간이었다. 인종은 광화문으로 나가 "대역부도(大逆不道)의 화가 궁궐 안에서 일어났으나 충신·의사의 의거로 그 해를 제거했다"라고 선언했다.

■ 왕정복고, 모순 심화

정변 다음날 이자겸과 그의 처자식들, 심복 및 노비들은 모두 유배를 떠났다. 인종의 비였던 이자겸의 두 딸은 폐비가 됐다. 이자겸은 전라도 영광으로 유배를 간 후 1126년 12월 그곳에서 세상을 떠났다. 한 시대를 주름잡았던 인물치고는 매우 쓸쓸한 최후를 맞았다. 반면 이자겸을 몰아내는데 공을 세운 척준경, 최사전, 이수 등은 공신호와 높은 관작을 제수받았다. 특히 척준경은 일등 공신으로서 한동안 실권을 거머쥐었다. 한때 중서문하성의 수상직인 종1품 '문하시중'까지 올랐다가 스스로 그것보다 다소 낮은 정2품 문하시랑직을 받았다.

척준경의 권세는 오래가진 못했다. 그는 높은 자리에 오르면서 교만해졌고 지나치게 발호하는 모습을 보인 것으로 전해진다. 이에 1127년 3월 좌정언 정지상 등이 "궁궐을 침범하고 불사른 것은 만세(萬世)의 죄"라면서 과거의 일을 끌어들여 척준경을 탄핵했다. 그러자 모든 신료들이 들고일어나 척준경을 몰아세웠다. 예전 같지 않았던 척준경은 수세에 몰렸고 결국 암타도로 유배를 가게 됐다. (이때 척준경이 별다른 저항을 하지 않고 순순히 유배를 받아들인 것은 아직도 의문점으로 남아있다.) 척준경은 이듬해에 (과거의 공로를 생각한 인종의 배려로) 고향인 곡주로 옮겨졌고 적지 않은 시간이 흐른 후 등창으로 숨졌다. 인종은 이자겸과 척준경 세력 및 그 자손들의 죄상을 낱낱이 기록해 담당 관청에 보관하도록 했다.

이자겸과 척준경 등이 몰락하면서 고려는 형식적으로나마 왕정을 복고했다. 다만 왕권이 강화되거나 문벌귀족 사회의 모순이 일소된 것은 결코 아니었다. 오히려 인주 이씨를 대체하는 다양한 문벌귀족 및 신흥 세력이 등장했고 그들 간의 갈등과 분열이 심화됐다. 대표적인 문벌귀족 세력으로는 경주 김씨(김부식), 경원 이씨(이수), 정안 임씨(임원애) 등이 있었다. 여기에 더해 척준경 탄핵을 주도한 정지상, 승려 묘청, 점성가 백수한 등을 중심으로 한 서경 출신 신진관료들이 급부상했다. 얼마 지나지 않아 김부식 등의 개경 귀족과 정지상 등의 서경 귀족 간에 서경천도 및 금나라 정벌 등을 놓고 정면충돌이 발생했다. 이처럼 귀족들 사이에서의 연이은 갈등과 분열로 고려는 정치·사회적으로 기강이 문란해지며 크게 흔들렸다. 민심 이반도 뚜렷하게 나타났다. 이 와중에 귀족들의 특권 독점과 '문치주의'도 성행했다. 이는 추후 문신 귀족들에 대항한 무신들의 거사인 '무신정변'으로 이어져 고려 문벌귀족 사회는 끝내 붕괴의 길로 들어서게 된다.

04

묘청의 난

조선 역사 1천 년 이래 제1대 사건

자주와 사대의 격돌 전말

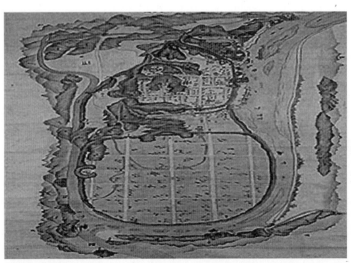

고려 삼경 중 하나인 서경과 그 일대를 그린 조감도. 묘청은 서경으로의 천도를 추진했지만
개경파에 밀려 몰락했다.

"서경 전투에서 양편 병력이 수만 명에 지나지 않고 전투의 기간이 2년도 안 되지만. 그 결과가 조선 사회에 끼친 영향은 고구려의 후예요 북방의 대국인 발해 멸망보다도 몇 곱절이나 더한 사건이니. 대개 고려에서 이조에 이르는 1천 년 사이에 이 사건보다 더 중요한 사건이 없을 것이다." ─신채호 '조선사연구초' 中

1127년 고려는 문벌귀족 등 지배층의 갈등과 왕권 약화, 금나라의 압박 등 대내외적으로 극심한 어려움을 겪고 있었다. 이를 타개하기 위해 정치 개혁을 모색하고 있던 인종에게 한 승려가 혜성처럼 나타났다. 바로 '정심'이라는 이름으로도 알려져 있던 서경 승려 '묘청'이다. 묘청을 중심으로 한 '서경파'는 '지덕쇠왕설'(地德衰旺說)을 내세우며 지금의 평양인 서경으로의 천도를 강하게 주장했다. 아울러 왕을 황제라 칭하고 독자적인 연호를 사용함과 동시에 금나라를 정벌하자는 파격적인 주장도 펼쳤다. 하지만 김부식 등 문신 귀족들이 중심이 된 '개경파'에 밀려 역사의 뒤안길로 사라졌다.

단재 신채호 선생은 '서경천도운동'(西京遷都運動) 및 '묘청의 난'에 큰 의미를 부여했다. 즉 자주적이고 진취적인 역사의 흐름을 대변하는 거대한 움직임이었다는 것이다. 그러면서 개경파라는 '반동'과 극명하게 대비시켰다. 신채호는 "역대의 사가들이 왕의 군대가 반란의 무리를 친 싸움 정도로 알았을 뿐이었으나 이는 근시안적인 관찰이다. 그 실상은 낭불양가 대 유가의 싸움이며 국풍파 대 한학파의 싸움이며 독립당 대 사대당의 싸움이며 진취사상 대 보수사상의 싸움이니. 묘청은 곧 전자의 대표요, 김부식은 후자의 대표였던 것"이라고 전했다. 다만 신채호는 광망한 묘청이 충분한 준비가 되지 않은 상태로 성급히 난을 일으켜 주변 사람들을 사지에 빠뜨리고 대의를 그르쳤다고 평가했다. 중대한 역사의 분기점에서 묘청 등 서경파가 패배함으로써, 우리나라 역사는 다시금 보수 사대주의 고착화라는 퇴행의 길로 나아가게 됐다고 결론지었다. 신채호가 조선사 1천 년 이래 제1대 사건이라고 규정한 '서경천도운동' 및 '묘청의 난' 전말을 되돌아봤다.

■ 개혁 모색과 묘청의 등장

1126년 왕실 외척이었던 이자겸의 난 이후 고려 조정은 한동안 뒤숭숭한 분위기가 지속됐다. 반란은 진압됐지만 지배층 내부의 갈등은 상존하고 있었고 왕권은 여전히 중심을 잡지 못한 채 흔들리는 기색이 역력했다. 대외적으로는 북방의 요나라와 북송이 멸망한 후 여진족의 금나라가 큰 세력을 형성해 압박하고 있었다. 이런 가운데 고려의 제17대 왕이었던 인종은 더 이상의 혼란상을 좌시하지 않고 난국을 수습하기로 마음먹었다. 이전과는 달리 과감한 개혁에 나서기로 한 것이다. 이때 명망 있던 문신인 '정지상'이 인종에게 접근해 묘청이라는 한 승려를 추천했다. 정지상은 묘청을 '성인'으로 추켜세우며 그가 바로 정치 개혁의 적임자라고 평가했다. (서경 출신이었던 정지상은 인종에게 눈엣가시였던 척준경을 제거하는데 큰 공을 세웠다. 시문에도 뛰어나 언관직을 담당할 만큼 역량을 인정받았던 인물이다.)

묘청에 대한 지지는 정지상뿐만 아니라 일부 관원들에게서도 나타났다. 이들이 일개 한 승려에게 이처럼 경도된 것은 그가 음양(陰陽)의 대가이자 '서경 천도'라는 매력적인 주장을 강하게 전파하고 다녔기 때문이다. 정치 개혁에 대한 강한 의지를 갖고 있던 인종은 믿을 만한 사람들의 추천에 따라 묘청에게 큰 관심을 보이기 시작했다. 이후 인종은 1127년 2월~7월 서경에 머무르며 묘청 등을 만났다. 상당한 호감을 반영하듯 인종은 이때 묘청의 건의를 받아들여 서경에 15개 조항으로 구성된 '유신령'(維新令)을 선포했다. 여기에는 민생 안정, 왕권 강화, 올바른 관료 정치의 확립 등이 담겼다. 이는 곧 있을 '서경천도운동'의 서막이었다.

■ 서경천도운동

묘청과 정지상, 백수한 등은 유신령이 선포됨에 따라 대세가 자신들에게 넘어오고 있다고 직감했다. 이에 오랫동안 염두에 뒀던 '서경 천도' 카드를 꺼내 들었다. 현재 수도인 개경은 지덕이 쇠퇴한 반면 서경은 이것이 왕성해, 만약 서경으로 수도를 옮기게 되면 주변 36개국이 조공을 바치게 될 것이라고 강조했다. 이 같은 주장은 태조 왕건 때부터 고려가 표방했던 '북진(北進) 정책'과 궤를 같이 하는 것이었다. 다른 한편으로는 신흥 세력이었던 서경파가 기득권이었던 개경파를 제치고 중앙 정치의 주도권을 잡으려는 의도도 내포돼 있었다.

묘청 등은 서경 천도를 위해 일단 서경의 임원역 지역에 신궁 건설을 주청 했다. 개경파의 반대가 있었지만 이미 서경파의 주장에 적지 않게 매료된 인종은 이를 허락했다. 이로써 1129년 2월 서경에 '대화궁'(大花宮)이 세워졌다. 신궁 건설은 한 겨울이었음에도 불구하고 빠르게 진행돼 불과 3개월 만에 완공됐다. 1131년에는 임원궁성을 쌓는 한편 토착신을 숭배하는 팔성당도 지어졌다.

■ 개경파와 서경파 갈등

서경 대화궁 건설은 서경파에게 강한 자신감을 심어줬다. 이들은 조금의 주저함도 없이 한발 더 나아간 주장을 펼쳤다. 바로 '칭제건원'(稱帝建元)과 금나라 정벌이다. 칭제건원은 군주를 황제라 칭하고 독자적인 연호를 사용하자는 것이다. 서경파의 일원이었던 동경지례사 서장관 최봉심은 "장사 1000명만 주면 금나라에 들어가 그 왕을 사로잡아 바칠 수 있다"라고도 공언했다. 태조 왕건 때부터 고려는 명목상 북진 정책을 표방했지만, 시간이 갈수록 사대주의의 길로 나아가는 모습을 보였다. 인종 대에 이르러서도 실권자였던 이자겸은 금나라의 불합리한 요구를 거의 대부분 들어주며 자신의 권력을 보전하기도 했다.

이런 상황에서 서경파의 금나라 정벌 주장은 매우 과감하고 파격적인 것이었다. 당초 인종도 이 주장에 내심 동조하는 눈치였다. 하지만 삼국사기의 저자인 김부식 등을 중심으로 한 개경파가 가만히 있지 않았다. 안정과 권력 유지에 치중했던 보수적인 개경파에게 금나라 정벌 주장은 분명 커다란 위협 요인으로 다가왔다. 개경파는 인종에게 금나라 정벌은 고려의 국력을 감안할 때 현실적으로 힘들고, 묘청 등 서경파는 요망스러워 믿을 수 없다는 상소를 올렸다. 심지어 임완 등 일부 개경파 사람들은 묘청 등이 왕을 기만하고 있으니 척살해야 한다고도 주장했다.

개경파의 극렬한 반대가 지속되면서 서경파는 분위기가 심상치 않게 돌아간다고 느꼈다. 마음이 조급해졌다. 그들은 왕을 잇따라 만나 서경 천도의 필요성을 거듭 주장했다. 그러나 인종은 개경파를 의식해 주저하는 모습을 보였다. 서경파는 인종이 다시금 자신들에게 동조해 줄 만한 방안을 강구했지만 쉽사리 답이 나오지 않았다. 그러다가 각종 술책까지 부리는 무리수를 두게 됐다. 이는 금세 탄로가 나며 상황을 더욱 악화시켰다. 어느 날 인종이 서경으로 행차해 대동강에서 뱃놀이를 즐길 때 물 위로 기름이 떠올랐다. 이것은 햇살을 받아 오색찬란한 빛을 띠었다. 마치 무지개가 뜬 것처럼 보였다. 이상하게 여긴 인종이 묘청에게 빛이 나는 연유를 묻자 묘청은 "임금의 은혜에 감은해 신룡이 토한 오색구름이며 서경이 왕도가 될 상서로운 징조"라고 답했다.

그런데 개경파 중 한 사람이 뱃놀이 후 물 밑을 조사해 봤더니, 오색으로 물들인 떡시루 밑에서 기름이 흐르는 것을 발견했다. 묘청 등은 사전에 오색 떡을 만들고 여기에 기름을 부어 강으로 흘러 내리게 했던 것이다. 이러한 거짓된 행동은 결과적으로 서경파에 대한 신뢰를 떨어뜨리는 요인이 됐다. 더욱이 대화궁이 완공된 이듬해에는 서경 중흥사 탑에 화재가 발생했고, 인종의 서경 행차 시 폭우 및 돌풍으로 왕과 시종들이 큰 피해를 입는 일도 있었다. 이에 서경파의 '풍수지리설'에 근본적인 의구심을 제기하는 사람들이 점점 늘어났다.

연이은 악재로 인종의 마음도 서경파에게서 점차 멀어졌다. 서경파는 지속적으로 서경 천도를 주장했지만 인종은 침묵으로 일관했다. 그 사이 개경파의 입김은 더욱 거세지고 있었다. 이 즈음 인종의 심리 상태는 매우 복잡했던 것으로 보인다. 이전에 비해 서경파와 거리를 두기는 했지만, 그렇다고 서경파의 주장을 완전히 물리치지도 않았고 북진 정책의 미련을 버리지도 못했다. 하지만 머지 않아 인종은 서경 천도를 완전히 단념하게 된다. 1134년 2월 서경파의 거듭된 요청으로 인종은 서경의 대화궁으로 행차했는데 이 때도 이상한 변고들이 발생했다. 인종과 신료들이 대동강에서 뱃놀이를 할 때 별안간 폭풍이 휘몰아쳐 술상이 엎어지고 배의 장막이 찢겼다. 이에 놀란 인종은 더 이상 서경에 머무르지 않고 급히 개경으로 돌아갔다. 인종이 떠난 후에도 서경에는 때 아닌 눈과 서리가 내려 인명 및 농작물의 피해가 극심했다. 여름에는 가뭄의 피해도 있었다. 이 같은 일을 겪은 후 개경파는 향후 인종의 서경 행차는 절대 불가하다며 목소리를 높였다. 인종도 서경 천도 및 행차를 완전히 포기하기에 이른다.

■묘청의 난

서경 천도의 꿈은 사실상 수포로 돌아갔다. 오랜 기간 공들여 추진했던 대업이 물거품이 되자, 인종과 개경파에 대한 서경파의 반감은 극에 달했다. 급기야 서경파는 1135년 1월 서경을 거점으로 반란을 일으켰다. 서경파가 구체적으로 언제부터 반란을 모의했는지를 나타내는 기록은 존재하지 않는다. 다만 일사불란하게 반란을 일으키고 단기간에 주변 지역을 장악한 것을 보면, 사전에 반란을 어느 정도 준비했던 것으로 보인다. '묘청의 난'은 단순한 반란이 아니었다. 묘청은 국호를 '대위'(大爲), 연호를 '천개'(天開)라고 명명했다. 자신들의 군사를 '천견충의군'(天遣忠義軍)이라고 부르며 자주적인 독립 국가 건설을 선포하기까지 했다. 아울러 묘청의 곁에는 분사시랑 조광, 병부상서 유참, 사재소경 조창언, 안중영 등이 있었다. 이들은 왕명을 빙자해 서경 부유수 최재, 감군사 이총림, 어사 안지종 등을 체포 구금했다. 가짜 승선 김신을 파견해 서북면 병마사 이중과 그의 막료들, 각 성의 지휘관을 체포해 서경의 소금창고에 가두었다. 뒤이어 여러 성의 군사들을 모집했고 약 3개 경로를 통해 개경으로 쳐들어가려는 계획을 수립했다.

반란 소식을 접한 인종은 당장 무력으로 진압하기보단 서경으로 사람을 보내 설득하려고 했다. 그러나 서경파는 요지부동이었다. 즉각 왕이 서경으로 행차하고 천도를 단행할 것을 요구했다. 개경파는 더 이상 참지 못했고 인종에게 서경파를 완전히 토벌해야 한다고 강하게 주청 했다. 결국 인종은 이를 받아들였다. 김부식을 총사령관으로 한 관군이 서경으로 진격할 준비를 했다. 준비를 다 마치고 진격하기 직전, 김부식은 화근을 미리 제거한다는 명분으로 (묘청이 반란을 일으킨 줄 모르고) 개경에 계속 머무르고 있던 온건서경파들인 정지상, 백수한 등을 처형했다.

묘청의 반란군은 초반에 자비령을 포함한 서북 일대를 신속히 장악하며 기세를 올렸다. 하지만 이 같은 기세는 오래가지 못했다. 김부식의 관군이 안북부로 나아가자 서경파의 영향력 하에 있던 여러 성들이 지레 겁을 먹고 관군에 동조하기 시작했다. 어느 정도 전세의 유리함을 느낀 김부식은 서경파의 핵심인 조광에게 항복할 것을 권했다. 불리한 상황을 직감한 조광은 묘청 등을 척살하고 항복할 결심을 했다. 결국 그는 묘청 등을 죽이는 데 성공했고 직후 개경에 사람을 보내 항복하겠다고 했다. 김부식은 인종에게 이들의 항복을 받아들이라고 조언했다. 그런데 다른 신료들은 인종에게 항복을 거부하고 서경파 잔여 세력들을 모조리 소탕하라고 주청 했다. 조광이 개경에 보낸 사신들은 모두 투옥됐다. 이 같은 소식을 접한 조광은 항복이 받아들여지지 않은 것으로 여겨 다시 관군과 싸울 것을 결의했다. 인종이 재차 회유하러 보낸 사람들을 죽이기까지 했다.

돌이킬 수 없는 상황에 이르자 김부식의 관군은 대동강 주변에 진을 친 후 반란군을 포위, 압박했다. 이들이 전면적인 공격 대신 군이 포위, 압박 전략을 구사한 이유는 관군이 쉽사리 뚫지 못할 정도로 반란군의 서경성이 워낙 견고했기 때문이다. 관군은 지구전을 통해 반란군이 스스로 무너지게 만들 계획이었다. 반란군은 결사항전 할 태세를 갖춘 채 무려 1년 이상을 버텼다. 그러나 시간이 갈수록 반란군은 식량 부족과 탈영병 속출에 시달렸다. 결정타를 날릴 시점을 엿보고 있던 김부식은 마침내 윤언이와 지석승의 조언을 받아들여 군사를 세 갈래로 나눠 기습적인 총공세를 감행했다. 성 안팎으로 곤경에 처한 반란군은 크게 동요하면서 무너지기 시작했다. 전세가 완전히 기울어진 것을 깨달은 조광 등 반란군 핵심 인사들은 모두 자결을 선택했다.

■ 과거로의 회귀

묘청의 난이 진압된 후 서경 세력은 완전히 몰락했다. 반대로 개경의 문신 귀족들은 기득권을 더욱 공고히 다졌다. 이들은 조정의 요직과 경제력 등을 독점했다. 무신들을 홀대하고 심지어 왕까지 가볍게 보는 모습을 나타냈다. 이는 추후에 '무신정변'을 촉발시키는 원인이 된다.

자주성이 퇴색하고 보수 사대주의도 고착화 됐다. 특히 개경 문신 귀족들의 거두였던 김부식은 사대주의에 기반했다고 평가를 받는 '삼국사기'를 출간, 이 같은 사회 분위기 고착화에 큰 영향을 미쳤다. 신채호는 "김부식이 승리해 조선 역사가 사대적 보수적 속박적 사상, 즉 유교 사상에 정복되고 말았거니와 만일 이와 반대로 묘청이 승리했다면 독립적 진취적 방면으로 나아갔을 것"이라고 개탄했다. 이후 고려는 말기인 '공민왕' 때까지 제대로 된 자주성을 좀처럼 보여주지 못했다.

05

무신정변

고려 문신들의 씨를 말리다

100년 무신집권기의 서막

경남 거제 둔덕기성. 무신정변 때 의종이 유폐돼 이곳에서 지냈다는
이야기가 전해진다. 현지에서는 '폐왕성'이라고도 불린다.

"이에 승선 이세통, 내시 이당주, 어사 잡단 김기신, 사천감 김자기, 태사령 허자단 등 모든 호종한 문관 및 대소신료 환시가 모두 해(害)를 만나매, 쌓인 시체가 산과 같았다. 처음에 정중부, 이의방 등이 약속하기를 '우리들은 오른 소매를 빼고 복두를 벗을 것이니, 그렇지 않은 자는 다 죽여라'라고 하였으므로 무인으로서 복두를 벗지 않은 자 또한 많이 피살되었다. 왕이 크게 두려워하여 그 뜻을 위로하고자 제장에게 칼을 하사하니, 무신들이 더욱 교만해져서 횡포하였다."

-고려사절요 中

10세기 이후 '문치주의'(文治主義)를 근간으로 하는 고려 사회를 뿌리째 뒤흔드는 정변이 발생했다. 당시 정 3품 상장군인 '정중부'와 견룡행수 '이의방', 이고 등을 중심으로 한 무신들이 조정의 문무 요직을 장악하고 경제력마저 독점하고 있던 문신들을 왕 앞에서 대거 척살했다. 그동안 중앙정치 무대에서 소외되고 문신들의 등쌀에 온갖 수모를 당했던 무신들이 더 이상 참지 못하고 정변을 단행한 것이다.

무신정변 이후 고려 사회는 100년에 이르는 엄혹한 '무신집권기'에 들어갔다. 정제되지 못하고 거칠었던 무신 세력은 힘으로 모든 상황을 통제하려 했다. 왕권을 유린했으며 상호 간 치열한 권력 투쟁을 벌이기 일쑤였다. 이에 무신집권기 동안 왕은 허수아비에 불과했고 최고 권력자는 계속 바뀌면서, 고려 사회는 혼란의 도가니에서 빠져나오지 못했다. 문신들의 씨를 말리며 고려 사회의 근간을 뒤흔들었던 '무신정변' 전말을 되돌아봤다.

■ 고려 사회의 문치주의

태조 왕건이 고려를 건국할 때 그 주변에는 건국에 일조한 수많은 무신들이 있었다. 이들은 이른바 '공신' 세력을 형성해 갓 태어난 고려 왕조의 중심에 위치했다. 심지어 2대 왕 혜종과 3대 왕 정종 교체기에 무신들이 대거 동원돼 정치적 변화를 주도하며 그 영향력을 입증하기도 했다. 하지만 4대 왕인 '광종' 대에 이르러 변화의 바람이 불기 시작했다. 광종은 왕권을 강화하고 비대해진 무신들의 영향력을 제어하길 원했다. 그 결과 중앙정치 무대에서 무신들을 배제했고 문신들을 대거 등용하거나 요직에 앉혔다. 문신들의 대표적인 정계진출 통로인 '과거제'도 이때 처음 시행됐다. 이로써 '문치주의'의 시대가 열렸다.

문신들은 본연의 영역에만 있는 것이 아닌 무신들의 영역도 잠식했다. 고려 시대 군사를 맡아보던 관청인 병부의 고위직도 문신들이 차지했다. 기실 외침이나 내란을 평정하면서 유명해진 강감찬, 윤관, 서희 등도 모두 무신이 아닌 문신들이었다. 문무의 양권을 손에 쥔 문신들은 경제력도 독점해 나갔다. 문신들은 대외 무역 등을 통해 부를 계속 축적했고 백성들의 토지를 마음대로 갈취하기도 했다. 이에 따라 토지를 빼앗겨 '유리걸식'하는 백성들이 급격히 증가했다.

■ 무신들의 수모와 거사 모의

문신 전성기는 무신들에게는 '재앙'과도 같았다. 문무를 넘나들며 요직을 꿰찼던 문신들과 달리 무신들은 정 2품 이상의 관직은 감히 넘볼 수도 없었다. 정 3품 상장군이 무신들이 올라갈 수 있었던 관직의 최대치였다. 더욱이 과거제인 '문과'를 통해 정식으로 등용되는 문신들과 달리 무신들은 이와 비슷한 '무과'도 없어 태생적인 한계를 노정할 수밖에 없었다. 왕이 궁궐 밖으로 나가 문신들과 연회를 할 때, 무신들은 여기에 결코 참여하지 못했고 그저 호위병의 역할만 수행해야 했다. 그나마 최고 관직이었던 상장군도 이 역할에 그쳤다. 당시 고려의 제18대 왕이었던 '의종'은 주색을 밝혀 시도 때도 없이 연회를 열며 무신들을 호위병으로 부렸다.

상황이 이렇자 무신들의 분노는 하늘을 찌를 듯했다. 특히 견룡행수 이의방, 이고가 가장 크게 분노를 표출했다. 이들은 좀처럼 화를 참지 못했고 급기야 심상치 않은 움직임을 보였다. 그 움직임은 바로 '정변 모의'였다. 다만 곧바로 정변을 일으키기엔 이들의 지위가 낮은 편이었던 만큼 정변을 함께 할 만한 고위 무신을 찾아다녔다. 그 결과 지위도 높고 강단이 있는 우학유를 만나게 됐다. 이의방과 이고는 단도직입적으로 우학유에게 정변을 일으키자고 제안했다. 그러나 우학유의 생각은 달랐다. 그는 무신들이 분한 것은 알겠으나 문신이 해를 당하면 그 화가 무신에게도 미칠 것이니 정변을 삼가야 한다고 말했다.

우학유 설득에 실패한 이의방과 이고는 어쩔 수 없이 다른 인물을 찾아 나섰다. 그들의 눈에 들어온 것은 정중부였다. 당시 정중부는 무신 가운데 가장 높은 지위인 정 3품 상장군이었다. 과거에 문신인 김부식의 아들 '김돈중'으로부터 수염이 촛불로 태워지는 수모를 당해 문신에 대한 원한이 상당했다. 이의방과 이고는 설득 가능성이 높은 정중부와 접촉할 기회를 계속 엿보았다. 그러다가 기회가 찾아왔다. 1170년 4월 의종이 화평재로 행차했을 때, 경치 좋은 곳에 다다르자 문신들과 또다시 연회를 벌이기 시작했다. 이 때도 무신들은 상장군부터 일개 병사 할 것 없이 호위병의 역할을 수행했다.

정중부도 이 자리에서 호위를 하고 있었다. 그는 오랜 시간 호위에 지쳐 잠시 자리를 비웠고 이의방과 이고가 신속히 뒤쫓아갔다. 정중부와 마주 서게 된 이의방과 이고는 곧바로 거사의 필요성을 처음으로 언급했다. 문신들은 밤새 마시고 배불리 먹고 있는데, 무신들은 굶주리고 피곤한 세월이 계속되고 있으니 더 이상 참을 수 없다는 것이었다. 정중부도 이 주장에 적지 않게 공감했다. 문신들이 지나친 특권을 누리고 있었고, 상술했듯 정중부 본인도 문신에게 수모를 당한 적이 있었기 때문이다. 그런데 정중부는 일단 상황을 좀 더 지켜보고 숙고하자며 신중한 태도를 보였다.

■ **무신정변**
화평재 행차 이후에도 의종의 사치스러운 연회는 자주 열렸다.

문신들의 오만방자함과 무신들의 수모도 계속됐다. 이전에 비해 상황은 달라진 것이 없었다. 오히려 의종의 총애에 기대 함부로 나대는 환관 한뢰와 임종식 등의 '안하무인'적인 행태가 더욱 심화됐다. 결국 1170년 8월 정중부는 이의방, 이고 등을 불러 거사를 단행하기로 결정했다. 이들이 거사를 단행하기로 한 날은 의종이 개경의 덕적산 남쪽에 있는 흥왕사로 행차한 날이었다. 이때 소수의 호위부대와 무신들이 의종과 함께 했는데, 그 호위부대의 주력이 바로 이의방이 이끄는 '견룡군'이었다. 정중부, 이의방 등에게 이보다 더 좋은 기회는 없었다. 다만 흥왕사에선 거사를 일으키기가 곤란했던 것으로 보인다. 대신 그 이후를 노렸다. 만약 의종이 흥왕사에서 '보현원'으로 이동한다면 그곳에서 거사를 단행하기로 했다. 사찰이었던 보현원은 평소 의종이 연못을 만들고 자주 놀이하던 장소였다. 반대로 의종이 흥왕사에서 궁궐로 바로 환궁한다면 일단 거사를 미루기로 했다.

고려의 운명의 여신은 전자를 택했다. 의종은 보현원으로 이동키로 했다. 정중부, 이의방, 이고의 눈빛은 살기를 띠었다. 그런데 오문 앞에 이르러 의종은 별안간 무신들로 하여금 '오병수박희'(五兵手搏戲)를 하라고 명했다. 오병수박희는 무신들 간에 무예를 겨루는 대회였다. 오랜 시간 호위에 지쳐있던 무신들에게 오병수박희는 또 다른 노고가 될 수 있었다. 그럼에도 의종과 문신들은 이에 아랑곳하지 않고 그저 술을 마시며 즐겁게 관전할 터였다.

엎친 데 덮친 격이라고 해야 할까. 바로 이 자리에서 사실상 무신 정변의 직접적인 도화선이 되는 중요한 사건이 발생했다. 당시 나이가 많은 대장군인 이소응이 본인의 의사와는 무관하게 오병수박희에 참가하게 됐다. 이소응은 젊은 무신과 맞붙었는데 경기 도중 체력이 저하돼 퇴장하려고 했다. 이때 환관인 한뢰가 그 앞에 나와 패기가 없다며 노장군의 뺨을 후려쳤다. 이소응은 물리적인 충격으로 인해 섬돌 아래로 떨어졌다. 그러자 의종과 문신들은 손뼉을 치며 크게 웃었다. 이를 본 무신들은 그 어느 때보다 큰 충격을 받았다. 임계점을 넘어선 이의방과 이고 등은 당장이라도 칼을 뽑으려 했다. 정중부가 일단 눈짓으로 말렸다. 대신 그는 한뢰 앞으로 나아가 "정3품 벼슬인 이소응에게 너 같은 사람이 모욕을 주느냐"라며 크게 꾸짖었다. 이에 의종과 문신들의 웃음기는 완전히 사라졌고 대회장은 살얼음판을 걷는 분위기였다. 의종이 직접 나서서 정중부를 진정시킴에 따라 오병수박희에서의 상황은 간신히 수습될 수 있었다.

하지만 이제 주사위는 던져진 셈이었다. 의종이 저녁 무렵 보현원에 이르자 마침내 이의방과 이고는 행동에 들어갔다. (이의방과 이고는 의종 및 문신들보다 먼저 보현원에 들어가 거사를 준비하고 있었다.) 그들은 우선 왕명이라고 기만하며 보현원에 있던 순검군을 집합시켰다. 순검군은 견룡군과는 별도의 친위군이었지만, 이의방과 이고는 이미 순검군의 수장을 포섭해 놓은 상태였다. 상황의 심각성을 전혀 모른 채, 의종은 보현원 내부로 들어갔다. 문신들은 왕을 배웅한 뒤 각자의 처소로 물러나려 했다. 바로 이 순간, 순검군을 동원한 이의방과 이고 등이 문신들에게 무차별적인 칼부림을 하기 시작했다. 임종식과 이복기 등 수많은 문신들이 죽임을 당하면서 보현원은 순식간에 '아비규환'의 현장이 됐다.

이를 본 한뢰는 공포감에 사로잡혀 보현원 내부의 의종에게 달려갔다. 그런 다음 왕의 침상 아래에 숨었다. 이의방과 이고 등은 한뢰를 뒤쫓았고 왕의 침소에까지 들이닥쳤다. 이제야 상황을 파악한 의종은 무신들에게 즉시 물러가라고 명했다. 그러나 무신들은 왕의 명을 대놓고 무시했고 의종에게 한뢰를 내놓을 것을 요구했다. 의종이 이를 계속 거부하자 무신들은 강제로 한뢰를 끌어내려했다. 한뢰는 의종의 용포를 붙잡고 필사적으로 버티고 있었다. 보다 못한 이고가 나서서 한뢰에게 칼을 휘둘렀고 그 즉시 한뢰는 사망했다. 그러자 의종 곁을 지키고 있던 문신들이 "감히 왕 앞에서 무력을 행사하냐"라며 무신들을 책망했다. 이 말에 무신들은 더욱 격분했고 의종이 보는 앞에서 호위 문신들까지 모조리 척살했다.

보현원에서의 거사가 성공하자 정중부는 이의방, 이고 등을 개경으로 급파했다. 정중부 본인은 일단 의종을 붙잡아두고 이의방과 이고로 하여금 개경을 장악하라고 한 것이다. 개경에 진입한 무신들은 우선 죄인 등을 다스리는 관청인 가구소에 있던 별감 김수장을 죽였다. 궁궐에 있던 추밀원부사 양순정, 판이부사 허홍재를 비롯해 수많은 문신들을 척살했다. 죽임을 당한 문신들의 시체는 길거리와 강가에 버려졌고 그들의 집도 철저히 파괴됐다. 이때 무신들은 "문신의 관(冠)을 쓴 자는 비록 서리일지라도 씨를 남기지 말라"라고 외쳤다. 그만큼 문신들을 향한 무신들의 복수심은 상상을 초월했다. 정변의 살육이 어느 정도 일단락 된 후 무신들은 의종과 태자를 폐위시켰다. 뒤이어 의종의 둘째 동생인 익양공 호(晧)를 즉위시켰는데 이가 바로 고려의 제19대 왕인 '명종'이다. 이로써 정중부와 이의방, 이고 등이 중심이 된 무신정변은 성공했고, 약 100년에 이르는 엄혹한 무신집권기가 시작됐다.

■ 100년 무신집권기

무신들이 권력을 잡은 후 왕정을 다시 회복시키기 위한 '반 무신 항쟁'이 일어났다. 1173년 동북면병마사 '김보당'과 그 이듬해에 서경유수 '조위총'이 일으킨 항쟁이 그것이다. 특히 조위총의 난은 철령 이북에 있는 40여 개 성이 호응하는 등 큰 위세를 떨쳤다. 또한 사찰 승려들이 무신정권에 대항해 항쟁을 일으키기도 했다. 그러나 이 모든 것들은 이의방의 부하인 '이의민' 등의 활약으로 진압됐다. 이의민은 무력이 뛰어나고 힘이 장사였던 것으로 전해진다. 100년에 이르는 무신집권기의 특징은 왕권의 유명무실과 집권한 무신이 '중방'(최고 무신들로 구성된 회의 기구), '도방'(경대승이 설치한 사병집단이자 숙위기관), '교정도감'(최충헌이 설치한 최고 권력 기구), '정방'(최우가 설치한 인사 담당 기관) 등과 같은 기구를 통해 모든 권력을 자의적으로 행사했다는 것이다. 아울러 최고 권력자들이 자주 교체됐다. 무신집권기 초반의 최고 권력자는 정변 당시 견룡행수였던 이의방이다. (참고로 이의방의 동생인 이린은 조선의 건국자인 태조 이성계의 6대 조였다.) 이의방은 정변 동지였던 이고 등을 죽이고 정중부를 밀어낸 뒤 권력을 장악했다. 이의방은 의종의 첩들을 취하고 자신의 딸을 명종에게 시집보내는 등 국정을 마음대로 주물렀다. 또한 이의민에게 명령해 유배지에 있는 의종을 허리를 꺾고 척추를 부러뜨려 죽였다.

이의방은 조위총의 난을 진압할 때 정중부의 아들인 정균의 계략에 걸려들어 피살됐다. 이후 정중부가 권력을 장악했다. 이의방 시대와 다를 바 없이 정중부 시대에도 정중부 본인과 그 아들들의 국정 농단이 횡행했다. 이에 26세 청년 장군인 '경대승'이 등장해 정중부와 정균 등을 기습 척살한 후 권력을 잡았다. 경대승의 부친은 문하시중에 이어 두 번째로 높은 관직인 '중서시랑평장사'를 역임했다. 경대승은 15세 때 음서로 교위에 임명된 후 여러 차례 승진을 거쳐 이른 나이에 장군이 됐다. 경대승의 경우는 이의방, 정중부와 달랐다. 경대승은 (나이가 어려) 무신정변에 참여하지 않았고, 거사 이유는 왕권을 유린한 '난신적자'(亂臣賊子)들을 제거하는 것이었다. 실제로 그는 왕권을 존중하는 모습을 보였으며 의종을 죽인 이의민을 찾아내 척살하려는 의지도 나타냈다. (이때 이의민은 경대승을 두려워해 병을 핑계로 낙향했고 마을 거리에 큰 문을 세워 경계하게 했다.) 경대승은 궁극적으로 고려 사회를 무신정변 이전의 모습으로 '복고'하려 했다. 그러나 경대승 역시 오래가지 못했다. 그는 무신들의 완전한 지지를 받지 못해 항상 신변의 위협을 느꼈다. 그가 사병집단인 도방을 설치한 것은 이러한 위협을 완화시키기 위해서였다. 더욱이 자신의 왕정복고 뜻이 명종에게 인정을 받지 못하자 크게 좌절해 병을 얻었고, 끝내 젊은 나이에 요절하고 말았다. 경대승이 세상을 떠났을 때 수많은 백성들이 통곡한 것으로 전해진다. 그만큼 백성들은 전도유망했던 젊은 지도자의 정치적 지향점을 크게 지지했던 것이다. 참고로 경대승은 다른 무신들과 달리 '고려사 반역열전'에 이름이 오르지도 않았다.

경대승이 죽자 이번에는 이의민이 부상했다. 그동안 고향에서 숨죽이고 있던 이의민은 경대승이 사망한 직후 명종의 권유에 따라 중앙으로 올라와 권력을 장악했다. 어찌 보면 명종은 무신정변으로 왕위에 오른 수혜자였기 때문에, 사실상 무신정변을 부정했던 경대승은 부담스러워한 반면 무신정변의 주도자였던 이의민은 적지 않게 선호했던 것으로 보인다. 그런데 이의민 역시 자신의 상관이었던 이의방처럼 전횡을 일삼기는 마찬가지였다. 그러다가 그 전횡의 피해자이기도 했던 '최충헌', 최충수 형제에게 걸려들어 비참한 최후를 맞았다. 어느 날 이의민의 아들이 최충수가 기르던 비둘기를 빼앗는 사건이 발생했다. 이에 격분한 최충수가 형인 최충헌을 설득해 이의민을 기습 척살했다.

무신집권기 5대 권력자가 된 최충헌은 이전 권력자들과 달리 무려 4대(최충헌-최우-최항-최의) 62년(1196년~1258년) 간 권력을 유지할 수 있었다. 이른바 '최씨 무신정권'의 시대를 연 것이다. 최충헌은 여러모로 출중한 '정치가'였다. 이전 권력자들(경대승 제외)은 힘으로 권력을 지키기에만 급급해 단명했다. 반면 최충헌은 실질적인 변화를 주도할 정치 개혁안을 제시하거나 기발한 인사 및 핵심기구 설치 등을 통해 세력 기반을 공고히 했다. 집권 이후 명종에게 '봉사 10조'를 들고 나와 토지점유 시정, 검약 숭상, 필요 이상의 관원 도태 등을 주장했고 무신뿐만 아니라 문신들도 고루 등용했다. 반대파들을 효율적으로 색출하고 처벌할 수 있는 기구인 교정도감도 설치했다. 이를 통해 최충헌은 중앙 권력 장악, 지방사회 안정, 민란 진정이라는 큰 성과를 거둘 수 있었다. 그는 약 17년을 집권하면서 명종과 희종 등 무려 4명의 왕을 마음대로 폐립 했다. 실질적으로 왕 위에 존재하는 절대 권력자였지만 그 스스로가 직접 왕위에 오르지는 않았다. 최충헌의 뒤를 이은 아들 최우 등은 강화도에서 '대몽 항쟁'을 주도하며 최씨 정권을 유지해 나갔다.

좀처럼 끝나지 않을 것 같았던 최씨 무신정권은 최의 대에 이르러 종말을 고했다. 이후 김준과 임연, 임유무 부자가 잇따라 권력을 잡았다. 임연, 임유무 부자는 대몽 항쟁 당시 친몽파인 원종과 극심하게 대립하는 모습을 나타냈다. 원종은 몽골의 요구를 받아들여 강화도에서 개경으로 환도하려 했으나 임연, 임유무 부자는 이를 거세게 반대했다. 대립이 계속되는 가운데 원종이 잠시 폐위된 적도 있지만, 태자(훗날 충렬왕)와 몽골의 지원 등에 힘입어 끝내 임연, 임유무 부자를 제거하는 데 성공했다. 마침내 임유무를 끝으로 길고 엄혹했던 무신집권기는 대단원의 막을 내렸고 1270년 드디어 왕정이 복고됐다.

2

지배체제 변혁

"... 그대들과 함께 들어가서 왕에게 친히 화와 복을 아뢰고,
왕 옆의 악한 사람(최영)을 제거하겠다."

−위화도 회군 中

06

공민왕 피살

고려 마지막 개혁군주의 비극적 최후

개혁 정치와 좌절, 망국 전말

고려 제31대 왕 '공민왕'과 부인인 '노국대장공주'. 보기 드문 개혁 의지를 갖췄던 공민왕은 끝내 뜻을 이루지 못하고 비참한 최후를 맞이했다.

"1374년 9월 홍륜과 최만생 일파는 늦은 밤에 공민왕의 침소에 잠입, 궁녀들과 환관들을 닥치는 대로 죽였다. 이를 본 공민왕은 화들짝 놀라 도망가려 했지만 붙잡혔다. 홍륜과 최만생 일파는 마치 원수를 대하듯 공민왕을 처참하게 난도질했다."

고려 시대의 끝자락에서 국가의 개혁을 위해 몸부림쳤던 한 왕이 있었다. 그 왕은 바로 고려 제31대 왕인 '공민왕'이다. 그는 오랜 기간 지속된 원나라의 간섭에서 벗어나 고려의 '자주성'을 되찾기 위해 노력했다. 또한 '신돈'이라는 인물을 중용해 정치, 사회적으로 과감한 개혁 노선을 펼치려 했다. 이것만이 기울어가는 고려를 되살리는 길이라 생각했다. 하지만 기성 세력들의 극심한 반발과 사랑하는 부인의 죽음, 대내외적인 반란 및 침략 등으로 공민왕의 개혁은 좌초되고 말았다. 그야말로 고려의 마지막 '개혁혼'이 사그라졌고, 이후 고려는 돌이킬 수 없는 망국의 길로 나아갔다. 실로 보기 드문 영민함과 개혁 의지를 갖췄던 왕. 만약 개혁에 성공했다면 고려의 수명을 발전적으로 연장시키고 스스로도 성군으로 남을 수 있었던 왕. 그러나 뜻을 이루지 못하고 비참한 최후를 맞이한 비운의 왕. 공민왕의 개혁 정치와 좌절, 그리고 피살 전말을 되돌아봤다.

■ 극적인 즉위

공민왕은 1341년부터 원나라에서 지냈다. 당시 고려는 수차례에 걸친 몽골과의 전쟁 이후 원나라에 종속돼 있었다. 원나라에 정기적으로 조공을 바쳤고 태자 등을 볼모로 보냈다. 이에 공민왕도 원나라에서 오랜 기간을 지내야만 했다. 고려는 사위의 나라인 '부마국'(駙馬國)이었던 만큼 고려 태자는 원나라의 공주와 혼인도 해야 했다. 공민왕은 1349년 원나라 공주인 '노국대장공주'와 혼인을 했다. 당초 공민왕은 고려의 왕이 되는 것이 불가능해 보였다. 장자가 아니었고 친모도 원나라 사람이 아닌 고려 사람이었다. 결정적으로 선왕인 충목왕이 후사를 보지 못한 채 즉위 4년 만에 병사했는데, 그 뒤를 이어 이복동생인 충정왕이 즉위했다. 공민왕은 옥좌에서 완전히 멀어지게 된 것처럼 보였다.

하지만 극적인 반전이 일어났다. 충정왕이 즉위한 뒤 수많은 외척과 간신들이 발호해 국정이 크게 문란해졌다. 시간이 갈수록 이같은 모습은 사라지기는커녕 심화됐다. 원나라는 더 이상 고려의 상황을 좌시하지 않았다. 마침내 1351년 원나라는 국정 문란의 책임을 물어 충정왕을 폐위시켰다. 이후 새로운 왕으로 공민왕을 지목했다. 공민왕은 고려의 제31대 왕으로 즉위할 수 있었다. 일설에 따르면, 이 당시 공민왕이 왕위에 오르는 데 있어 부인인 노국대장공주가 큰 역할을 했던 것으로 전해진다.

■ 반원자주정책

원나라는 공민왕을 신뢰했다. 공민왕이 원나라에서 오랜 기간 머물렀기 때문에 원나라의 정책 방향과 문화 등을 잘 이해하고 있으리라 봤다. 원나라 사람인 부인(노국대장공주)과 매우 돈독한 관계를 유지한다는 점도 신뢰를 높이는 요소로 작용했다. 이를 기반으로 원나라는 고려에서 보다 적극적인 '친원 정책'이 행해질 것이라 전망했다. 이는 완전히 빗나갔다. 공민왕은 즉위 직후부터 강력한 '반원자주정책'을 펼쳤다. 이처럼 의외의 정책이 나올 수 있었던 기저에는 무엇보다 공민왕의 냉철한 국제정세 분석이 있었다. 공민왕은 원나라에 있으면서 대륙에서 돌아가는 정세에 깊은 관심을 갖고 학습해 이를 속속들이 꿰뚫고 있었다. 14세기 후반 국제정세는 요동치고 있었다. 그동안 강력한 제국으로 군림했던 원나라가 서서히 쇠퇴했고 새로이 중국 한족이 중심이 된 '명나라'가 부상하고 있었다. 공민왕은 원나라의 국운이 다했다고 봤고, 이 기회를 잘 활용해 움츠러들었던 고려의 자주성 및 영토를 회복시키려 했다. 떠오르는 태양인 명나라와 유착하려는 모습도 보였다.

우선 공민왕은 고려 사회에 파고들었던 몽골 풍습의 혁파를 단행했다. 당시 대표적인 몽골 풍습으로는 변발과 호복 등이 있었는데 공민왕은 어명을 통해 이를 완전히 금지시켰다. 이 와중에 '조일신의 난' 발생과 부원 세력 강화로 공민왕의 입지가 흔들릴 때도 있었다. 하지만 공민왕은 굴하지 않고 1356년 다시 개혁정치를 단행, 몽골의 연호 및 관제를 폐지한 뒤 문종 대의 제도를 복구했다. 이어 원나라의 내정 간섭 기구였던 정동행중서성이문소도 폐지했다. 공민왕은 원나라의 위세에 편승해 고려 조정을 좌지우지했던 '기철' 일파를 제거하기도 했다. 기철 일파는 원나라 황실과 인척 관계라는 점을 악용해 마치 왕족처럼 행동했다. 기황후가 출산한 아들이 원나라 황태자에 책봉된 후에는 공민왕마저 무시하기에 이르렀다.

이에 격분한 공민왕은 원나라와의 관계 악화를 무릅쓰고 기철 일파를 모조리 척살했다.

여기서 끝이 아니었다. 공민왕은 여세를 몰아 100년 이상 존속했던 '쌍성총관부'(雙城摠管府)를 폐지하며 원나라에 빼앗겼던 영토를 회복했다. 쌍성총관부는 원나라가 고려의 화주(함남 영흥) 이북을 직접 통치하기 위해 설치한 관부였다. 이후 주원장이 1368년 명나라를 건국하자, 공민왕은 최측근이었던 '이인임'을 급파해 명나라의 공조 약속을 받아낸 후 요동에 남아 있던 원나라 잔존세력을 쫓아냈다. 2년 후에는 이성계를 통해 동녕부를 공격, 오로산성을 점령했다.

■ 연이은 악재, 신돈의 등장

공민왕의 반원자주정책은 매우 과감하고 신속하게 단행됐고 상당한 성과를 거뒀다. 이때까지만 해도 개혁군주 공민왕이 중심이 된 고려가 다시금 웅비할 것처럼 보였다. 그러나 장밋빛 여정만 있는 것은 아니었다. 공민왕 개혁 정치의 발목을 잡는 악재도 연이어 발생했다. 우선 홍건적과 왜구의 침입이 빈번했다. 특히 홍건적의 2차 침입 때 수도인 개경이 함락돼 공민왕은 안동으로 피난을 갔다. 내부의 반란도 자주 발생했는데, 대표적으로 1363년 찬성사 김용의 난과 1364년 최유의 난이 있었다. 특히 충선왕의 셋째 아들인 덕흥군을 왕으로 옹립하려 했던 최유의 난은 고려 사회에 큰 타격을 줬다. 또한 공민왕은 권문세족이 중심이 된 도당의 권한 약화와 외방의 산관에 대한 통제 강화 등을 도모했지만, 권문세족의 극심한 반대에 부딪혀 실패했다.

엎친 데 덮친 격으로 1365년 공민왕에게 가장 치명적인 타격을 주는 일이 발생했다. 그것은 바로 공민왕의 부인인 노국대장공주의 죽음이었다. 노국대장공주는 결혼 14년 만에 어렵게 임신했지만, 아이를 출산하는 도중 갑자기 세상을 떠났다. 공민왕에게 있어 노국대장공주는 마치 '분신'과도 같은 존재였다. 원나라에 볼모로 잡혀있을 때 공민왕은 노국대장공주에게 크게 의지했다. 상술했듯 왕이 되기 어려웠던 공민왕이 즉위할 수 있었던 데에는 노국대장공주의 숨은 공로가 있었다. 공민왕이 즉위한 후 반원자주정책을 펼칠 때, 노국대장공주는 본인의 친정은 아랑곳하지 않고 공민왕을 적극 지지했다. 지금까지도 공민왕과 노국대장공주의 애틋한 사랑 이야기는 전설처럼 전해 내려오고 있다. 든든한 후원자이자 그 누구보다 사랑했던 배우자가 세상을 떠나자 공민왕은 큰 실의에 빠졌다. 자신의 개혁 정치가 대내외적으로 큰 도전을 받는 상황에서 발생한 일이라 그 아픔은 더욱 컸다. 그는 노국대장공주를 너무 그리워한 나머지 매일 그녀의 초상화를 그렸다. 그림이 마치 살아있는 듯 마주 보며 식사하고 대화도 했다. 그러다가 갑자기 슬프게 울었고 약 3년 간 고기도 먹지 않았다.

공민왕은 즉위 초 총기가 넘치던 그 영민한 왕이 아니었다. 과거와 달리 국정을 등한시했고 연회를 즐기는 횟수도 부쩍 늘었다. 다만 공민왕이 아예 국정을 나 몰라라 한 것은 아니었다. 뭔가 돌파구를 모색하긴 했다. 그 결과 공민왕은 한 인물을 불러 사부로 삼고 국정을 맡기기로 했다. 그가 바로 '신돈'이다. 신돈은 공민왕이 국정을 맡아달라고 제안했을 때 처음에는 거부하는 모습을 보였다. 초기에는 본인을 통한 개혁이 어느 정도 단행될 수 있겠지만, 머지않아 기득권 세력의 반발이 있을 것이고 그렇게 되면 임금도 본인을 지켜주지 못할 것을 우려했다. 공민왕이 그럴 리가 없다면서 반박하자 신돈은 자신을 지켜주겠다는 '각서'를 대놓고 요구했다. 공민왕은 이를 수락했고 신돈에게 수정이순논도섭리보세공신, 벽상삼한삼중대광 등 수많은 직책을 부여하며 국정의 중심으로 데려왔다.

■ 신돈발 개혁 열차

신돈은 노비의 아들이자 승려였다. 그랬던 사람이 별안간 '왕사'(王師)가 됐으니 백성들 사이에선 신돈이 왕의 눈을 흐리는 '요승'이라는 소문도 돌았다. 공민왕의 신돈 발탁은 절박한 자구책이자 다른 대안이 부재했기 때문이다. '고려사' 반역 열전에서 공민왕은 다음과 같이 말하고 있다. "왕위에 있은 지 오래됐는데 재상들 가운데에 많은 이들이 뜻에 맞지 않았다. 세신 대족들은 친당이 뿌리처럼 이어져 있어서 서로 허물을 가려준다. 초야 신진들은 출세하게 되면 집안이 한미한 것을 부끄럽게 여겨 세신 대족의 사위가 되고 처음의 뜻을 버린다. 유생들은 유약하고 강직하지 못하다. 이 세 부류들은 모두 쓰기에 부족하다. 이에 세속에서 떨어져 '홀로 선 사람'(신돈)을 얻어 그를 크게 사용하겠다."

이러한 이유로 발탁된 신돈은 공민왕의 후원 하에 거침없는 개혁을 단행했다. 우선 개각을 실시해 수많은 기성 신료들을 쫓아냈다. 이에 대한 반발이 상당했지만, 신돈은 아랑곳하지 않고 신속하게 기성 신료 및 좌주·문생 파벌을 축출했다. 이들이 쫓겨난 자리에는 추후 조선 건국의 중심 세력이 되는 신진 유학자들이 대거 들어왔다. 신돈은 신진 유학자들이 성리학을 내세우고 자신이 속한 불교에 반감을 갖고 있다는 것을 잘 알았다. 그럼에도 개혁이란 대의를 위해 이를 눈감아줬다. 아울러 신돈은 몽골 침략 시기에 불탄 '성균관' 건물을 복구했다. 이후 성균관 총관리자인 대사성에 이색, 교육 책임자인 박사에 정몽주, 학관에 이숭인 등 상대적으로 온건 유학자들을 임명했고, 다음 세대를 이끌 지도자로서 신진 유학자들을 양성해 나갔다. 신돈은 '과거 제도'를 개선하는 정책도 추진했다. 이전까지 진사과, 명경과로 분류돼 있던 과거 제도를 전면 개편해 향시, 회시, 전시 세 단계로 설정해 시험을 치르게 했다. 왕도 직접 참여시켜 시험 내용을 검토하고 합격자를 선발하게 했다. 이에 따라 좌주와 문생들이 부정하게 결탁해 합격자를 배출하는 폐단이 완전히 사라졌다. 또한 권문세족과 공신자제들의 출세 특혜를 폐지, 오로지 과거 제도를 통해서만 벼슬길에 오르게 했다.

신돈은 '전민변정도감'(田民辨整都監)도 설치했다. 이는 권문세족들이 과도하게 점유하고 있던 토지, 농장에 불법으로 소속된 노비와 부역을 도피한 양민을 찾아내 정리하는 것이었다. (비슷한 시기에 거대 사찰들도 정리했다.) 권문세족들은 별안간 토지와 노비들을 잃게 되면서 경제적 힘이 크게 약화됐다. 반면 국가의 재정은 튼튼해졌다. 천민과 노비들을 중심으로 신돈에 대한 인기도 급상승했다. 한 때는 노비들이 구세주라 여긴 신돈을 대거 찾아와 자신들을 양민으로 만들어 달라고 요구하는 일도 벌어졌다. 신돈이 이들의 요구를 거의 다 들어주는 파격을 선보이자 노비들은 "성인이 나왔다"라며 환호성을 질렀다. 신돈발 개혁 열차가 거침없이 나아가면서 신돈의 위세는 하늘을 찔렀다. 심지어 원나라 사신들은 신돈을 '권왕'(임시 국왕 또는 국왕 권한을 대행하는 사람)이라고까지 불렀다.

■ 좌초된 개혁

작용이 있으면 반드시 반작용도 있는 법이다. 신돈의 개혁은 급진적이었던 만큼 머지않아 기성 세력들의 극심한 반발을 불러왔다. 권력과 경제적 기반이 흔들렸던 권문세족 등은 더 이상 참지 못하고 공민왕에게 나아가 신돈을 비하하거나 모함하기 시작했다. 새롭게 성장한 신진 유학자들도 심상치 않은 모습을 보였다. 그들은 기본적인 사상의 차이 때문에 신돈을 멀리했고, 공민왕에게 '성리학에 기반한 직접적인 정치'를 펼 것을 요구했다. 신돈에게 불리한 대외적인 요인도 부상했다. 이 즈음 중국 대륙에서는 '원명 교체기'가 형성됐다. 공민왕은 떠오르는 국가(명나라)를 새로운 방식으로 상대해야 했다. 이전처럼 신돈을 내세워 정치를 하는 것이 곤란해진 측면이 있었다. 실제로 공민왕은 명나라의 책봉을 받은 이후부터 친정을 하기 시작했고, 자연스레 신돈의 정치적 영향력은 축소됐다.

이런 가운데 신돈의 사생활이 본격적으로 도마 위에 올랐다. 조선의 개국 세력들이 고려 망국의 원인을 찾기 위해 신돈을 의도적으로 폄하했는지는 모르지만, 신돈이 여색을 심하게 밝혔고 수많은 재물들을 개인적으로 착복했다는 것이다. 처음에 공민왕은 개혁동지이자 스승인 신돈을 감싸는 듯한 모습을 보였다. 하지만 시간이 갈수록 신돈의 사생활을 비판하는 목소리가 커졌다. 그가 행한 개혁 정치에 대한 기성 세력들의 반발도 극심해졌다. 위기감을 느낀 공민왕은 점차 신돈에게서 신임을 거두기 시작했다. 자신에 대한 주변의 공격이 거세지고 공민왕의 신임도 옅어지면서 신돈은 초조해졌다.

급기야 궁지에 몰린 신돈을 비참한 결말로 이끄는 사건이 발생했다. 선부의랑 이인이 익명서를 올려 신돈의 모역을 보고했다. 신돈이 공민왕을 암살할 계획을 세웠다는 것이다. (해당 사건은 정치적인 이유로 조작됐을 가능성이 높다.) 공민왕은 한때 전적으로 믿고 맡겼던 사람이 모역을 했다는 소식을 접하자 크게 분노했다. 이에 그는 사건의 진상을 제대로 파악하지도 않고 즉시 신돈을 체포해 수원으로 유배 보냈다. 그리고 이틀 후 유배지에서 신돈을 죽였다. 보통 죄인들을 죽이기 전에 이들을 신문하는 '국문'이 행해졌지만, 신돈은 이를 받지도 못하고 신속히 죽임을 당했다. 기록에 따르면 신돈의 목을 베고 사지를 찢어서 조리돌렸으며 경성 동문에 목을 매달았다고 한다. 공민왕은 비단 신돈뿐만 아니라 그 아들과 측근들도 모두 죽였다. 그가 신돈에게서 느꼈던 배신감이 어느 정도였는지 엿볼 수 있는 대목이다. 신돈이 제거되자 공민왕은 다시 기성 세력과 손을 잡았다. 공민왕의 후원 하에 의욕적으로 추진됐던 신돈발 개혁 정치는 완전히 좌초됐고, 대부분이 다시 원점으로 돌아왔다.

■ 공민왕 암살, 망국

당초 영민한 개혁 군주로 출발해 백성들의 기대를 한 몸에 받았던 공민왕은 이제 개혁에 실패한 초라한 군주로 전락했다. 신돈의 죽음으로 마지막 개혁 의지마저 꺾인 공민왕은 더 이상 국정을 돌보지 않았고 매우 문란한 사생활에 빠져들었다. 심지어 젊은 미소년들로 구성된 '자제위'(子弟衛)를 설치해 남색(동성애적 소아성애)을 즐기기도 했다. 자신의 침소에 미소년들을 불러 시중을 들게 했고, 후궁들과 동침시킨 뒤 이를 바깥에서 몰래 구경했다. 미소년들은 왕의 명을 거역할 수 없었기 때문에 억지로라도 성관계를 맺었다. 공민왕은 몸이 섞인 그들의 모습을 보며 쾌락을 느꼈다. 나아가 스스로 여장을 한 뒤 미소년들과 동성애 행각을 벌였다. (해당 내용들이 조선 시대에 쓰인 '고려사'에 기반한다는 점에서 완전히 믿을 수는 없다. 신생국가 조선의 입장에선 전 왕조를 폄하할 필요성이 있었기 때문이다.)

이런 가운데 자제위의 리더 격인 '홍륜'이 공민왕의 익비 홍 씨를 범해 임신을 시키는 일이 발생했다. 주변의 안 좋은 시선을 의식한 공민왕은 해당 사건을 알고 있는 모든 사람들을 죽이려 했다. 그런 다음 익비가 출산한 아들을 자신의 후사로 만들 생각도 했다. 이때 공민왕에게 임신 사실을 밀고한 환관 '최만생'은 자신도 죽을 수 있다는 위기감을 느껴 사건 당사자인 홍륜에게 공민왕의 계획을 알렸다. 궁지에 몰린 그들은 고심 끝에 왕을 시해한다는 극단적인 선택을 했다. 1374년 9월 홍륜과 최만생 일파는 늦은 밤에 공민왕의 침소에 잠입, 궁녀들과 환관들을 닥치는 대로 죽였다. 이를 본 공민왕은 화들짝 놀라 도망가려 했지만 머지않아 붙잡혔다. 홍륜과 최만생 일파는 마치 원수를 대하듯 공민왕을 처참하게 난도질했다. 공민왕의 온몸이 수많은 칼질에 베이고 찢겼다. 공민왕의 머리도 무사하지 못해 뇌수가 터져 벽에 흩뿌려질 정도였다. 난도질당한 공민왕의 시신은 그대로 방치됐다. 고려 마지막 개혁 군주의 비참한 최후였다. 공민왕 암살 직후 조정은 큰 혼란에 빠졌다. 환관 이강달이 공민왕의 침소가 온통 피투성이가 된 것을 본 뒤, 왕이 편찮다고 거짓말하며 문을 걸어잠갔다. 신료들은 심상치 않음을 눈치챘지만 지레 겁을 먹어 입궐하려는 자가 없었다. 이때 거의 유일하게 사태 수습에 나선 인물이 바로 수문하시중 이인임이다. 당초 그는 공민왕의 침소에서 멀지 않은 곳에 있었고, 사건 이후 최만생 등을 붙잡아 국문하고 자백을 받아냈다. 이후에도 이인임은 사건 해결을 진두지휘하면서 주변 사람들을 끌어들이고 각 부를 장악해 나갔다.

공민왕의 뒤를 이어 그의 아들이라고 알려진 '모니노'(우왕)가 왕위에 올랐다. 우왕은 공민왕이 신돈의 집에 들렀을 때 만났던 신돈의 몸종 '반야'로부터 낳은 자식이었다. 훗날 조선의 개국 세력들은 우왕을 공민왕의 아들이 아닌 신돈의 아들로 규정했다. 뒤이어 '폐가입진'(廢假立眞)이라는 명분을 내세워 우왕과 그의 아들 창왕을 폐위시킨 뒤 사사했다. 폐가입진은 가짜왕을 폐하고 진짜왕을 세운다는 뜻이다. 공민왕이 사망한 후 고려는 오래가지 못했다. 권문세족들의 전횡 및 지배층의 갈등, 토지제도의 모순 등이 심화됐고, 대외적으로는 왜구 침입과 명나라의 압박이 고조됐다. 공민왕의 뒤를 이은 고려의 왕들은 초기 공민왕처럼 일말의 개혁이나 혼란을 잠재울 만한 역량을 조금도 갖추지 못했다. 결정적으로 무리한 요동 정벌에 반대하며 발생한 '위화도 회군'이 고려의 수명을 재촉했다. 결국 공민왕 승하 후 18년이 지난 1392년 고려는 멸망했다. 고려의 빈자리는 새로이 '역성혁명'(易姓革命)을 내세운 이성계와 신진사대부들의 '조선'이 대체했다.

07

위화도 회군

조선 건국의 서막

왕조 교체를 불러온 거대한 사건 전말

태조 이성계 어진. 이성계는 위화도 회군을 통해 변방 출신 장수에서 조선 왕
조의 창업자로 거듭났다.

"만일 상국의 경계를 범해 천자(명나라 황제)께 죄를 얻으면 종사와 백성에게 화가 미칠 것이다. 내가 순(順)과 역(逆)으로써 글을 올려 회군을 청했으나 왕이 살피지 못하고 최영이 늙고 어두워 듣지 않으니. 그대들과 함께 돌아가서 왕에게 친히 화와 복을 아뢰고 왕 옆의 악한 사람(최영)을 제거하겠다."
                                                        —태조실록 中

　고려 말기인 1388년 5월 왕명에 따라 명나라의 요동성을 치러 갔던 우군도통사 '이성계'가 압록강 위화도에서 더 이상 나아가지 않고 궁궐이 있는 개경으로 회군할 것을 천명했다. '위화도 회군'으로 불리는 이 사건은 추후 고려의 멸망과 조선의 건국이라는 '왕조 교체'를 불러온 대사건으로 기록됐다. 고려 왕족이었던 왕씨 일가와 주류 세력이었던 권문세족들은 역사의 뒤안길로 사라졌다. 반면 일개 변방 출신 장수에 불과했던 이성계는 조선 왕조의 '태조'가 됐고, 새로운 주류 세력으로 '신진사대부'가 등장했다. 이들은 고려 왕조의 불교 중심주의와 달리 '유교' 중심주의를 내세우며 신생 국가의 정체성을 확립해 나갔다.

　조선의 개국 세력들과 일단의 역사가들은 고려 왕조가 부덕해 민심을 잃은 만큼, 다른 사람이 천명을 받들어 왕조를 바꾸는 '역성혁명'(易姓革命)이 불가피하다고 주장했다. 위화도 회군은 바로 그 위대한 혁명의 기점이라고 평가했다. 그러나 이를 왕명에 정면으로 대항한 일종의 '반역'으로 보는 시각도 많다. 또한 자주 의식을 스스로 포기하고 '소중화'(小中華) 사대주의를 본격적으로 표방하는 계기가 됐다는 비판도 적지 않게 제기된다. 이처럼 사후 평가가 크게 엇갈리는, 우리나라 역사상 가장 중요한 사건 중 하나인 '위화도 회군' 전말을 되돌아봤다.

■ 혼돈의 국내외 정세, 요동정벌론

고려 말기 국제정세는 요동치고 있었다. 오랜 기간 고려와 전 세계에 영향을 끼쳤던 (칭기즈칸의 후예들인) 원나라가 쇠퇴하고, 새로이 중국 한족을 중심으로 한 '명나라'가 부상하고 있었다. 명나라의 태조는 그 유명한 홍무제, '주원장'이다. 원·명 교체기에 고려는 내부적으로 친원파와 친명파로 나뉘어 갈등을 빚고 있었다. 고려 왕조의 주류 세력이었던 권문세족들은 명나라를 적대시하며 몽골로 내몰린 북원과 가깝게 지냈다. 이 당시 비주류였던 신진사대부들은 명나라의 부상에 주목하며 국가의 장래를 생각해 명나라와 밀착할 필요가 있다고 주장했다. 신진사대부들 중 보다 급진적인 사람들은 친원파인 권문세족의 기득권을 타파하고 정치, 경제, 사회 전반에 대한 개혁은 물론 역성혁명에 기반해 새로운 국가를 세워야 한다고도 주장했다.

이런 가운데 원나라를 몰아내고 중국 대륙의 중심 국가가 된 명나라는 고려에 대해 압박을 가하기 시작했다. 1388년 2월 명나라는 고려 사신 설장수를 통해 "철령 이북은 원래 원나라에 속했으니 모두 요동에 귀속시킨다"라며 철령위(鐵嶺衛)를 설치하겠다고 통고했다. 이는 고려 서북면인 함남 안변 이북 지역의 영토를 명나라에 넘기라는 말이었다. 또한 명나라는 고려가 조공으로 바친 말 5000 필을 받지 않았고 명나라의 군사력을 고려가 정탐하고 있다며 트집을 잡기도 했다. 이 같은 모습에 고려 조정은 경악을 금치 못했다. 당시 국가의 수상 격이자 친원파 중 한 사람이었던 '최영' 장군 및 고려의 주류 세력들은 명나라의 행태에 불만이 고조돼 갔다.

최영이 직접 나서서 명나라에 철령위를 철폐할 것을 요구했다. 명나라는 요지부동이었다. 이에 최영은 소수의 중신회의를 열어 명나라의 요동을 정벌하는 것과 관련해 논의하기 시작했다. 우왕과도 비밀리에 접촉해 요동 정벌을 논의했다. 결국 각 도의 군사들을 징발해 명나라의 요동성을 공격하기로 최종 결정했다. 요동정벌에 대한 백성들의 민심은 좋지 않았다. 당시 왜구의 침략이 계속됐고 농사철이 한창이었기 때문이다. 그럼에도 최영은 우왕의 재가를 얻은 후 자신을 팔도도통사, 이성계를 우군도통사, 조민수를 좌군도통사로 삼았다. 뒤이어 좌우군 통합 3만 8800명을 이끌고 출병키로 했다. 이 정도 군사력은 사실상 당시 고려군의 모든 전력을 동원한 것으로 분석된다.

우군도통사 이성계는 요동정벌을 끝까지 반대했다. 그는 그 유명한 '사불가론'(四不可論)을 꺼내 들었다. 첫째 작은 나라가 큰 나라를 치는 것은 옳지 않고, 둘째 여름철에 군사를 동원하는 것은 불합리하며, 셋째 요동을 공격하는 틈을 타서 왜구가 창궐할 수 있고, 넷째 무덥고 비가 많이 오는 시기이므로 활의 아교가 녹아 풀어지고 병사들이 전염병에 걸릴 위험이 있다는 것이다. 하지만 조정의 비주류였던 이성계의 간언은 전혀 통하지 않았다. 최영의 뜻에 따라 이성계는 마지못해 조민수와 요동정벌에 나서게 됐다.

■ 출병, 거듭된 난항

이성계와 조민수가 우군과 좌군을 이끌고 출병을 했는데 다소 이상한 모습이 나타났다. 최고사령관 격인 팔도도통사 최영의 모습이 정벌군 대열에서 보이지 않았다. 이는 우왕이 최영의 출전을 막았기 때문이다. 선왕인 공민왕의 암살을 지켜봤던 우왕은 신변의 위협을 느끼고 있었다. 최영이 개경에 남아 자신을 보필해 줄 것을 요청했다. 이에 최영은 정벌군 대열에서 빠졌고 조민수에게 현장 지휘권을 넘겼다. 결과적으로 이는 최영의 뼈아픈 '자충수'가 됐다.

최영 없이 출병한 요동정벌군은 처음부터 전쟁에 대한 의지가 높지 않았던 것으로 보인다. 최영은 출병 한 달 내에 요동을 공격해야 한다고 했지만 정벌군은 매우 느리게 움직였다. 이들의 행군 일정을 보면, 고려군은 서경(평양)에서 1차 목적지까지 무려 19일을 소요했다. 1388년 5월 압록강에 겨우 다다랐고 압록강 중간에 위치한 위화도에 진을 쳤다. 이곳에서의 상황은 녹록지 않았다. 큰 비가 계속 내렸고 군량이 제대로 공급되지 못했다. 군사들의 사기도 떨어지면서 탈영병들이 속출하기도 했다. 시간이 갈수록 상황이 악화되자 이성계는 우왕에게 "요동성에 이르더라도 진퇴가 어려울 수 있다"라며 회군을 허락해 줄 것을 요청했다. 조정에서 답신이 없자 이성계는 최영에게 사람을 보내 거듭 회군을 허락해 달라고 했다.

　며칠 뒤에 온 답신은 이성계의 바람과는 상반된 것이었다. 우왕
과 최영은 이성계에게 요동성으로 서둘러 진군하라고 명했다. 그러
면서 약소한 격려품을 하사했다. 진군과 회군의 갈림길에서 고뇌하
던 이성계는 조민수 등 측근들을 불러 모아 대책을 논의했다. 이 자
리에서 이성계는 회군을 해야 할 당위성을 수차례 강조했다. 그러
나 조민수와 일부 장졸들은 처음엔 회군을 '왕에게 정면으로 대적
하는 것'으로 여기며 난색을 표한 것으로 전해진다. 이성계는 왕에
게 대적하는 것이 아닌 '왕 옆의 악인', 즉 최영에 대적하는 것뿐이
라고 답하면서 합리화했다.

　이성계 측의 거듭된 설득과 현실의 암담함으로 인해 대책 회의에
서의 무게 중심은 서서히 진군이 아닌 회군으로 기울어갔다. 대부
분의 사람들이 회군에 힘을 싣기 시작했다. 가장 결정적으로 조정
의 명령을 충실히 따를 것 같았던 조민수와 일부 장졸들이 현실을
직시한 후 마음을 완전히 바꿨다. 이성계는 다시 한번 숙고를 한 뒤
마침내 역사의 운명을 크게 뒤바꾸는 행동을 하게 된다. 한편 역사
학계에선 실제로 이때 요동정벌이 쉽지 않았을 것이라는 의견이 많
다. 중원의 패자로 부상한 명나라의 위세가 만만치 않았고 객관적
인 전력 및 환경 등이 결코 고려에 우호적이지 않았기 때문이다. 다
만 이때 중원제국에 조금도 대항해 보지 못한 채, 스스로 물러나 극
심한 사대주의의 길로 빠져든 것은 아쉬운 대목으로 읽힌다.

■ 위화도 회군

이성계와 조민수가 회군을 알렸을 때 모든 군사들이 크게 기뻐하며 찬동한 것으로 알려졌다. 그만큼 요동정벌에 대한 부담이 상당히 컸던 것이다. 장수와 군사들의 절대적인 지지를 받은 이성계는 즉시 병력을 요동이 아닌 개경으로 향하게 했다. 위화도 회군의 속도는 역사상 손에 꼽을 정도로 매우 빨랐던 것으로 전해진다. 서경에서 위화도까지 19일을 소요했던 정벌군은 위화도에서 (서경보다 더 멀리 있는) 개경까지 단 9일 만에 회군했다. 진군할 땐 하루 10km를 갔던 정벌군이 회군할 땐 하루 40km씩 초고속으로 갔던 것이다.

위화도 회군 소식은 조정에 급박하게 전달됐다. 큰 충격을 받은 우왕과 최영은 서경에서 개경으로 허겁지겁 돌아와 방어에 나섰다. 6월 개경 근교에 이르러 진을 친 이성계는 우왕에게 "최영을 제거하지 않으면 종사를 전복시킬 것"이라고 경고했다. 이에 대해 우왕은 "군신의 대의는 고금을 통한 의리"라며 되레 이성계 등을 책망했다. 아울러 급히 군사들을 모아 개경 안팎의 골목 입구를 수레로 막는 한편 이성계, 조민수 등의 관작을 삭탈했다. 하지만 우왕과 최영이 보유한 개경성의 군사력은 이성계와 조민수가 보유한 군사력에 비해 한참 뒤떨어졌다.

이성계는 개경성의 숭인문 밖 산대암에 진을 친 뒤 지문하사 유만수를 숭인문, 좌군을 선의문으로 보내 성문을 돌파하도록 했다. 그러나 최영의 방어에 막혔다. 이어 조민수의 우군이 재차 공격했지만 이번에도 무위로 돌아갔다. 이성계 측은 포기하지 않고 거듭 공격을 감행했다. 수적으로 열세인 개경성의 군사들은 조금씩 무너지기 시작했다. 마침내 성문이 뚫렸고 이성계 측은 궁궐 내 화원을 겹겹이 에워쌌다. 우왕과 최영은 화원 속에 있는 팔각전에 몸을 숨기고 있었다. 이성계 측은 우왕에게 최영을 내놓을 것을 요구했다. 그럼에도 최영이 순순히 나오지 않자 서너 명의 군사들이 팔각전으로 진입해 그를 사로잡았다.

■ 고려 멸망과 조선 건국

개경을 장악한 이성계 측은 최영을 유배 보내고 우왕을 폐위한 뒤 중앙 정치의 실권을 손에 쥐었다. 요동 정벌 계획은 즉각 폐기됐다. 명나라의 연호가 시행됐고 원나라 복장 대신 명나라 의복을 입게 됐다. 우왕의 뒤를 이어 9살 창왕이 조민수와 문하시중 이색의 지원을 받아 왕위에 올랐다. 당초 이성계와 정도전, 조준 등은 창왕이 아닌 다른 왕족을 선호했던 것으로 보인다. 그럼에도 조민수와 이색 등이 주도해 창왕 즉위를 밀어붙였고, 이성계 세력도 창왕 즉위를 인정받기 위한 대명외교에 참여했다. 그런데 변수가 생겼다. 명나라 홍무제 주원장이 창왕 즉위를 탐탁지 않게 여겼던 것이다. 그는 창왕이 원나라의 혈통에서 자유롭지 않다고 생각했다. 더욱이 주원장은 조정의 실권자로 떠오른 이성계도 호의적으로 보지 않았다.

이성계 세력은 창왕을 폐위하고 주원장의 마음에 드는 인물을 물색했다. 동시에 국정 전반에 대한 개혁도 강하게 추진했다. 이의 여파로 창왕 즉위의 주역인 조민수와 이색 등이 관직에서 쫓겨났다. 이때부터 이성계 세력은 '역성혁명'을 기치로 새로운 왕조 창업을 본격적으로 표방하기 시작했다. 얼마 안 가 이들은 창왕 폐위를 위한 '명분'도 만들어냈다. 바로 흥국사 회동에서 나온 '폐가입진'이다. 이는 가짜 왕을 폐하고 진짜 왕을 세운다는 뜻이다. 창왕과 우왕은 공민왕의 자식이 아니라 요승 '신돈'의 자식이기 때문에 폐위해야 한다는 것이었다. 창왕이 너무 어리고 즉위한 지도 얼마 안 됐으니 폭정 등의 명분으로 폐위시킬 수는 없었다. 그래서 아예 '왕통' 자체를 부정해 버린 것이다. (기실 신돈 자식설은 명확히 밝혀진 것은 아니지만 정황상 가능성이 없는 것도 아니다.) 이 명분은 먹혀들었다. 창왕은 폐위돼 강화도로 쫓겨났다. 뒤이어 고려의 마지막 왕인 '공양왕'이 즉위했다. 당연히 그는 이성계의 선호에 따라 왕이 됐다. 이성계는 공양왕과 밀접한 관계였다. 공양왕의 딸이 이성계와 신덕왕후 강씨의 아들인 이방번과 결혼해 둘은 사돈 관계였다. 또한 공양왕은 원나라 혈통과도 무관했다. 이성계는 자신과 가까운 공양왕이 적당히 왕 자리에 있다가 순순히 선위를 할 것이라 예상했다. 그렇게 되면 완벽한 정통성을 기반으로 새로운 왕조를 무난히 창업할 수 있었다.

하지만 상황은 녹록지 않게 돌아갔다. 공양왕이 이성계의 의도와는 달리 자신의 왕위는 물론 고려 왕조를 지키기 위해 노력하는 모습을 보였다. 특히 공양왕은 수시중인 '정몽주'와 긴밀히 연대하며 이성계 세력을 견제했다. 당시 정몽주는 대학자로서 명망이 높았다. 그는 창왕 폐위까지는 이성계와 뜻을 같이 했지만, 이성계 세력이 고려 왕조를 부정하고 새 왕조 창업을 표방하자 돌아섰다. 이때부터 고려 왕조와 공양왕을 지키는 첨병을 자처했다. 명망이 높았던 만큼 정몽주의 생각에 동조하는 사람들이 몰려들기 시작했다. 이성계를 정점으로 한 급진 개혁파와 정몽주를 정점으로 한 온건 개혁파가 극심한 대치를 하는 형국이 조성됐다.

이런 가운데 1392년 이성계가 황주로 사냥을 나갔다가 낙마해 거동을 못하는 상황이 발생했다. 정몽주는 이것을 하늘이 내려준 기회라고 생각했다. 그는 즉각적으로 공양왕의 재가를 얻은 후 이성계의 최측근들인 정도전, 조준, 남은, 남재 등을 탄핵해 지방으로 유배 보냈다. 나아가 이들을 신속히 처형하고 이성계까지 체포해 죽이려 했다. 정몽주는 공양왕에게 가서 재가를 해줄 것을 요청했다. 그러나 결정적인 순간에 공양왕이 주저했다. 공양왕은 이성계가 죽으면 자신의 즉위 명분이 퇴색될 수 있고, 너무 강경하게 나오면 이성계 세력이 이판사판으로 역공을 가할 수 있음을 우려했다. 반면 이성계 세력은 기민하게 움직였다. 이방원의 주도로 몸이 아픈 이성계를 급히 황주에서 개경으로 이동시켰다. 이성계 세력이 개경에 도착하자 공양왕은 더욱 겁을 먹었고 결국 정몽주의 계획은 수포로 돌아갔다.

이성계의 유고 중에 발생한 정몽주의 행위는 이성계의 측근들로 하여금 그를 '반드시 제거해야 할 대상'으로 상정하게 만들었다. 정몽주를 놔두면 새 왕조 창업이라는 대의는 허상으로 끝날 가능성이 높아 보였다. 하지만 이성계만은 끝까지 정몽주를 품으려 했다. 그는 명망이 높은 정몽주를 포섭해야만, 새 왕조 창업은 물론 창업 이후 국정 운영도 효율적으로 할 수 있을 것이라 판단했다. 측근들에게 정몽주만큼은 절대로 건들지 말라고 엄명하기도 했다. 그러나 이방원이 가만히 있지 않고 행동에 나섰다. 그는 무사들을 동원, 백주대낮에 많은 사람들이 보는 앞에서 정몽주를 기습적으로 척살했다. 뒤늦게 이 소식을 접한 이성계는 "네놈이 함부로 나라의 충신을 죽였으니 내가 약이라도 먹고 죽고 싶은 심정이다"라며 크게 분노한 것으로 전해진다. 든든한 버팀목이었던 정몽주가 제거됨에 따라 공양왕은 '사상누각'과 같은 존재가 됐다. 고려 왕조도 비슷한 운명에 처했다.

이성계 세력은 자신들이 표방하는 대의를 더욱 적극적으로 밀어붙일 태세였다. 이들은 정당한 절차를 거쳐 왕위를 선위 받을 수 없다는 사실을 깨달았다. 이에 비교적 명분이 떨어지는 방법을 동원해 공양왕 폐위를 시도했다. 바로 왕대비인 안씨를 찾아가 공양왕 폐위의 교지를 내려줄 것을 청한 것이다. 이성계 세력은 "왕이 혼암 (昏暗)해 임금의 도를 잃었으며 민심은 이미 떠나 더 이상 나라의 주인이 될 수 없다"라고 강조했다. 이와 같은 시기에 공양왕은 최후의 수단으로 신하인 이성계와 동맹을 맺는 '군신동맹'을 제안했다. 역사상 유례가 없는 치욕스러운 일이었지만 공양왕은 이를 통해 왕조

만큼은 보존하려 했다. 군신동맹은 형식적으로 받아들여졌지만 공양왕은 왕위에서 오래 머물러 있지 못했다. 마침내 1392년 7월 12일 이성계 세력에 굴복한 왕대비 안씨가 공양왕 폐위 교서를 내렸다. 그 즉시 이성계 세력은 공양왕을 찾아가 이 사실을 알렸다. 공양왕은 무릎을 꿇고 교서를 받은 후 '공양군'으로 강등, 폐위돼 원주로 보내졌다.

다음날 이성계는 '감록국사'(監錄國事)에 봉해졌다. 이는 임시 임금을 의미했다. 그로부터 3일이 지나 정도전, 조준, 배극렴 등이 이성계를 찾아와 즉위를 촉구했다. 비로소 1392년 7월 17일 이성계가 왕위에 올랐다. 그토록 바라던 대업은 이뤄졌지만 이성계의 즉위는 매우 불완전한 것이었다. 표면적으로 그는 조선의 왕이 아닌 고려의 왕으로 즉위했다. 감록국사로서 한동안 고려의 국호도 그대로 사용했다. 추후 명나라의 승인을 얻은 뒤에야 국호를 바꿀 수 있었다. 아울러 상술했듯 정당한 절차를 거쳐 공양왕으로부터 선위를 받은 것도 아니었다. 그렇다고 민심을 잃은 왕을 무력을 동원해 끌어내린 '반정'(反正)도 아니었다. 매우 어정쩡한 형태의 즉위였던 셈이다. (엄밀히 말하면 신하가 왕을 '축출'한 것이다.) 자연스레 정통성 문제를 야기했고 이성계와 집권 세력에게 큰 위기감을 갖게 했다. 이와 관련된 불똥은 전 왕조의 왕족들인 개성 왕씨에게 튀어 '왕씨 숙청'이라는 비극을 낳게 된다. 여하튼 474년의 역사를 자랑하는 고려 왕조는 역사의 뒤안길로 사라졌고 새로이 조선 왕조의 시대가 열렸다.

08

무인정사

신생국가에 불어닥친 골육상쟁

제1차 왕자의 난 전말

조선 왕조의 첫 번째 수도 개경. 조선은 초기에 '왕자의 난' 등을 겪으며 크게 흔들렸다.

"여기 있는 모든 이들은 들으시오. 나 이방원 정안군은 왕실을 음해하고 이 나라 사직을 위협하는 대역무도한 역적들을 치기 위해서 대의의 검을 뽑았소이다. 대의를 위해 참가한 여러분들은 이 난국이 수습되면 응분의 상급을 받을 것이외다. 지금 이 순간부터는 나 이방원이의 명령을 따라야 할 것이오."　　　　-드라마 '용의 눈물' 中

475년에 이르는 고려 왕조를 멸망시키고 새로이 '역성혁명'을 표방하며 건국된 조선 왕조는 얼마 지나지 않아 피비린내가 진동하는 정변을 겪게 된다. 1398년 무인년(戊寅年)에 일어난 '무인정사', '제1차 왕자의 난'이 그것이다. 이는 왕권과 신권의 극심한 대립, 그리고 형제들 간 끔찍한 '골육상쟁'으로 점철된 역사였다. 뚜렷하게 입지를 다지지 못했던 신생 국가 조선은 초반부터 큰 진통을 겪으며 흔들렸다.

■ 왕권주의 vs. 신권주의

조선 초기 국가의 기저에는 두 개의 이념이 암암리에 대립하고 있었다. 바로 '왕권주의'와 '신권주의'였다. 왕권주의는 왕이 절대 권력을 갖고 국가를 통치해야 한다는 것이었다. 신권주의는 왕은 상징적으로 존재할 뿐, 실질적으론 재상이 국가를 다스려야 한다는 것이었다. 당시 왕권주의를 대표하는 인물은 훗날 조선의 제3대 왕 '태종'이 되는 정안대군 '이방원'이었다. 신권주의를 대표하는 인물은 역성혁명을 주창하며 조선의 밑그림을 그렸던 삼봉 '정도전'이었다.

이처럼 두 개의 이념이 대립할 때 중요한 것은 태조 이성계의 의중이었다. 당시 이성계는 정도전에게 힘을 실어주는 모습을 보였다. 본인 스스로가 왕이었고 조선이란 국가의 근간에는 엄연히 왕권이 존재하고 있었지만, 이전에는 볼 수 없었던 새로운 이념을 기반으로 한 국가를 만들어야 한다는 정도전의 원대한 계획에 이성계는 적지 않게 경도돼 있었다. 특히 신하가 왕을 규율하고 왕도 신하를 규율해 폭군도 간신도 나올 수 없는 조화로운 국가를 만들어야 한다는 신권주의 사상에 큰 관심을 가졌다.

이성계의 후원을 등에 업은 정도전은 조선의 문무 양권을 손에 쥐었다. 당시 정도전이 맡은 관직은 어마어마했다. 대광보국숭록대부 겸 문하시랑찬성사 겸 판의흥삼군부사 겸 동판도평의사사사 겸 판호조사 겸 판상서사사 겸 보문각대학사 겸 지경연예문관춘추관사 겸 의흥친군위절제사 겸 세자시강원이사 등이다. 조정의 수많은 신료들은 정도전의 위세에 눌릴 수밖에 없었다. 그야말로 거침이 없는 '일인지하 만인지상'과도 같은 존재였다. 그런데 정도전은 여기에 만족하지 않았다. 그는 자신이 목표로 하는 완전한 신권주의 국가를 만들기 위해 보다 과감한 사전 정지작업을 진행하게 된다.

■ 정변의 씨앗, 세자 책봉

이성계는 첫째 부인 신의왕후 한씨에게서 이방우, 이방과(2대 왕 정종), 이방간, 이방원 등 여섯 아들을 두었다. 둘째 부인 신덕왕후 강씨에게선 이방번과 이방석 두 아들을 두었다. 한씨의 경우 몸이 약해 비교적 일찍 세상을 떠났다. 자신의 아들이 아닌 다른 사람에게로 세자 책봉이 이뤄지기 1년 전인 1391년 8월이었다. 사망 전까지 이성계와의 관계가 썩 좋지는 않았던 것으로 보인다. 반면 강씨는 한씨의 사망을 전후로 이성계의 총애를 한 몸에 받고 있었다.

1392년부터 '세자 책봉' 문제가 본격적으로 대두하기 시작했다. 당시 세자 책봉과 관련, 조정의 기류는 크게 두 갈래로 나뉘고 있었다. 첫 번째 갈래는 신의왕후 한씨의 아들들 사이에서 세자를 책봉해야 한다는 것이었다. 첫째 아들인 이방우와 다섯째 아들인 이방원이 물망에 올랐다. 이방우에겐 적장자 우선 원칙이 명분으로 작용했다. 이에 기반해 한씨 소생 아들들 및 일부 신료들은 이방우의 세자 책봉을 원했다. 그런데 주요 공신들인 조준과 배극렴 등은 개국 과정에서 공이 많은 이방원이 세자가 돼야 한다고 목소리를 높였다. 조준은 "태평할 때는 적장자를 세우고, 난세에는 공이 많은 아들(이방원)이 세자가 되는 것이 옳다"라고 강조했다.

두 번째 갈래는 강씨의 아들들 사이에서 세자를 책봉하려는 움직임이었다. 강씨는 이성계의 총애를 등에 업고 자신의 아들인 이방석을 세자로 책봉할 의지를 노골적으로 드러냈다. (원래는 이방번이 먼저 거론됐으나 고려 왕조와의 연관성 문제로 배제됐다.) 그 수단 중 하나로 정도전 등 신진사대부들과 밀착하는 모습도 나타냈다. 정도전은 초반에는 세자 책봉과 관련해 명확한 입장을 정하지 않고 관망하는 모습이었다. 강씨의 집요한 포섭 시도가 이어지자 조금씩 마음이

흔들리기 시작했다. 기실 정도전 입장에서도 자신이 꿈꾸는 신권주의 국가를 정착시키기 위해선, 혈기왕성한 한씨의 아들들보단 상대적으로 미약해 보이는 강씨의 아들 이방석이 세자가 되는 게 훨씬 유리했다. 이성계의 마음이 이방석으로 기울었다는 점도 영향을 미쳤다.

정도전은 강씨와 그의 아들 이방석의 든든한 후원자가 되기로 결심했다. 이에 따라 이성계가 이방석을 세자로 책봉하고 싶다는 의사를 공식적으로 내비쳤을 때 찬동해 줬다. 반면 세자 후보로 거론됐던 한씨 소생 아들들의 경우 개인적인 약점들도 부각되면서 세자 자리에서 완전히 멀어졌다. 이방우는 조선 개국을 비판했다는 약점이, 이방원은 정몽주 제거 과정에서 이성계의 심기를 건드렸다는 약점이 각각 존재했다. 결국 이성계는 강씨에 대한 총애와 정도전의 뒷받침, 한씨 소생 아들들에 대한 노여움이 어우러져, 장남 이방우와 개국 과정에서 공이 많은 이방원이 아닌 당시 열한 살에 불과했던 이방석을 세자로 책봉했던 것이다.

■불에 기름을 붓다, 사병 혁파

이방석의 세자 책봉은 이방원 등 한씨 소생 아들들에게 큰 충격과 분노를 유발했다. 그도 그럴 것이 아버지와 산전수전을 함께 겪었는데, 제대로 된 대우를 받지 못하고 소위 '죽 쒀서 개 준 꼴'이 된 것이기 때문이다. 비슷한 시기에 이들은 이성계의 지시로 마땅히 누려야 할 '공신록'(功臣錄)에 이름이 오르지도 못한 상태였다. 한씨 소생 아들들의 수모는 여기서 끝이 아니었다. 끓는 불에 기름을 붓는 문제가 발생했다. 바로 '사병 혁파'다. 당시 왕자들은 개별적으로 '가별초'라는 사병을 거느리고 있었다. 정도전은 이를 혁파해 중앙 정부가 모든 군권을 장악해야 한다고 주장했다. 그는 자신과 이성계, 세자 방석에게 가장 큰 위협이 되는 게 왕자들의 사병이라고 봤다. 이를 반드시 빼앗아 후환을 없애야 한다고 생각했다.

이 즈음 다시 대두된 '요동정벌론'은 사병 혁파 움직임의 강력한 명분으로 작용했다. 1396년 명나라는 조선에서 보낸 표전(表箋, 공식 외교 문서)과 국서에 자국을 모욕하는 구절이 있다면서, 그 작성자인 정도전을 명나라로 보내라고 요구했다. 이성계와 정도전이 굴복하지 않고 명나라에 맞서기로 함에 따라, 고려 우왕 시절에 단행하려 했던 요동정벌론이 다시 대두된 것이다.

정도전은 요동을 정벌하기 위해 대규모 병력을 배치하는 '진법'(陣法) 훈련을 실시할 것을 천명했다. 해당 훈련에 왕자들의 사병도 참가하도록 했다. 이는 단순한 훈련 참가가 아닌 국가의 군 지휘 체계로의 '편입'을 의미했다. 이성계도 정도전의 계획에 힘을 실어줬다. 하지만 이방원 등 일부 왕자들은 크게 반발했고 급기야 진법 훈련에 사병을 보내지 않는 일도 발생했다. 그러자 조정에서는 이를 왕명을 거역한 것으로 받아들일 태세였다. 이방원 등은 사실상 막다른 길에 내몰리고 있었고 위기감과 인내심은 한계점에 다다르고 있었다.

■ 제1차 왕자의 난

정도전은 한씨 소생 왕자들의 사병을 혁파한 후 이들을 각기 지방으로 보낼 계획도 세웠던 것으로 전해진다. 결국 이방원 등에게 있어 사병 혁파는 곧 중앙 정치 무대에서의 완전한 퇴장으로 이어지는 것이기도 했다. 야망이 컸던 이방원은 정도전에게 순순히 굴복할 수 없었다. 1398년 8월 25일, 마침내 이방원은 거사를 단행하기로 결심했다. 그는 최측근인 하륜과 이숙번 등을 비롯해 처남인 민무구와 민무질 등을 거사에 참여시켰다. 여기에 이방간 등 일부 한씨 소생 아들들이 동조했고 결정적으로 이성계의 최측근이었던 조영무 장군도 포섭됐다.

무인정사를 기록한 '태조실록'에 따르면 왕자들이 보통 궁궐에서 숙위를 하는 경우가 많은데, 거사 당일 이방원과 이방의, 이방간이 숙위를 하기 위해 경복궁으로 갔다. 그런데 그날따라 불이 꺼진 것에 수상함을 느낀 이방원이 형들에게 "정도전이 음모를 꾸미고 있는 것 같다"라며 집으로 돌아가자고 했다. (당시 이성계는 병석에 누워있었기 때문에 궁궐은 사실상 정도전 세력에 의해 움직이고 있었다.) 이방원 등은 배가 아프다고 하며 화장실을 가는 체하다 몰래 궁궐을 빠져나왔다. 앞서 이방원의 부인 민씨도 이방원 등을 빼내기 위해 자신이 몸이 아프니 급히 병간호를 해달라고 요청하는 기지를 발휘하기도 했다. 집으로 돌아온 이방원은 부인 민씨와 처남 민무질을 만났다. 이방원은 정도전 등이 왕자들을 일거에 척살하려는 음모를 꾸몄기에 부득이 거사를 단행할 수밖에 없다고 말했다. 거사 결행을 선포한 직후 이방원은 민씨가 사병 혁파에 대비해 숨겨놓은 병장기들로 군사들을 무장시켰다. 실록에는 이때 동원된 군사들이 고작 기병 10명, 보졸 9명뿐이라고 기록하고 있다.

그러나 이 같은 거사 규모는 관군을 상대하기엔 너무 미약해 신빙성이 떨어진다는 반론도 제기된다. 다른 기록에 따르면 "거사 당시 광화문으로부터 남산에 이르기까지 정예한 기병이 가득 찼고 말발굽 소리가 천지를 진동했다"라고 나와있다. 이방원의 군사들은 우선 태조 이성계가 있는 궁궐을 겹겹이 에워싸 포위했다. 거사가 진행되는 동안, 이성계가 절대로 궁궐 밖으로 나오지 말고 그 어떠한 것에도 관여하면 안 된다는 무언의 압박이었다. 아들이 아비에게 정면으로 칼을 들이댄 것이다. 뒤이어 거사의 핵심 목표인 정도전 제거에 나섰다. 이때 정도전은 이방원의 거사를 전혀 눈치채지 못했다. 그저 측근인 남은의 첩의 집에서 남은, 심효생 등과 술을 마시고 있었다. 이방원은 이곳을 급습해 그 자리에 있던 사람들을 대거 척살했다.

정도전의 최후를 묘사한 두 가지의 상반된 기록이 있다. 태조실록에는 정도전이 이방원에게 "예전에 공이 이미 나를 살렸으니 지금도 살려주시오"라고 말하며 목숨을 구걸한 것으로 나와있다. 여기서 '공이 이미 나를 살렸으니'라는 표현은, 과거 정몽주 등 온건파 사대부들이 공격해 올 때 이방원의 활약(정몽주 제거)으로 기사회생한 것을 의미했다. 다른 기록을 보면 정도전이 "원칙을 지키고 성찰

하는 데 공을 들였고 책 속의 성현을 저버리지 않았다. 삼십 년 동안 어려운 일에 힘써왔는데 송정(松亭)에서 한번 취하니 헛일이 됐구나"라며 담담히 죽음을 받아들인 것으로 나온다. 정도전과 함께 있었던 남은의 경우 거사 당일에는 급히 몸을 피해 살았다. 다음날 스스로 이방원을 찾아가 과거의 공로를 내세우며 선처를 부탁했다. 이방원도 남다른 친화력을 갖고 있는 남은을 좋아했던 것으로 알려졌다. 하지만 그는 정도전 세력의 행동대장이었던 남은을 끝내 살려두지 않았다.

정도전 제거에 성공한 이방원의 다음 목표는 세자로 책봉된 이방석 제거였다. 그는 정도전을 제거한 직후 곧바로 궁궐 안으로 쳐들어갔다. 궁궐수비군은 의외로 쉽게 무너졌다. 이방원은 세자 이방석을 신속히 폐위시켰고, 이후 유배 보내는 길에 살해했다. (일각에선 이방원이 직접 이방석을 죽인 것으로 나와있지만 실제로 이방원이 직접 나서지는 않았다.) 이방석의 친형인 이방번은 무인정사 당시 어느 편에도 속하지 않고 중립을 지키고 있었지만, 불운하게도 정변의 소용돌이에 휘말려 친동생의 뒤를 따르게 됐다. 이방원은 이방번이 별다른 위협이 되지 않기 때문에 살려두려 했으나 이방간이 후환이 될 수 있다며 독단적으로 이방번을 살해했다. 기실 이방간은 이를 통해 자신의 존재감을 드러내고 이방원을 견제하려 했다. 한편 병석에 누워있다가 정변 소식을 접한 이성계는 "천륜도 모르느냐"라며 크게 분노했다. 그러나 핵심 측근들을 모두 잃고 노쇠해져 버린 왕이 어찌해 볼 도리는 없었다. 대세가 완전히 기운 것을 깨달은 이성계는 왕위를 내려놓고 정치 일선에서 물러났다. 여담으로 이방원의 명을 받은 신료들이 이성계에게 '정도전, 남은 등이 역적이기 때문에 죽였다'라는 문서에 서명하라고 요구하자, 이성계는 마지못해 서명한 뒤 "목에 뭐가 걸린 것 같은데 넘어가질 않는다"라고 말하며 울었다고 한다.

■ 태종 시대 개막

왕자의 난을 통해 새롭게 조정의 주류 세력으로 부상한 이방원 등은 둘째 형인 이방과를 세자 및 차기 왕으로 추대했다. (첫째 형인 이방우는 1393년에 갑작스럽게 사망했다.) 원래는 많은 사람들이 이방원을 세자 및 차기 왕으로 내세웠지만, 아직 명분이 부족하다고 판단한 이방원이 스스로 거절했다. 그런데 머지않아 거사에 참여한 세력 내에서 균열이 발생하기 시작했다. 왕자의 난 때 중요한 역할을 했던 지중추원사 '박포'가 논공행상 과정에서 일등공신이 되지 못하고 이등공신으로 머무른 것에 대해 큰 불만을 제기했다. 이에 이방원은 그를 영동으로 귀양 보냈다가 다시 불러들였다. 시간이 지나도 박포의 불만은 쉽사리 가라앉지 않았다. 결국 그는 이방간과 교류하며 거사를 모의하기에 이르렀다. 이방간은 왕위에 대한 욕심이 컸으며 동생인 이방원이 주도권을 쥐는 것을 심히 못마땅해하고 있었다.

1400년 정월, 이방간과 그의 아들 이맹종이 사병을 동원해 이방원을 공격했다. '제2차 왕자의 난'이었다. 형제들 간 끔찍한 골육상쟁이 또다시 발생한 것이다. 개경 한복판에서 치열한 시가전이 벌어진 가운데, 이방원 측은 수적 우위를 기반으로 이방간 측을 굴복시키는 데 성공했다. 이방원은 조정 신료들의 거듭된 상소에도 불구하고, 같은 어머니에게서 출생한 친형 이방간을 죽이지 않고 귀양 보내는 선에서 마무리했다. (이방간에 대한 부정적인 상소는 태종 말년까지 지속적으로 올라왔지만, 이방원은 끝까지 이방간을 보호했고 이방간은 천수를 누릴 수 있었다.) 대신 이방간의 측근인 박포가 희생양이 되어 사지가 잘리는 거열형을 당했다. 박포로선 억울할 만한 부분이 있었다. 그는 거사 모의는 했지만 실제로 거사에 참여하지 않았고 집에 머물러 있었다.

2차 왕자의 난마저 승리한 이방원의 위세는 더욱 강력해졌다. 그해 2월 세자로 책봉되기에 이르렀다. 왕의 동생이었던 만큼 '세제'가 되는 게 상식적이었지만, 적장자 승계 원칙에 집착한 이방원이 정종의 양자로 들어감에 따라 '세자'가 된 것이다. 형식상 이 당시 군왕은 정종이었으나 사실상 세자였던 이방원이 모든 국정을 좌지우지했다. 이방원 세력에게 부담을 느끼고 있던 정종은 왕비였던 정안왕후의 요청 등을 받아들여 1400년 11월 왕위를 이방원에게 넘겼다. 이로써 조선의 제3대 왕인 '태종'의 시대가 열렸고 조선은 왕권 강화의 길로 본격적으로 나아가게 됐다.

09

조사의의 난

이성계와 이방원, 부자간의 참극

유교 국가 조선에서 금기시됐던 정변

함흥본궁. 태조 이성계가 왕위를 양위한 뒤인 태상왕 때 머물렀으며
그 유명한 '함흥차사'의 전설이 깃든 곳이다.

"1402년, 마침내 이성계와 조사의가 거병했을 때 함경도의 수많은 사람들이 이들에게 가담했다. 함경도에서의 반란 소식을 접한 이방원과 조정 신료들은 큰 충격에 빠졌고 반란의 실체를 파악하는데 골머리를 앓았다. 그 실체란 바로 이성계의 가담 여부였다. 당초 조정에서는 이성계의 반란 가담 여부를 확신할 수 없었고 애써 부인하려는 분위기였다. 하지만 여러 정황상 이성계의 가담을 사실로 받아들일 수밖에 없었다."

역성혁명을 표방하며 야심 차게 출범한 신생 국가 조선은 좀처럼 안정을 찾지 못하고 연이은 소용돌이에 휘말렸다. 왕권주의와 신권주의가 극심하게 대립했고 두 차례에 걸친 왕자의 난으로 인해 골육상쟁의 비극이 초래됐다. 나아가 아버지 이성계와 그의 아들 이방원 사이에 역사상 유례를 찾아보기 힘든 부자간의 참극마저 발생하게 된다. 군신유의(君臣有義)와 부자유친(父子有親) 등으로 대변되는 유교 국가 조선에서, 그 언급조차 금기시됐던 이 정변을 역사는 '조사의의 난'이라고 부른다.

■ 이성계의 함흥행

제1,2차 왕자의 난을 통해 조정의 실권을 장악한 이방원은 곧 세자 자리에 오른 데 이어 1400년 자신의 형인 2대 왕 정종에게서 왕위를 물려받아 즉위했다. 이방원의 세자 책봉 및 즉위를 계기로 태조 이성계(당시 태상왕)의 분노와 상심은 더욱 커져만 갔다. 이방원이 자신이 그 누구보다 아꼈던 세자 이방석과 삼봉 정도전 등을 척살한 것도 모자라 스스로 권력의 정점까지 올라섰기 때문이다. 그 이전에는 총애하던 신덕왕후 강씨도 잃었기 때문에 이성계의 마음은 썩어 문드러졌을 것이다.

이성계는 더 이상 이방원이 지배하는 궁궐에 있을 수 없었다. 겉으로 보기에 두 사람은 부자지간이었지만, 사실상 원수지간이 된 것이나 다름없었다. 결국 이성계는 궁궐을 떠나 자신의 고향인 함경도(동북면)의 함흥 별궁으로 향했다. 그곳에서 잠시 시간을 보내고 싶다고 밝혔다. 추후 이성계는 전갈을 통해 이방원에게 "내가 즉위한 이래로 조종(祖宗)의 능에 한 번도 참배하지 못한다고 일찍이 생각하고 있었는데. 지금 다행히 한가한 몸이 되었으니 동북면에 가서 선조의 능에 참배한 뒤에 금강산을 유랑코자 한다. 개경에 돌아가면 잠시도 문을 나서지 않겠다"라고 전했다. 이방원은 당초 이성계의 함흥행을 (불편하지만) 대수롭지 않게 생각했다. 이성계가 쇠약해졌기 때문에 이른 시일 내에 궁궐로 환궁할 것이라 예상했다. 하지만 머지않아 상황은 심각하게 돌아가기 시작했다.

■ 조사의와의 공모

이성계가 궁궐을 떠난 후 한동안의 시일이 지났다. 별안간 동북면에서 '조사의'라는 사람이 중심이 된 반란이 일어났다. 공교롭게도 동북면은 이성계의 행차 목적지이기도 했다. 역사학계에선 이를 단순한 반란으로 보지 않는다. 조사의의 단독 반란이 아니라, 이성계와 조사의가 밀접히 교류했고 반란을 함께 도모했을 것으로 추정 (거의 확신)하고 있다.

첫 번째 이유는 같은 동기다. 우선 조사의는 신덕왕후 강씨의 친척으로 1393년(태조 2년)에 형조의랑이 됐다. 그 뒤 순군과 첨절제사를 거쳐 안변부사로 재직하고 있었다. (무인정사 이후 좌천됐지만 이성계의 도움으로 복직할 수 있었다.) 조사의의 곁에는 신덕왕후 강씨의 조카인 강현도 있었다. 이들은 이방원의 정적이었던 신덕왕후 측의 사람들이었던 만큼 이방원에 대한 적개심이 상당했다. 그럼에도 자신들의 힘으로는 어찌해 볼 도리가 없었는데, 때마침 같은 이유로 이방원에 대한 적개심이 상당한 이성계와 교류할 수 있게 된 것이다.

두 번째 이유는 이성계의 기묘한 움직임이다. 즉 반란군의 봉기 시점이 이성계의 행차와 딱 맞아떨어진다. 특히 이성계의 거가(車駕)가 주요 반란 지였던 '철령'에 들어갔다는 소식이 조정에 전해졌을 때, 이와 거의 같은 시점에 반란 발발 소식도 조정에 전해졌다.

세 번째 이유는 군사적 기반이다. 조사의는 동북면에서 대규모 군사력을 동원할 수 있는 기반을 갖추지 못했다. 조사의의 난에 동원된 군사력은 사실상 이성계 정도의 '급'이 아니면 동원이 불가능한 규모였다. 동북면은 이성계의 고향이었다. 자연스럽게 이 지역에는 대대로 이성계를 따르는 무리들이 많았고, 지역민들도 이성계를 절대적으로 지지하고 있었다. 더욱이 이성계의 우호 세력인 여진족과의 교류도 수월한 곳이었다. 이 같은 이유들로 인해 (비록 해당 정변의 명칭은 '조사의의 난'으로 불리고 있지만) 조사의의 배후에 있었던 이성계와 그의 아들 이방원의 '부자 간 전쟁'으로 여겨진다.

■ 함흥차사의 전설

이방원은 적지 않은 시간이 흘러도 이성계가 돌아올 기미를 보이지 않자 점차 초조해지기 시작했다. 이에 그는 이성계를 회유하기 위해 함흥으로 사람을 보냈다. 대표적인 사람이 박석명, 성석린, 박순이었다. 박석명은 대통령 비서실장 격인 도승지였다. 성석린은 서울시장 격인 한성부판윤과 재상인 영의정부사를, 박순은 중추부의 종1품 관직인 판중추부사를 역임했다. 특히 성석린은 이성계의 오랜 친구이기도 했다. 성석린이 회유했을 때 이성계는 이를 수락하며 잠시 개경으로 환궁하기도 했다. 그러나 얼마 안 가 이성계는 다시 함흥으로 돌아갔다. 이때 이성계가 잠시 환궁한 것은 조사의가 거사를 준비할 시간을 벌어주고, 개경의 동태를 살펴 조사의에게 알려주기 위함이었던 것으로 추정된다.

성석린의 회유도 최종 실패로 돌아가자 이방원은 성석린만큼 이성계와 친분이 두터운 박순을 함흥으로 보냈다. 그런데 박순은 실제로 이성계를 만나지 못한 것으로 알려졌다. 대신 함경도 일대의 동태가 심상치 않게 돌아감을 직감, 도순문사 박만과 함께 이 지역 수령들에게 "조사의를 따르지 말라"라고 설득하고 다녔다. 조사의 등은 박순이 자신들의 거사 준비를 어느 정도 파악했다고 생각했다. 이에 조사의는 이성계에게 박순을 반드시 제거해야 한다고 주청 했다. 이성계는 고민에 빠졌다. 옛정을 생각해 박순을 살리고 싶었지만 그렇게 되면 거사가 탄로 날 가능성이 높았다. 이성계는 조사의 등에게 박순이 안변 아래쪽에 흐르는 용흥강을 건너갔으면 죽이지 말고, 건너지 못했으면 죽이라고 명했다. 불운하게도 박순은 용흥강을 건너지 못한 상태였고 결국 조사의가 급파한 군사들에게 죽임을 당했다.

지금까지도 많은 사람들은 이방원이 함흥에 차사(差使)로 보냈던 사람들이 모두 이성계에게 죽임을 당해 돌아오지 못한 것으로 알고 있다. 이것이 바로 '함흥차사의 전설'이다. 그러나 위에서 살펴본 것처럼 이는 역사적 사실과는 거리가 있으며 실제로 죽임을 당한 사람은 박순 한 명뿐이었다. 함흥차사의 전설은 후대의 일부 역사가들이 조사의의 난을 드라마틱하게 포장하는 과정에서 나온 야사로 보인다.

■ 조사의의 난

1402년, 마침내 이성계와 조사의가 거병했을 때 함경도의 수많은 사람들이 이들에게 가담했다. 함경도에서의 반란 소식을 접한 이방원과 조정 신료들은 큰 충격에 빠졌고 반란의 실체를 파악하는데 골머리를 앓았다. 그 실체란 바로 이성계의 가담 여부였다. 당초 조정에서는 이성계의 반란 가담 여부를 확신할 수 없었고 애써 부인하려는 분위기였다. 하지만 여러 정황상 이성계의 가담을 사실로 받아들일 수밖에 없었다.

　이방원과 관군의 상대는 보통의 적들과는 차원이 다른 것이었다. 그도 그럴 것이 상대는 현 임금의 아버지이자 조선을 건국 한 백전무패의 맹장 '태조 이성계'였기 때문이다. 이방원은 충격에서 헤어나오지 못했는지 5일 동안 별다른 대응 조치를 취하지 않았다. 이틈을 타 반란군은 평안도의 덕천·안주 방면을 거쳐 한양 쪽으로 빠르게 밀고 내려오려 했다. 그러자 이방원은 마지못해 전시체제를 꾸렸다. 우선 조영무를 동북면, 강원, 충청, 경상, 전라도 도통사로 임명했다. 이빈을 서북면 도절제사, 이천우를 안주도 도절제사, 김영렬을 동북면과 강원도 도안무사, 유양을 풍해도 도절제사로 삼아 방비를 견고히 하게 했다. 이어 민무질과 신극례에게 군사를 내어 줘 동북면으로 진군하게 했다.

　반란군의 위세는 생각보다 강력했다. 고맹주 지역에서 이천우의 군대가 격파된 것이다. 일설에 따르면 반란군은 전장에서 '태상왕' 이성계의 권위를 앞세우는 전략을 구사했다. 이성계를 나타내는 깃발 등을 흩날리며 앞으로 진격해 나갔다. 이런 상황에서 관군은 적지 않게 위축될 수밖에 없었다. 관군의 선발대가 패배하고 반란군의 남하가 이어지자 이방원은 상황의 심각성을 인지했다. 이에 조사의의 난 발발 13일 만에 친히 군사를 이끌고 전장으로 향하기로 했다. 이는 조선 시대를 통틀어 군왕의 처음이자 마지막 '친정'(親征)이었다. 이로써 우리나라 역사상 유례를 찾아보기 힘든 부자간의 직접적인 무력 충돌이 현실화 됐다.

이후의 전황을 살펴보면 두 가지의 그림이 나올 수 있다. 하나는 추정을 제외한 채 정사에 기록된 흐름대로 전황을 살펴보는 것이다. 또 다른 하나는 추정을 곁들여 살펴보는 것이다. 우선 전자다. 이방원이 관군을 진두지휘하면서 전황에 차츰 변화가 생기기 시작했다. 무엇보다 관군의 사기가 드높아졌고 반란군을 압도하는 물량을 총동원해 대대적인 반격 준비를 해나갔다. 아울러 관군은 각 고을의 군사를 효율적으로 동원해 반란군의 진로를 저지하는 한편 회유책도 구사해 반란군을 분산시키려 했다.

이에 따라 초반에 우세했던 반란군에게 서서히 먹구름이 드리웠다. 결정적으로 청천강(살수)에서 반란군은 돌이킬 수 없는 난관에 빠져들었다. 청천강에 도달한 반란군이 강 언덕에 진을 치고 전황을 살필 때, 별안간 불길한 소문이 반란군 사이에 퍼져나갔다. 조영무의 대군이 동북면으로 향했고 이천우, 이빈, 김영렬, 최운해 장군이 맹주를 가로막았으며 황주와 봉주에 4만여 명의 군사가 진을 치고 있다는 것이었다. 단순히 뜬소문은 아닌 것처럼 보였다. 이는 반란군이 감당하기 힘든 규모였고 사실상 '독 안에 든 쥐꼴'이 됐다는 의미였다. 기대했던 여진족의 군사들도 오지 않자 반란군의 사기는 급격히 저하됐다. 결국 반란군은 탈영병이 속출하는 등 자중지란에 빠지면서 스스로 궤멸됐다.

이번엔 후자다. 친정에 나선 후 북쪽으로 진군하는 것처럼 보였던 이방원은 '원중포'라는 한 포구로 갔다. 이방원이 당초 이곳을 지휘 장소로 결정했기 때문에 온 것일 수도 있다. 하지만 얼핏 보기엔 이방원이 시급히 북진하는 것도 내팽겨둔 채 이곳으로 가야 할 특별한 이유가 있어 보이진 않는다. 이방원은 원중포에서 4일 동안 머물렀다. 이후 좀처럼 이해가 되지 않는 상황이 벌어진다. 이방원은 원중포에서 4일을 머무른 후 북진은커녕 갑자기 개경으로 돌아가 버렸다. 전쟁이 한창인 가운데 마치 자신의 볼일은 끝났다는 듯이 말이다. 그런데 이전까지 기세등등했던 반란군이 이방원의 이 같은 움직임 이후 급격히 무너지는 모습을 보였다.

바로 여기서부터 '추정'이 개입된다. 조사의 난 발발 직후 이방원이 급선무로 한 일은 이성계의 신병을 확보하는 것이었다. 한 기록을 보면, 이 즈음 이방원이 회양부사 김정준에게 포상을 내렸다. 이는 김정준이 이방원에게 이성계의 행방을 알려줬기 때문이다. 김정준이 알려준 이성계의 행방에 원중포도 포함돼 있는지는 확실치 않지만, 이방원의 움직임을 봤을 때 원중포도 포함돼 있을 것으로 추정된다. 이를 통해 이성계의 행방을 간파한 이방원은 북쪽으로 진군하는 체하다가 기습적으로 원중포로 이동해 이성계의 신병을 확보했을 것으로 보인다. 그리고 이 사실을 반란군에게 교묘히 흘리고 회군함으로써 반란군이 구심점을 잃고 스스로 자멸하게 만들었을 것으로 추정된다. 이 같은 추정을 기반으로 한다면, 이방원 측이 실록에 조사의 난 당시 이방원의 행적을 애매모호하게 기록한 이유도 어느 정도 설명이 된다. 또한 자칫 장기전이 될 것처럼 보였던 조사의의 난이 의외로 싱겁게 마무리된 것도 설명 가능하다.

전황이 불리해지자 조사의와 그의 아들 조홍 등은 안변 쪽으로 퇴각했다. 그곳에서 나름대로 전열을 재정비하려 했지만 머지않아 도안무사 김영렬에게 생포됐다. 조사의와 조홍은 개경으로 압송된 직후 국문 없이 주살됐다. 이방원은 조사의를 따랐던 무리들은 비교적 가볍게 처리했다. 통상적으로 어느 정도 규모의 반란이 진압된 후에는 대대적인 처벌과 국문이 잇따르는 게 일반적이었다. 이방원은 소수의 사람들만을 처형했고 박만 등 반란에 소극적으로 가담했던 일부 사람들은 아예 처벌도 하지 않았다. 일각에서는 이성계가 사실상 반란의 주동자였던 만큼, 이방원도 일을 더 크게 벌리지 않고 신속히 마무리하고 싶어 했을 것으로 추정한다. 한편 반란의 태동 지였던 안변 대도호부는 감무 파견지역으로 강등됐다.

■ 이성계의 거취

조사의의 난이 완전히 진압된 후 이성계는 반란군의 주둔지였던 평양에 있었던 것으로 보인다. (다른 한편에선 이방원이 이성계와 함께 원중포에서 돌아와 이성계를 개경이나 개경 근처에 구금했을 것이라는 의견도 제기된다.) 조선을 건국한 이성계는 상당히 처량하게도 반란의 주역이 돼 아들 이방원의 처분을 기다리는 신세가 됐다. 이방원은 이전과 다를 바 없이 끊임없이 사람을 보내 이성계를 궁궐로 모셔오고자 했다. 이성계는 한동안 거부하다 마지못해 궁궐로 환궁했다. 야사에서는 이성계의 오랜 정신적 스승이었던 '무학대사'의 설득으로 인해 이성계가 돌아왔다고 전하고 있다. 이방원은 몸소 교외로 마중 나가 이성계를 맞이했다.

일설에 따르면 이성계가 환궁할 때 노여움을 버리지 못해 현재의 성동구 한양대학교 뒤쪽 중랑천을 가로지르는 돌다리 부근에서 이방원을 향해 화살을 쐈다. 이방원은 급히 몸을 피했고 화살은 정자의 나무기둥에 꽂혔다. '화살이 꽂혔다'는 데에서 유래해 해당 지역은 현재 '살곶이'라고 불린다. 그러나 당시 궁궐이 한양이 아닌 개경에 있었다는 점을 감안할 때 이야기의 신빙성을 확신할 수 없다는 반론도 제기된다. 또한 이성계가 환궁 잔치가 열린 자리에서 소매 안에 철퇴를 감추고 이방원의 목숨을 노렸는데, 최측근이었던 하륜의 기지로 이것이 무위에 그쳤다는 이야기도 전해진다. 이성계는 이방원이 자신에게 직접 술을 따를 때 철퇴로 내리치려고 했다. 이성계의 의도를 눈치챈 하륜이 예법을 거론하며 환관으로 하여금 대신 술을 따르게 해 수포로 돌아갔다. 이후 이성계는 하늘의 뜻으로 받아들이고 비로소 이방원에게 옥새를 건네며 왕으로 인정했다고 한다.

환궁한 이성계는 여생을 조용히 궁궐에서 보내다 1408년 5월에 승하했다. 일개 변방 장수에서 출발해 조선의 건국자로 올라섰던 풍운아 이성계는 결과적으로 말년이 좋지 못했다. 이성계가 승하할 때 이방원이 아들들 중 유일하게 이성계의 임종을 지켰다. 이성계가 죽기 직전 이방원이 그의 입속에 약을 넣었지만, 기력이 다한 이성계가 그것을 미처 삼키지 못한 채 이방원을 한번 쳐다본 후 숨을 거뒀다고 한다. 아버지를 향한 회한 때문이었을까. 아들 이방원은 "소자가 잘못했습니다"라며 '짐승처럼' 울부짖었다고 전해진다. 이성계는 사후에 고향인 함흥에 묻히길 원했다. 하지만 이방원은 태조의 능이 변방에 있을 수 없다며 이를 들어주지 않았다. 대신 함흥의 흙과 풀을 가져와 이성계의 봉분을 꾸몄다. 이성계의 능호는 건원릉이며 단릉이다.

10

계유정난

조선의 헌정질서를 뒤흔들다

왕조 역사의 물줄기를 바꿔버린 사건

세조 어진 초본. 세종의 둘째 아들인 수양대군은 계유쿠데타를 통해
권력을 찬탈했다.

수양대군 "대감의 얼굴을 보면 일흔까지 장수할 상인데. 올해 춘추
가 어찌 돼요?"
김종서 "올해 일흔입니다."
수양대군 "제가 올해 꼭 이루고 싶은 소원이 하나 있습니다."
김종서 "어떤 소원입니까?"
수양대군 "왕이 되는 것이오."
김종서 "네 이놈, 네 무슨 수작이냐!"   ─영화 '관상' 中

   계유년인 1453년, 왕조 역사의 물줄기를 바꿔버린 비극적인 정변
이 발생했다. 단종의 숙부인 '수양대군'과 그 일파들이 여러 신료들
을 숙청하고 권력을 장악한 '계유정난'(癸酉靖難)이었다. 계유정난은
조선 초기에 일어난 사건이지만 조선 역사의 향방에 지속적으로
부정적인 영향을 미쳤다. 우선 적장손 왕위 계승 등 조선의 헌정질
서가 흔들리는 단초를 제공했다. 세종, 문종, 단종으로 이어지면서
자리를 잡아가던 유교적 헌정질서를 왕실 종친이 앞장서 무너뜨린
사건은 당대의 유학자는 물론 후대의 역사가들에게도 큰 충격을
줬다.

   계유정난을 계기로 조정에 '공신'(功臣) 세력이 득세하면서 왕권이
오롯이 서지 못하고 되레 공신 세력을 의식하는 모습도 나타났다.
조선 건국의 명분을 제공했던 고려 권문세족들의 부패한 특권 문화
가 공신세력에게 고스란히 전수되는 상황마저 발생했다. 결국 조선
에서는 환국 등 유혈 정권교체가 있을 때마다 승리자들의 자축 세

리머니라 할 수 있는 '공신 인플레이션'이 일반화 됐다. 태종 이방원과 정도전이 기필코 타파하고자 했던 문제점이 조선의 정치 및 역사에 깊이 뿌리내리게 된 것이다.

■비극의 씨앗, 문종의 죽음

조선의 제5대 왕인 '문종'에 대한 역사가들의 평가는 한마디로 '준비된 왕'이었다. 실록에 따르면 문종은 어렸을 때부터 남달라 주변의 이목을 집중시켰다. 심지어 당시 군왕이었던 '태종 이방원'은 양녕을 폐하고 충녕을 새로운 세자로 세울 때 "충녕 아들에겐 장대한 놈(문종)이 있다"라는 말도 남겼다. 충녕을 새로운 세자로 내세우는 명분에도 꼽힐 만큼 문종은 영특했던 것이다. 문종은 세자 시절에 날마다 서연을 열어서 강론함을 게을리하지 않았고 모든 동작을 한결같이 법도에 따라 했다. 감정 변화를 얼굴에 잘 나타내지 않았으며 여색을 가까이하지도 않았다. 항상 몸과 마음을 바르게 하며 수양했던 것이다.

문종은 자라면서 과학, 천문, 병법, 무예, 음악, 음운 등 다방면에 통달한 것으로 전해진다. 이를 바탕으로 오늘날까지 찬사를 받는 기발한 발명품들을 만들어내는데 일조하기도 했다. 세종 때 발명된 측우기와 화차(이동식 대포)는 문종이 제시한 생각을 기초로 만들어졌다. 또한 세종의 치세 마지막 7년 정도는 사실상 문종의 치세라고 할 수 있을 정도로, 세종 말기에는 문종이 대신 정사를 잘 돌보며 국가와 백성을 안정시켰다. 전분 6등, 연분 9등의 전세법 제정과 훈

민정음 반포 등도 문종의 손길이 미친 치적들이었다. 문종은 능력뿐만 아니라 용모도 매우 출중했다. 명나라 사신이 조선에 왔을 때 문종을 보고는 "이 나라는 산천이 아름답기 때문에 인물도 이렇게 아름다운가"라며 감탄을 했다고 한다. 스스로를 '제갈공명'에 비유할 정도로 문무를 겸비하고 성군적 자질이 다분했던 왕. 만약 문종이 세종의 뒤를 이어 장기간 국가를 통치했다면 태평성대는 계속되고 국가는 크게 발전했을 것이라는 데 이견이 없다.

하지만 문종은 오래 살지 못했다. 왕위에 오른 지 불과 2년 만인 1452년 5월에 세상을 떠났다. 성군으로 칭송을 받았던 아버지에 버금가는, 아니 어쩌면 아버지를 능가할 수도 있었던 전도유망한 왕이 죽자 조정 신료들과 백성들의 슬픔은 이루 말할 수 없었다. 실록에는 다음과 같이 기술돼 있다. "여러 신하들이 모두 통곡하여 목이 쉬니. 소리가 궁궐에 진동해 스스로 그치지 못하였으며 거리의 소민들도 슬퍼서 울부짖지 않는 사람이 없었다. 이때 사왕(단종)이 나이가 어려서 사람들이 믿을 곳이 없었으니, 신민의 슬퍼함이 세종의 상사보다도 더하였다."

문종의 뒤를 이어 그 아들인 '단종'(이홍위)이 즉위했다. 그는 '적장자의 적장자'라는 범접할 수 없는 정통성을 가졌지만 한계도 뚜렷했다. 나이가 13세로 어렸고 정치적 뒷받침도 부실했다. 보통 어린 임금이 즉위하면 가장 서열이 높은 대왕대비가 '수렴청정'(垂簾聽政)을 하는 게 일반적인 관례였지만, 당시 단종 곁엔 수렴청정을 할 만한 대비도 없었다. 단종의 모후인 현덕왕후 권씨가 단종을 낳은 직후 산욕열로 죽었고 문종은 다시 세자빈을 들이지 않았다. 후궁으로 귀인 홍씨, 양씨만을 두었다.

■ 조정의 세력구도

문종의 죽음과 단종의 즉위를 계기로 조정 분위기는 심상치 않게 흘러갔다. 세종이 일궜던 태평성대는 서서히 사라져 갔고 다시금 불길한 먹구름이 밀려오고 있었다. 당시 조정의 세력구도를 보면 크게 '고명대신파'와 '대군파'로 나뉜다. 고명대신파는 왕의 유언을 받은 대신들을 말한다. 대표적으로 영의정 황보인, 좌의정 남지, 우의정 '김종서'가 있었다. 문종은 죽기 전에 이들을 불러 "내 아들을 잘 보필해 달라"라고 부탁했다. 이후 좌의정 남지가 죽자 김종서가 좌의정, 정분이 우의정으로 임명됐다. 대체로 김종서와 황보인 두 고명대신이 조정의 주도권을 잡아가는 모양새를 나타냈다.

반면 다른 한편엔 단종의 숙부인 대군들이 있었다. 대군들은 총 7명이었다. 이 가운데 수양대군과 안평대군이 두드러졌다. 문인보단 무인의 기질이 엿보였던 수양대군은 '한명회'와 권람 등을 책사로 두고 무인 중심으로 세력을 모아나갔다. 안평대군은 기본적으로 문인의 기질을 타고났다. 문학·예술 등에 능했고 자연스레 이 방면의 인사들을 끌어들였다. 세종과 문종은 대군들을 정사에서 배제시키지 않고 어느 정도 역할을 맡겼었기 때문에, 수양대군과 안평대군은 적지 않은 정치적 기반도 갖추고 있었다.

단종은 잠재적 대권주자가 될 수 있는 대군들보단 아버지 문종이 신뢰했던 최측근들인 고명대신들에게 의지했다. 이렇다 보니 부작용도 있었다. 고명대신파가 인사 정책 등에서 '월권'으로 비칠 수 있는 행위도 했기 때문이다. 이른바 '황표정사'(黃標政事)였다. 의정부 대신들이 낙점한 사람의 이름에 누런 종이쪽지(황표)를 붙이면 임금이 그대로 임명하는 것이었다. 이는 추후 수양대군이 정변을 일으키는 데 있어 중요한 명분이 됐다. (다만 고명대신들이 야심을 품고 권력을 넘보거나 국정을 농단하려 한 것은 아니라는 평가가 일반적이다.) 단종의 신임을 받은 고명대신들은 특별히 혈기왕성한 수양대군을 경계했다. 수양대군 역시 고명대신들 및 안평대군의 세력화를 경계했다. 이에 상호 간 세력경쟁 양상으로 나아가는 모습을 보였다.

■ 수양대군의 야심

당초 수양대군은 왕위를 꿈꿀 수도 없는 위치에 있었다. 친형인 문종이 워낙 뛰어났기 때문에 수양대군은 상대적으로 가려진 존재였었다. 단종이 즉위한 이후엔 고명대신파 및 다른 형제들의 견제가 심화됐다. 더욱이 왕조 국가에서 왕의 형제들은 반드시 숨죽이고 살아야만 하는 비운을 갖고 있었다. 그럼에도 수양대군은 단종 즉위 직후부터 왕권을 향한 야심을 노골적으로 드러냈다.

단종 즉위 후 2개월이 지난 어느 날, 수양대군은 자신의 집에서 문과에 장원급제하고 사헌부 감찰을 지냈던 권람을 만났다. 이 자리에서 수양대군과 권람은 정국 현황 및 앞으로의 전망에 대해 거침없이 논의했다. 수양대군과 가까워진 권람은 범상치 않은 한명회도 소개해줬다. 한명회는 추후 계유정난과 세조 치세의 설계자가 된다. 또한 정치깡패이자 연쇄살인마인 홍윤성도 수양대군 밑에 들어왔다. 수양대군은 세력 규합과 더불어 본인에게 불리하게 작용할 수 있는 정책들을 대놓고 반대하는 모습도 보였다. 다분히 수양대군을 겨냥해 김종서 등이 추진한 '분경(奔競) 금지'에 대해 적극적으로 이의를 제기한 것이다. 분경은 벼슬을 얻기 위한 엽관운동을 말한다. 당시 대군 등 권세가들의 주변에는 인사청탁을 하기 위해 사람들이 몰렸다. 이는 자연스레 '세력화'로 연결될 가능성이 높았다. 그런데 분경을 금지하면 이의 가능성이 원천 차단돼 힘을 잃을 수도 있는 만큼, 수양대군은 대놓고 반대했다. 결국 그의 의도대로 분경 금지건은 철회됐다.

단순 야심을 넘어 왕권을 향한 수양대군의 '거사' 움직임이 본격화한 것은 1453년 4월부터다. 이는 수양대군이 단종의 즉위를 알리는 '고명사은사'(誥命謝恩使)로 명나라를 갔다 온 직후다. 수양대군이 고명사은사로 가기 전 권람 등은 이를 완강하게 반대했다. 먼 길을 가서 자리를 비운 사이 김종서 등이 수양대군파에 대한 제거를 획책할 수도 있다는 게 이유였다. 수양대군 측근들이 느꼈던 위협은 막연한 것이 아닌 실제적인 것이었다. 이 말을 들은 수양대군은 껄껄 웃었고 "김종서 등은 그럴만한 호걸이 아니다"라고 말하며 안심시켰다. 그런 다음 곧장 명나라로 가는 길에 올랐다. 실제로 수양대군이 부재할 때 고명대신파는 별다른 움직임을 보이지 않았다.

이때 수양대군이 주변의 우려를 물리치고 자발적으로 고명사은 사로 간 것은 고도의 계산이 깔려있는 정치적 술수로 읽힌다. 이를 통해 본인이 왕의 충실한 신하이며 결코 왕권에 욕심이 없다는 것을 간접적으로 드러내 보임으로써, 정적들의 경계를 완화시키려 한 것으로 분석된다. (이는 결과적으로 성공했다.) 더욱이 명나라에 가서 본인이 조선의 유력한 왕자임을 알리며 현지 인맥을 구축했고, 함께 동행했던 전도유망한 집현전 학사 출신인 '신숙주'를 우군으로 만들었다. 아마도 명나라에서 거사 결심을 굳히고 구체적인 거사 계획을 세웠을 것으로 보이는 수양대군은 귀국하자마자 한편으로는 고명대신파의 월권행위에 불만을 품고 있던 집현전 출신 문인들을 끌어들였다. 다른 한편으로는 홍달손, 양정 등 무사들을 적극 양성해 나갔다. 이에 따라 거사 직전 수양대군 휘하에는 무시 못할 정도의 세력이 형성돼 있었다.

■ 계유쿠데타

1453년 10월 10일 밤, 수양대군은 마침내 거사를 결행하기로 했다. 이 날 거사를 치르기로 한 가장 큰 이유는 단종이 궁궐을 나와 누나인 경혜공주의 사저에 머무를 예정이었던 만큼, 평소 대비 궁궐의 경비 상태가 느슨할 것이라고 판단했기 때문이다. 우선 수양대군은 일단의 군사들에게 은밀히 경복궁을 장악하라고 지시했다. 본인은 삼정승 가운데 가장 지혜와 용맹이 뛰어난 김종서를 찾아가 제거하기로 마음먹었다. 하지만 우여곡절이 있었다. 사전에 김종서의 집을 염탐하러 갔던 홍달손이 "집 근처에 무사들이 모여 있는 것 같다"라고 보고함에 따라 일각에서 거사를 미루자는 의견이 나왔다. 또한 수양대군이 무사들 앞에서 거사의 당위성을 설명할 때 적지 않은 이들이 역모라고 판단, 이탈자들이 나오기도 했다. 그럼에도 수양대군과 한명회는 그대로 밀어붙이기로 결정하면서 예정대로 거사가 진행됐다. 일단의 군사들은 경복궁으로 향했고 수양대군은 양정, 임어을운 등을 대동한 채 돈의문 밖 김종서의 집으로 향했다.

수양대군이 방문하자 김종서와 그의 아들 김승규가 직접 맞이했다. 김종서와 정면으로 마주한 수양대군은 집 안으로 들어가자는 권유를 뿌리치고 대뜸 "사모(紗帽)의 각이 떨어졌으니 좌상의 것을 빌릴 수 있겠느냐"라고 물었다. 이는 김종서 부자의 경계를 느슨하게 하려는 의도였다. 김종서가 아들에게 새로운 사모를 가져오라고 했다. 이후 수양대군은 간청이 있다면서 김종서에게 편지 한 통을 건넸다. 한밤중이어서 편지가 잘 보이지 않았기 때문에 김종서는 달빛에 편지를 비춰봤다. 김종서의 모든 신경이 편지에 집중돼 있던 그 순간, 임어을운이 재빠르게 철퇴를 빼들고 달려들어 김종서의 머리를 내리쳤다. 미처 반격할 틈을 갖지 못한 채, 세종 시절 천하를 호령했던 '백두산 호랑이' 김종서가 쓰러졌다. 뒤늦게 사모를 가져온 김승규는 양정의 칼날에 죽임을 당했다.

9부 능선이었던 김종서를 쓰러뜨리는 데 성공하자, 수양대군과 정예무사들은 이제 거침이 없었다. 이들은 곧바로 경혜공주 저택을 비롯한 도성 4대 문과 주요 군 시설, 요충지들을 확보한 뒤 일단의 군사들이 장악하고 있던 경복궁으로 쳐들어갔다. 수양대군은 궁궐에서 동부승지 최항을 만났고, 그에게 "역모가 발생했으니 단종을 빨리 만나야 한다"라고 말했다. 모든 조정 신료들의 명단이 나와있는 자료도 요구했다. 최항은 수양대군을 믿지 못해 명부 제공을 꺼렸지만 계속된 압박에 못 이겨 명부를 넘겨주고 말았다. 이 명부는 신료들의 운명을 결정짓는 '살생부'(殺生簿)가 됐다. 이후 수양대군은 공포감에 사로잡힌 단종 앞에 섰다. 그는 김종서, 황보인 등이 난을 일으켜 안평대군을 추대하려 했기 때문에 김종서를 척살했다는 거짓보고를 올렸다. 나아가 왕명을 빙자해 조정 신료들을 모두 입궐시키도록 했다. 칠흑같이 어두운 밤, 신료들은 영문도 모른 채 대궐 안으로 차례차례 들어갔다. 이들을 맞이한 건 단종이 아닌 한명회와 일단의 군사들이었다. 한명회는 살생부를 들고 있었고 이에 기반해 입궐하는 신료들을 일일이 확인했다. 그런 다음 사전에 배치한 군사들에게 '살조'(殺條)로 분류된 신료들을 모조리 죽이라고 명했다. 이때 대표적인 수양대군 반대파들인 영의정 황보인, 병조판서 조극관, 이조판서 민신, 우찬성 이양 등이 한꺼번에 목숨을 잃었다.

한편 불의의 기습을 당한 김종서는 그 자리에서 즉사하지는 않았던 것으로 전해진다. 철퇴를 맞고 쓰러진 김종서는 얼마 지나지 않아 깨어났다. 뒤이어 수양대군의 역모 사실을 인지한 후 불편한 몸을 이끌고 가마에 올랐다. 단종을 지키기 위해 궁궐로 들어가려 했던 것이다. 그러나 이미 수양대군 세력에게 포섭된 숭례문, 돈의문, 서소문 등의 수문장들은 모두 문을 열어주지 않았다. 진입로가 완전히 차단된 김종서는 사돈집에 숨어 있다가 이튿날 수양대군이 급파한 군사들에 의해 비참한 최후를 맞이했다.

■ 단종의 죽음

계유쿠데타로 조정의 모든 것이 바뀌었다. 그동안 조정의 실권을 장악하고 있었던 고명대신파는 온데간데없고, 수양대군 및 그 일파들이 권력의 정점에 올라섰다. 수양대군은 스스로 영의정부사 · 영집현전사 · 영경연사 · 영춘추관사 · 영서운관사 · 겸판이병조 · 내외병마도통사 등 다양한 요직을 겸하면서 정권과 군권을 동시에 장악했다. 거사에 직간접적으로 공을 세운 한명회, 권람, 정인지, 양정 등 43인을 '정난공신'(靖難功臣)으로 책봉했다. 앞으로 이들은 오랜 기간 세조 주변에서 각종 특권을 누리며 무소불위의 권력을 휘두르게 된다. 이때를 계기로 '공신' 세력의 득세가 조선 사회에서 일반화됐다고 볼 수 있다. 비극적인 피바람은 계속 휘몰아쳤다. 안평대군은 붕당을 모의했다는 죄목으로 사사를 당했다. 정분, 조수량, 안완경 등 수양대군 반대파들도 귀양을 간 후 교살당했다.

야심이 넘쳤던 수양대군은 여기서 멈출 수 없었다. 그의 최종 목적은 용상이었다. 이에 수양대군의 칼끝은 필연적으로 단종을 향했다. 이 시기 든든한 우군들이 사라진 단종은 그야말로 '사상누각'과 같은 존재였다. 수양대군 세력에 대한 공포감을 못 이긴 단종은 계유쿠데타 2년 뒤 수양대군에게 선위하고 상왕으로 물러났다. 그런데 단종은 상왕 자리에서도 오래 머물러 있지 못했다. 성삼문, 박팽년, 하위지, 이개 등 집현전 학사 출신 신료들(사육신)과 일부 무인들을 중심으로 일어난 '단종 복위운동'이 실패로 돌아가자, 단종은 '노산군'으로 강봉 된 후 강원도 영월로 유배를 떠나게 됐다. 단종이 거처했던 영월 청령포는 삼면이 강으로 둘러싸여 있고 육로는 험준한 절벽으로 막혀 있었다.

'세조'가 된 수양대군은 단종을 유배 보냈음에도 안심할 수 없었다. 취약한 정통성으로 인해 단종은 지속적인 눈엣가시나 다름없었다. 단종이 살아있는 한 정통성 시비는 끊임없이 불거질 가능성도 높았다. 더욱이 금성대군이 주도한 단종 복위운동이 또다시 일어나면서 수양대군의 위기감은 높아져 갔다. 결국 그는 강원도 영월로 사람을 보내 단종을 죽이라고 명했다. 단종의 최후를 기록한 '세조실록'에는 단종이 (단종 복위 운동을 주도한) 송현수가 교형에 처해졌다는 소식을 듣고 상심한 나머지 스스로 자결했다고 나와있다. 세조는 단종의 죽음을 애석하게 여기며 그 시신을 후하게 장사 지냈다고 전해진다. 그러나 '선조실록'에는 단종이 사사된 것으로 나와있고 정황 상 그 시신도 거의 방치되다시피 한 것으로 보인다. 또한 '야사'에 따르면 세조의 명을 받은 금부도사 왕방연이 사약을 들고 단종을 찾아왔는데, 왕방연은 차마 단종에게 사약을 건네지 못했고 그저 말없이 엎드려 대성통곡을 했다. 이를 본 단종은 자신의 최후를 직감하고 자결을 결심했다고 한다. 단종은 자신의 목에 줄을 맺고, 그 줄의 반대편 끝 부분을 방 밖으로 빼내 하인에게 힘껏 당기게 함으로써 생을 마감했다. 아무도 찾아오지 않는 강원도 영월에서 한 많은 삶을 살던 어린 왕은 비정한 권력의 피비린내 앞에서 비참한 최후를 맞았다. (당시 사람들은 처벌이 두려워 그 누구도 단종의 시신을 수습하려 하지 않았다. 이때 '엄흥도'라는 사람이 나타나 관까지 준비해 장례를 치렀다. 영조 때 그의 충의를 기리는 정문이 세워졌다.) 단종은 200년도 더 지난 1698년 숙종 때에 이르러서야 비로소 복권될 수 있었다.

3

극적인 상승과 몰락

"... 어쩌다 조선의 최고 수재들이 일본인에게 이용당해서

그처럼 큰 잘못을 저질렀는지 참으로 애석하다고 했다."

−갑신정변 中

11

중종반정

조선사 최초의 탄핵 사건

신하들에 의한 군왕의 교체

연산군일기. 폐비 윤씨와 관련한 원한을 품고 있던 연산군은 폭정을
일삼다 신하들에 의해 강제 폐위됐다.

"원래 시기심이 많고 모진 성품을 가지고 있었으며, 또한 자질이 총명하지 못한 위인이어서 문리(文理)에 어둡고 사무 능력도 없는 사람이었다. 말년에는 더욱 함부로 음탕한 짓을 하고 패악한 나머지 학살을 마음대로 하고. 대신들도 많이 죽여서 대간과 시종 가운데 남아난 사람이 없었다."

—연산군일기 中

1506년 '연산군'의 광기 어린 폭정에 신하들 및 백성들의 반감과 분노는 극에 달했다. 무수한 피의 숙청을 불러온 두 번의 '사화'(士禍)와 사치 및 향락으로 세종, 성종 때 일군 조선의 정치·사회적 발전은 온데간데없이 사라진 상태였다. 마침내 이를 보다 못한 '훈구파'들을 중심으로 정변이 발생했다. 역사는 이를 '중종반정'(中宗反正)이라고 부른다. 훈구파들은 자신들의 정변을 정당화하기 위해 '반정'이라는 명분을 내걸었는데, 이는 그릇된 상태에 있는 것을 올바른 상태로 되돌린다는 것을 의미한다. 즉 연산군이라는 잘못된 왕을 몰아내고 새로운 왕(중종)을 세워 나라를 바로잡으려 한 것이다.

표면적으로 왕이 초월적인 존재로 군림하는 유교국가 조선에서, 신하들에 의해 왕이 쫓겨나가고 그들에 의해 새로운 왕이 즉위한다는 것은 매우 생소한 장면이었다. 그럼에도 연산군의 광기와 폭정이 도를 넘어선 만큼 반정의 명분은 충족됐으며 백성들도 이에 적극적으로 호응하는 모습을 나타냈다. 다만 거창한 명분을 내세우며 단행한 반정 이후 일련의 개혁 정치는 실패했고, 조선은 다시금 훈구권신들의 득세라는 구태로 회귀하게 된다. 조선사 최초의 '탄핵'

사건으로 불리는 '중종반정' 전말을 되돌아봤다.

■ 폐비윤씨 사건과 연산군의 등장

연산군의 친모는 '폐비 윤씨'였다. 윤씨는 성종의 첫 후궁 출신이었는데, 본래 후궁은 왕비가 되기 어려운 위치였다. 하지만 윤씨는 검소함과 겸손한 처신 등을 크게 인정받아 왕비가 될 수 있었다. 이 당시까지만 해도 성종과 윤씨의 관계는 매우 돈독했다. 그런데 왕비가 된 지 얼마 지나지 않아 윤씨는 이전과는 다른 모습을 나타내기 시작했다. 성종이 다른 후궁들과 함께 하는 것을 시기 질투했고 이러한 감정을 왕과 신료들 앞에서 여과 없이 표출했다. 당시 성종은 '주요순'(晝堯舜), '야걸주'(夜桀紂)로 불렸다. 이 말은 낮에는 요순이요, 밤에는 걸주라는 뜻이다. 성종이 낮에는 중국 고대의 전설적인 명군인 요임금, 순임금과 같이 국정을 잘 돌봤지만, 밤에는 중국의 대표적인 폭군인 하나라 최후의 왕 '걸'과 은나라 최후의 왕 '주'처럼 여색을 밝혔다는 것이다.

시간이 갈수록 윤씨의 시기 질투는 고조됐다. 실록에 따르면 성종은 이와 관련해 "윤씨는 짐(성종)을 온화한 얼굴로 대한 적이 없다. 내 발자취를 없애겠다고까지 했다"라고 말했다. 야사에는 급기야 윤씨에게 불행한 결말을 가져다주는 중대한 사건이 기록돼 있다. 어느 날 성종과 윤씨가 성종의 여색 문제로 말다툼을 벌였다. 그러다가 윤씨가 손톱으로 성종의 얼굴에 큰 상처를 냈다. 왕의 얼굴인 '용안'(龍顔)에 상처를 냈다는 것 자체는 '중죄'에 해당했다. 이 사건으로 인해 조정은 발칵 뒤집혔다. 성종의 어머니인 '인수대비'는 성종을 직접 불러 왕비를 폐위할 것을 강하게 요구했다. 성종도 점차 마음이 굳어졌다. 당초 일부 신료들은 세자가 될 수 있는 사람의 친모라는 이유로 폐비를 적극 반대했다. 하지만 인수대비의 강력한 의지와 성종의 결단으로 마지못해 찬성했다. 결국 윤씨는 폐서인으로 강등돼 궁궐에서 쫓겨났고 사가에 머물게 됐다.

1482년 연산군이 7세가 됐을 때, 세자 책봉 논의와 더불어 폐비윤씨 복권 주장도 제기됐다. 그러나 인수대비의 지속적인 반대와 소용 정씨 및 엄씨의 모함으로 복권은 무산됐다. 그 해 여름, 전국에 기근이 들자 신료들은 폐비윤씨가 굶어 죽을 것을 우려해 성종에게 별궁 안치를 청했다. 옛 정이 다소 남아있던 성종은 은밀히 내관이었던 안중경을 보내 폐비윤씨의 동정을 살피게 했다. 당시 폐비윤씨는 특별히 문제가 될 만한 행동을 하진 않았던 것으로 추정된다. 그러나 사전에 인수대비에게 밀명을 받은 안중경은 폐비윤씨가 반성의 기미를 전혀 보이지 않고 여전히 성종에 대한 원망을 늘어놓고 있다는 거짓 보고를 올렸다. 여기에 폐비윤씨의 기행들을 낱낱이 기록한 정희왕후의 언문서한까지 더해졌다.

분개한 성종은 폐비윤씨에게 '사약'이라는 극형을 내렸다. 적지 않은 신료들이 해당 결정에 동조하며 성종에게 힘을 실어줬다. 끝내 비참한 최후를 맞이한 폐비윤씨는 동대문 밖에 묻혔다. 처음엔 묘비도 없었다. 그로부터 7년 후 세자인 연산군의 앞날을 걱정한 성종은 '윤씨지묘'라는 묘비명을 쓰게 했고 장단도호부사에게 제사를 지내게 했다. 죽기 전 성종은 "향후 100년 간 폐비윤씨의 일은 절대로 거론하지 말라"라는 유언을 남겼다. 연산군은 '폐비'의 자식이었던 만큼 당초 왕위에 오르지 못할 수도 있었다. 하지만 성종의 의지와 장자라는 정통성이 부각되면서 연산군은 성종의 뒤를 이어 21세의 나이로 즉위했다. 연산군 스스로도 딱히 문제가 될 만한 행동을 하지 않고 신중한 태도를 보인 것이 주효했다. 성종의 정실 소생이었던 '진성대군'(추후 중종)은 이 당시 너무 어렸다. 연산군이 왕위에 오를 때 어머니 폐비윤씨 사건의 진상에 대해 어느 정도 인지하고 있었는지는 확실히 알 수 없지만, 이 사건은 조선 정국에 잔혹한 피바람을 불러오게 된다.

■ 무오사화

연산군은 즉위 초에는 별다른 문제없이 비교적 안정적으로 국정을 운영했다. 연산군 때에는 그동안의 농업진흥 정책 등에 힘입어 산업구조상의 변화가 나타났다. 수리시설 및 시비법 개선에 따른 연작상경(連作常耕)의 집약적 농업기술 발달과 지방 장시의 대폭 확대가 맞물리면서 구매력이 증대됐고 전국적인 유통 경제망이 형성됐다. 또한 중국과의 사무역이 증가했고 국내 은광업이 눈에 띄게 발달했다. 성종대의 태평성대 분위기가 아직 남아있었으며, 성종이 중용한 '사림'(士林) 세력들에 의해 국가의 질서가 잘 유지됐다. 사림은 삼사(사헌부, 사간원, 홍문관)의 요직에 있으면서 성리학적 질서와 '왕도정치'를 표방했다.

하지만 좋은 시대는 오래가지 못했다. 시간이 갈수록 군왕과 훈구파 신료, 삼사(사림) 간의 갈등이 표면화됐다. 사림이 중심이 된 삼사는 연산군이 생모인 폐비윤씨를 추숭 하려 하자 성종의 유언을 들이밀며 격하게 반발했다. 수륙재의 시행과 외척, 내시의 임용 및 포상 등 각종 사안에서도 충돌했다. 삼사는 거의 매일 상소를 올렸고, 자신들의 의견이 수용되지 않으면 곧바로 사직서를 내는 극단적인 방법도 구사했다. 세조의 계유정난 이후 공신 및 기득권 세력으로 군림해 온 훈구파 신료들을 겨냥한 탄핵도 빈번하게 행했다. 훈구파 신료들은 강력히 반발했지만 삼사는 전혀 아랑곳하지 않았다. 성종대에 크게 성장한 삼사가 새로운 군왕의 시대에도 국정의 주도권을 계속 잡아가려는 기색이 역력했다. 연산군과 훈구파는 이를 매우 우려스럽게 지켜봤다. 심지어 '폐단'으로 규정할 정도였고 적절한 시기에 사림을 내칠 것을 모색했다.

이런 가운데 1498년 훈구파의 일원이었던 유자광과 이극돈은 사관들이 역사적 사실을 기록한 '사초'에서 사림의 원조격인 김종직이 작성한 '조의제문'(弔義帝文)을 발견해 연산군에게 보고했다. (유자광과 이극돈은 과거 사림에게 배척을 당해 개인적인 원한이 상당했다.) 조의제문은 1457년 문신 · 학자였던 김종직이 단종을 죽인 세조를 의제를 죽인 항우에 비유하며 세조를 에둘러 비난한 문서였다. 연산군의 할아버지가 세조였던 만큼 이는 매우 불충한 글로 비쳤다. 연산군은 이를 기회로 삼아 눈엣가시였던 사림을 숙청하기 시작했다. 역사는 이를 '무오사화'(戊午士禍)라고 부른다. ('사화'는 사림이 화를 입었다는 뜻이다.)

조선 시대 첫 사화였던 무오사화에서 김종직은 이미 죽었지만 묘가 파헤쳐져 목이 잘리는 '부관참시'를 당했다. 그의 제자들과 삼사 관원들도 처형되거나 유배를 떠났다. 무오사화에서 피해를 입은 사림파 사람들은 총 52명이었다. 다만 무오사화는 이후의 사화와 달리 비교적 제한적으로 이뤄진 측면이 있다. 사건도 기획된 것이 아닌 갑작스럽게 발발했고 단기간에 수사와 처벌이 진행됐다. 사건 시작부터 마무리까지 걸린 시일은 한 달이 채 되지 않았다. 다른 사화와 비교해 볼 때 처벌 규모가 큰 것도 아니었다. 연산군도 이때까진 정상적인 상태였다. 무차별적인 숙청이 아닌 매우 절제된 형태의 정치적 숙청이었던 것이다.

무오사화 이후 군왕으로서의 연산군 위세는 드높아졌다. 그는 자신이 갖고 있는 왕권의 위력을 새삼 실감했고 말보단 힘으로써 신료들을 억누르려 했다. 반면 성종대부터 기세등등했던 사림파와 삼사는 크게 위축됐다. 지속적인 탄압으로 삼사엔 비판적인 사람들이 들어오려 하지 않았고, 나약하고 아부하기 좋아하는 사람들이 빈자리를 채웠다. 연산군은 온순하게 길들여진 삼사의 모습에 매우 만족해했다. 긴장감이 풀어진 탓이었을까. 연산군은 이때부터 비정상적인 모습을 보여주기 시작했다. 국정을 전혀 돌보지 않았고 연회와 사치, 사냥 등에 빠졌다. 그러면서 국고를 탕진해 나갔고 백성들에게 과도한 짐을 지웠다. 세출이 세입을 초과하는 것은 물론 공납도 크게 확대됐다. 더욱이 연산군은 자신의 일탈이 외부에 잘 알려지지 않도록 궁궐 주변의 민가를 대거 철거했다. 궁궐 외곽 경기도 일원에 민간인 통제구역을 설정하고 그 경계에 통행금지 표지인 '금표'(禁標)를 설치하기도 했다.

■ 갑자사화

날이 갈수록 연산군의 일탈이 심화되자 신료들의 우려도 점점 높아졌다. 이전에 비해 온순해진 삼사였지만, 일부 관원들은 더 이상 왕의 방만한 모습을 좌시하지 않고 간쟁에 나섰다. 그런데 이때 조정에선 이전과 확연히 달라진 모습이 눈에 띄었다. 그동안 연산군과 한편이었던 훈구파 신료들도 삼사와 비슷하게 간쟁에 동참한 것이다. 그만큼 연산군의 폭정이 도를 넘어섰기 때문이다. 대표적으로 좌의정 한치형, 우의정 성준, 좌찬성 이극균, 우찬성 박건 등이 10개 항이 수록된 장문의 상소문을 올렸다. 왕이 과도한 사치와 재정 지출을 중단해야 한다는 게 골자였다. 하지만 역효과만 불러일으켰다. 연산군은 전혀 달라지지 않았고 되레 왕에게 간쟁하는 신료들에 대한 분노를 표출했다. 위기감도 높아졌다. 연산군은 다시금 왕권의 위력을 보여줄 필요가 있다고 생각했다. 그러면서 제한적인 형태에 그쳤던 무오사화보다 훨씬 강력한 숙청을 결심하게 된다. '갑자사화'(甲子士禍)였다.

갑자사화의 빌미가 된 것은 폐비윤씨 사건이었다. 유자광과 더불어 간신의 대명사로 불리는 '임사홍'이 연산군에게 폐비윤씨가 억울하게 죽었다고 고하면서 촉발됐다. 연산군은 폐비윤씨의 어머니이자 본인의 할머니를 만나 윤씨가 사사될 때 흘렸던 피 묻은 적삼까지 보게 됐다. 복수심에 사로잡힌 연산군은 우선 궁궐에서 폐비윤씨의 죽음에 기여한 성종의 후궁 엄씨와 정씨를 때려죽였다. 궁궐의 큰 어른인 인수대비의 침소에도 난입해 행패를 부렸다. 야사에 따르면 연산군은 인수대비의 얼굴을 향해 박치기까지 시도한 것으로 전해진다. 충격을 받은 인수대비는 며칠 뒤에 사망했다. 뒤이어 연산군은 폐비윤씨의 사사에 관련된 신료들이 누구인지 철저히 조사하라고 지시했다. 그 결과 사림파는 물론 훈구파 신료들도 대거 사사에 관련돼 있다는 것을 발견했다. (윤씨 폐비에 적극 나선 사람들, 소극적이었지만 그 시기에 고위직에 있었던 사람들, 단지 명을 받든 것에 불과한 사람들 모두가 표적이 됐다.)

1504년 연산군은 대표적인 신료들인 영의정 윤필상과 성준, 좌의정 이극균, 예조판서 이세좌, 홍귀달 등을 극형에 처했다. 당대의 권세가들이었던 이들이 연산군의 폭주에 맥없이 쓰러졌다. 살아 있는 신료들 뿐만 아니라 이미 죽은 신료들도 표적이 됐다. 계유정난의 설계자이자 세조의 오른팔이었던 한명회, 그리고 영의정 한치형과 정창손, 좌의정 어세겸, 찬성 이파 등은 무오사화 때의 김종직과 마찬가지로 부관참시를 당했다. 이들의 가족과 제자들도 모조리 처벌을 받았다. 사림파 가운데 피해를 입은 대표적인 인물들은 김굉필, 권주, 권달수, 이행 등이다. 권달수와 이행은 폐비윤씨를 복위시켜 왕비로 추숭하고 성종묘에 배사하는 것에 반대해 화를 입었다. 갑자사화는 규모 면에서 무오사화를 압도했다. 제한적으로 이뤄진 무오사화의 피해자가 총 52명이었다면, 갑자사화의 피해자는 무려 239명에 달했다. 이 가운데 극형을 당한 사람만 122명으로 전체의 절반을 넘었다. 훈구파 신료들이 상당수 희생됐음에도 갑자사화를 '사화'라고 부르는 것은 여전히 삼사의 피해가 가장 컸기 때문이다. 피해를 본 훈구파 신료들은 20명, 삼사의 관원들은 92명이었다. 그야말로 폭정과 향락에 빠져든 군왕이 신료들 전체를 대상으로 자행한 무차별적인 '학살극'이었다.

한편 갑자사화 때 시행된 처벌의 방식도 특기할 만하다. 일반적인 방식이 아닌 매우 참혹한 방식으로 시행됐기 때문이다. 당시 연산군이 행했던 처벌을 보면 '포락'(炮烙, 단근질하기), '착흉'(嫂胸, 가슴 빠개기), '촌참'(寸斬, 토막토막 자르기), '쇄골표풍'(碎骨瓢風, 뼈를 갈아 바람에 날리기), '파가저택'(破家瀦宅, 집을 파괴하고 그 터에 물을 대 연못 만들기) 등이 있었다. 당시 조선에는 '경국대전'이란 기본 법전이 있었고 형 집행을 할 땐 매우 엄격한 기준을 적용했었다. 하지만 연산군은 이를 완전히 무시했고 매우 야만적인 방법을 동원해 사람들을 함부로 죽였다. 추쇄도감을 통한 재산 몰수라는 경제적 처벌도 이뤄졌다. 몰수된 재산은 연산군이 탕진한 국고를 메우는 역할을 했다.

■ 중종반정

두 차례의 사화로 인해 표면적으로 연산군의 견제 세력은 사라졌다. 연산군은 권력을 독점했고 거침없는 광기를 계속 표출했다. 매일 연회를 열어 주색을 탐했으며 마음에 들지 않는 사람들을 죽였다. 이 같은 모습은 그가 폐위될 때까지 2년 반 가량 지속됐다. 특

히 궁궐 안으로 수많은 기생들을 불러들였는데 이들을 각각 흥청
(興淸), 계평(繼平), 속홍(續紅) 등으로 나눠 불렀다. 여기서 왕과 잠자
리를 가진 자는 천과흥청, 왕을 지근거리에서 모신 자는 지과흥청
이라고 했다. 이때 성균관은 연산군과 흥청들의 놀이터로 전락했
다. 연산군은 신료들에게는 홍준체찰사(紅駿體察使)란 칭호를 부여한
뒤 서울과 지방의 처첩 및 창기 등을 색출해 각 원에 나눠서 두게
했다.

　연산군은 종실 여인이나 사대부의 부인들도 갖은 수를 써가며 취
했다. 야사에 따르면 그는 성종의 친형이자 자신의 백부인 월산대
군의 부인 박씨를 겁탈한 것으로 전해진다. 이후 박씨는 수치심을
견디지 못해 자결했다고 한다. 진실 여부를 떠나 박씨 겁탈 이야기
는 연산군의 광기를 적나라하게 방증하는 것이다. 나라의 앞날을
걱정해 충언을 하는 사람들의 목숨은 남아나지 않았다. 특히 수많
은 왕을 모셨던 환관 '김처선'이 대놓고 간언 했을 때 연산군은 직접
그의 다리와 혀를 잘라 죽였다. 김처선의 양자인 이공신과 7촌까지
연좌시켜 처형했고 본관인 전의도 없애버렸다. 심지어 '처'(處) 자 사
용을 금하면서 처용무를 풍두무로 고치기도 했다. 또한 자신의 폭
정을 비난하는 한글 방서사건이 발생하자 연산군은 글을 아는 사
람들을 잡아들여 옥사를 벌였고 한글서적을 불사르는 '언문학대'(諺
文虐待)까지 자행했다. 이는 조선의 국문학 발전에 심대한 악영향을
미쳤다. 전대미문의 폭정으로 성종대에 나타났던 유교적 왕도정치
는 완전히 사라졌으며 백성들의 삶은 더욱 힘들어졌다.

도를 한참 넘어선 만큼 연산군에 대한 반감이 전방위적으로 분출할 수밖에 없었다. 이 즈음 조선에선 반란을 모색하는 세력이 한 둘이 아니었던 것으로 추정된다. 이 가운데 가장 기민하게 움직였던 사람은 '박원종'이다. 그는 연산군이 겁탈해 자결했다는 월산대군 부인 박씨의 친동생이었다. 과거 성종대에는 부승지에 올랐으며 연산군대에는 도총관을 역임하고 있었다. 나름 연산군의 총애를 받았던 그였지만, 더 이상 연산군의 폭정을 좌시할 수 없었다. 박원종은 단죄의 칼날을 빼들 것을 결심한 후 훈구파 계열인 재상 성희안, 유순정 등과 손잡고 세력을 규합해 나갔다. 훗날 중종 시대에 이들은 '삼대장'으로 불린다. (박원종 등은 당시 각지에서 반란 움직임이 감지되고 있었던 만큼, 자칫 선수를 빼앗기면 자신들도 연산군 측근으로 분류돼 죽임을 당할 수도 있을 것이라고 봤다. 그래서 더욱 적극적으로 움직였다.)

　이들은 마침내 거사일을 확정했고 차기 왕으로 자순대비 윤씨의 소생인 진성대군을 추대하기로 했다. 거사의 명분은 '반정', 잘못된 상태를 올바른 상태로 되돌린다는 것이었다. 연산군의 폭정 및 광기를 감안할 때 거사의 명분은 충분히 갖춰진 셈이었다. 박원종 등은 우선 삼정승에게 은밀히 거사 계획을 흘렸다. 영의정 유순과 우의정 김수동은 찬성했다. 연산군의 처남이자 진성대군의 장인이었던 좌의정 신수근은 "세자가 총명하니 참는 것이 좋겠다"라면서 찬성하지 않았다. 이에 박원종 등은 계획이 누설될 것을 염려해 거사를 앞당겼다. 1506년 9월 1일 밤. 군자감부정 신윤무, 군기시첨정 박영문, 전수원부사 장정 등과 일단의 군사들이 훈련원에 집결했다. 반정군은 먼저 차기 왕으로 추대할 진성대군을 호위하기 위해 그의 집으로 일부 병력을 보냈다. 야사에 따르면 자신의 집을 정체불명의 군사들이 에워싸는 것을 목격한 진성대군은 연산군이 보낸 군사들이라고 생각해 자결하려 했다. (사전에 반정군은 진성대군에게 거사 계획을 알리긴 했다.) 부인 신씨가 기지를 발휘했다. 그녀는 군사들의 말머리가 집을 향해 있으면 연산군이 보낸 것이겠지만, 말머리가 바깥을 향해 있으면 호위군일 것이라고 예측했다. 확인 결과 후자였다. 진성대군은 비로소 안심할 수 있었다.

다음으로 반정군은 '승명패'를 소지한 채 연산군의 최측근들인 임사홍, 김효선 등과 반정에 반대했던 좌의정 신수근, 신수영 형제를 찾아갔다. 승명패는 왕명을 전달하거나 수행하는 신료가 지닌 명패였다. 이것이 있으면 거사를 도모하기가 훨씬 수월했다. 반정군은 이들 앞에서 승명패를 내보이며 왕명을 빙자했고 임사홍, 신수근 등을 손쉽게 척살했다. 이후 반정군은 연산군이 있는 창덕궁으로 진격했다. 반정군이 진격하는 동안 백성들이 호응했으며 궁궐 안팎의 저항은 크지 않았던 것으로 전해진다. 궁궐을 무난하게 장악한 반정군은 자순대비를 찾아가 반정 소식을 알렸다. 그러면서 연산군을 폐위하고 차기 왕으로 진성대군을 추대한다는 교지를 내려줄 것을 청했다. 자순대비는 처음엔 사양하는 모습을 보였지만 계속된 간청에 이를 허락하는 비망기를 내렸다.

한편 반정을 접한 연산군은 별다른 저항을 하지 않고 순순히 운명을 받아들였다. 실록은 "폐주는 '내 죄가 중대하여 이렇게 될 줄 알았다. 좋을 대로 하라'고 하며 곧 시녀를 시켜 옥새를 내어다 주게 하였다. 폐주가 내전문으로 나와 땅에 엎드리면서 '내가 큰 죄를 지었는데도 특별히 임금의 은혜를 입어 죽지 않게 되었습니다'라고 하였다"고 전했다. 반정이 성공한 당일 진성대군은 19세의 나이로 근정전에서 즉위했다. 폐위된 연산군은 강화도 교동으로 유배를 간 뒤 1506년 11월에 병사했다. 반정이 일어난 지 2개월 밖에 안 된 시점이었다. 연산군은 '광해군'과 더불어 조선 시대의 몇 안 되는 폐주였다. 왕실의 족보인 '선원계보'(璿源系譜)에 묘호 및 능호 없이 일개 왕자의 신분으로만 기록됐다. 폭군의 말로는 실로 비참했고 세월의 흐름 속에서 지속적인 지탄의 대상이 됐다.

■ 개혁의 실패

중종반정 이후 반정 세력은 이른바 '공신' 세력이 돼 조정의 실권을 장악했다. 별다른 준비 없이 갑작스레 왕위에 오른 중종은 공신 세력에게 휘둘리기 일쑤였다. 공신 세력은 연산군 때의 여러 잘못들을 바로잡으려 노력했지만, 막강한 권력을 등에 업고 부패와 전횡도 일삼아 반정의 명분을 퇴색하게 만들기도 했다. 중종은 시간이 갈수록 이들에게서 벗어나 자신만의 색깔을 갖춘 개혁 정치를 하길 원했다. 이의 방편으로서 사림파의 명맥을 잇는 인물인 '조광조'를 등용했다. 중종 개혁 정치의 요체는 유교적 왕도정치 구현이었는데, 조광조의 도학 정치론이 이에 부합한다고 봤던 것이다.

중종의 후원을 받은 조광조는 각종 개혁 정책을 실시했다. 우선 언로를 확충하기 위해 대간의 위상을 강화했다. 향촌의 자치 규약인 '향약'(鄕約)을 실시해 백성을 유교적 윤리로 교화하려 했다. 또한 과거 제도를 대신해 천거 제도인 '현량과'를 도입, 인재 등용의 새로운 길을 열었다. 이러한 조치들은 결과적으로 사림들이 중앙 정계에 적극 진출하는 발판이 됐다. 이후 조광조는 국가적인 도교 제사를 주관하는 관청인 소격서를 혁파했고, 대간을 통해 공이 없으면서도 공신의 지위를 얻은 76명의 위훈을 삭제했다. 하지만 조광조의 과감하고 급진적인 개혁 정책들은 보수적인 훈구파의 극심한 반발을 불렀다. 연산군 이전부터 나타난 훈구파와 사림 세력 간의 갈등이 다시금 재연되는 모습이었다. 더 큰 문제는 중종의 우유부단한 성품에 있었다. 당초 개혁 정치를 목표로 했던 중종의 의지는 서서히 사그라졌다. 중심을 잡지 못하고 훈구파의 공세에 휘둘렸다. 나아가 조광조의 개혁 정책에 부담과 염증을 느끼기 시작했다.

조광조 및 사림 세력에게서 왕의 신임이 떨어져 나가고 있다는 것을 직감한 훈구파는 조광조 등이 국정을 농단하고 있다며 탄핵을 주장했다. 이런 가운데 조광조 및 사림 세력의 몰락에 결정적인 영향을 미치는 '주초위왕'(走肖爲王) 사건이 발생했다. 궁궐 후원에서 '주초위왕'이라는 글씨의 형태로 벌레가 갉아먹은 나뭇잎이 발견됐다. 여기서 '주초'란 조(趙)를 파자(破字)한 것으로 '조씨가 왕이 된다'는 것을 의미했다. 기실 이는 훈구파였던 남곤이 나뭇잎에 꿀로 글씨를 써서 공작한 일이었다. 이를 계기로 중종은 조광조를 비롯한 사림 세력을 대대적으로 숙청했다. 이것이 1519년에 일어난 '기묘사화'(己卯士禍)였다. 기묘사화 이후 조광조는 물론 중종의 개혁 정치는 완전히 실패로 돌아갔다. 무엇보다 우유부단한 용군이었던 중종이 스스로 이 같은 실패를 자초한 것이었다. 조정에는 다시 훈구권신들이 득세하게 됐다. 중종 말기부터 인종, 명종 등에 이르기까지 무수한 권신들 간의 권력 다툼이 벌어져 조선은 큰 혼란에 빠지게된다.

12
인조반정
병자호란 비극의 단초

실리를 버리고 명분만을 좇은 사대의 극치

삼전도의 치욕. 인조는 청나라 황제 앞에서 삼배구고두례를 하며 머리를 조아렸다.

김상헌(주전파) "명길은 삶과 죽음을 구분하지 못하고 삶을 죽음과 뒤섞어 삶을 욕되게 하는 자이옵니다."

최명길(주화파) "죽음은 견딜 수 없고 치욕은 견딜 수 있사옵니다. 전하, 만백성과 함께 죽음을 각오하지 마시옵소서."

김상헌 "한 나라의 군왕이 오랑캐에 맞서 떳떳한 죽음을 맞을지언정. 어찌 만백성이 보는 앞에서 치욕스러운 삶을 구걸하려 하시옵니까. 신은 차마 그런 임금은 받들 수도 지켜볼 수도 없으니. 지금 이 자리에서 신의 목을 베소서."

최명길 "무엇이 임금이옵니까. 오랑캐의 발밑을 기어서라도 내 나라 백성이 살아서 걸어 나갈 길을 열어줄 수 있는 자만이, 비로소 신하와 백성이 마음으로 따를 수 있는 임금이옵니다. 지금 신의 목을 먼저 베시고, 부디 전하께선 이 치욕을... 견뎌주소서."

-영화 '남한산성' 中

　　1636년 병자년에 발발한 '병자호란'(丙子胡亂)은 우리나라 역사에서 매우 치욕적인 사건 중의 하나로 꼽힌다. 그저 변방의 오랑캐로 여겨졌던 여진족이 세운 후금, 청나라에게 군사적으로 철저히 공략당한 것은 물론, 임금(인조)이 직접 삼전도에 나와 청 태종인 '홍타이지' 앞에서 머리를 조아리는 '삼배구고두례'(三拜九叩頭禮)를 했다. 이를 통해 임금(청나라)과 신하(조선)의 관계인 '군신' 맹약을 체결했다. 조선의 임금과 신료들은 치욕에 몸서리를 쳤고 백성들의 사기는 땅에 떨어졌다.

병자호란 비극의 단초는 13년 전으로 거슬러 올라간다. 1623년 서인 세력이 정변을 일으켜 당시 임금이었던 '광해군'을 쫓아내고, 그의 조카인 능양군 종을 왕으로 옹립한 '인조반정'(仁祖反正)이 발생했다. 서인들이 반정의 명분으로 내세운 것은 광해군의 '중립외교', 그리고 광해군이 어머니 인목대비를 폐위하고 영창대군을 죽인 '폐모살제'(廢母殺弟)였다. 특별히 당시로선 매우 파격적인 정책인 중립외교에 주목할 필요가 있다. 광해군은 요동치는 국제정세에 대해 깊은 통찰력을 갖고 있었고 이전과는 다른 외교 정책을 선보였다. 그동안 부모의 나라로 섬겼던 명나라가 기울고 새로이 후금이 부상하는 만큼, 이 두 나라 사이에서 중립을 지키며 실리를 추구하는 것이었다. 하지만 이는 유교적 세계관에 입각한 '대의명분'에 경도 돼 있었던 서인들에게는 있을 수 없는 일이었다.

냉철한 현실 인식을 기반으로 한 실리 추구를 저버리고 '친명배금'(親明排金, 명과 친하고 금을 배척한다)이라는 알량한 명분만을 내세우며 단행한 인조반정은 당시 조선 사회에 뿌리 깊게 박혀있던 '사대주의'의 극치를 보여주는 사건이었다. 이로 말미암아 추후 비극적인 상황이 초래되며 나라의 운명은 큰 위기에 빠져들고 말았다. 병자호란 비극의 단초인 '인조반정' 전말을 되돌아봤다.

■ 전후 복구와 중립외교

1608년에 즉위한 광해군 앞에 놓인 것은 도탄에 빠진 나라와 백성들이었다. 7년 가까이 지속된 '임진왜란'은 전국을 파괴했고 조선은 쉽사리 회복되지 못할 것처럼 보였다. 앞서 광해군은 아버지 '선조'와 함께 임진왜란을 몸소 겪으면서 전쟁으로 인한 참상을 뼈저리게 절감했다. 추후 자신이 나라와 백성을 위해 무엇을 해야 할 지도 깊이 새겼다. 왕이 된 광해군은 우선 임진왜란으로 파괴된 사고(史庫)를 정비했다. 군적 정비를 위한 '호패법'도 시행했다. 또한 토지의 실제 경작 상황을 파악해 탈세를 방지하고 국가 재원을 확보하기 위한 '양전' 사업을 시행했다.

현재까지도 광해군의 주된 업적으로 평가받는 것은 '대동법'(大同法)이다. 대동법은 백성들이 부담하는 공물을 실물 대신 미곡으로 통일해 납부하도록 한 근대적 개념의 세제다. 기존 공납은 지역 별로 배정된 품목을 직접 바쳤기 때문에 백성들의 부담이 상당했다. 해당 지역에서 생산되지 않는 특산품이 공물로 배정되는 '방납'(防納)의 폐단도 있었다. 이를 완화하기 위해 임진왜란 때 '대공수미법'(代貢收米法)이 시행됐다. 이 대공수미법을 보완, 확대한 게 바로 대동법이다. 대동법으로 인해 백성들의 부담과 방납의 폐단이 완화됐고 시전과 화폐경제도 발달했다.

내정 측면에서 큰 치적을 일군 광해군은 시야를 넓혀 국제정세를 살폈다. 당시 국제정세는 요동치고 있었다. 기존 중원의 지배자였던 명나라가 쇠퇴하고 신흥 강자로 '누르하치'의 후금이 부상하고 있었다. 명분과 의리를 중시하는 유교 국가 조선에선 명나라 편을 드는 게 당연한 것으로 여겨졌다. 그러나 광해군의 생각은 달랐다. 명나라와 후금(청나라) 간 전쟁의 결과가 불투명하기 때문에, 어느 한쪽의 편을 일방적으로 드는 게 옳지 못하다는 결론을 내렸다. 유연하게 중립을 취하며 조선의 실리를 추구한다는 복안이었다. 이에 명나라가 후금을 공격하기 위해 조선에 지원군을 요청했을 때, 광해군은 여러 핑계를 대며 지원군 파견을 지체했다. 명나라의 계속된 요구로 인해 마지못해 강홍립 장군이 지휘하는 1만 3000명의 지원군을 보냈지만, 광해군은 출병 전 은밀히 강홍립에게 명나라의 명령을 따르지 말고 독자적으로 움직일 것을 지시했다. 강홍립은 이 명령에 기반해 후금과의 교전을 회피하는 모습을 보였다. 적절한 시점에 이르러 후금과 휴전을 맺고 귀국했다. 결과적으로 광해군의 중립적인 실리 외교는 성공을 거뒀고 조선은 명나라와 후금의 전쟁에 말려들지 않을 수 있었다.

■ 위기감 고조, 폐모살제

광해군은 태생적 한계 및 왕위 계승과 관련한 나름의 콤플렉스를 갖고 있었다. 그는 장자가 아니었다. 정비 소생의 아들도 아닌 후궁 출신 공빈 김씨의 아들이었다. 원래 장자였던 임해군이 왕위에 올라야 했지만 난폭한 성격이 발목을 잡았다. 선조는 임진왜란으로 피난을 가면서 만약의 사태를 대비해 후사를 정하지 않을 수 없었다. 자의 반 타의 반으로, 주변의 평판이 좋은 광해군을 최종적으로 선택했다. (임진왜란 당시 광해군은 선조와 달리 백성들을 잘 보살펴 민심을 얻었다. 선조는 광해군의 높아진 인기를 질투하기도 했다.) 이에 따라 광해군은 태생적인 한계에도 불구하고 차기 대권에 안착한 것처럼 보였다.

그런데 선조와 중전인 인목대비 사이에서 뒤늦게 왕자가 출생했으니 이가 바로 '영창대군'이다. 선조는 늦둥이였던 영창대군을 매우 총애했고 신료들 앞에서도 이를 숨기지 않았다. 그러자 신료들 사이에선 후사와 관련해 선조의 정확한 의중이 무엇인지에 대한 엇갈린 해석들이 난무하기 시작했다. 이런 가운데 선조의 병이 급격히 악화됐다. 경황이 없어진 선조는 대신들의 건의를 받아들여 광해군에게 급히 선위 했다. 선위를 할 당시, 영창대군을 염두에 뒀던 영의정 유영경 등이 선조의 선위 교서를 감췄다가 발각되는 일도 있었다. 우여곡절들을 가까스로 넘긴 후 광해군은 조선의 제15대 왕으로 즉위할 수 있었다.

문제는 광해군이 즉위한 후에도 왕권에 위협으로 느낄 만한 움직임이 있었고, 위기감이 고조된 광해군과 (당시 집권 여당 격이었던) '대북파'가 이에 민감하게 반응했다는 것이다. 그러다 보니 대북파와 서인 등이 권력을 분점 했던 광해군 즉위 초의 화목한 모습은 사라졌고, 비극적인 결말로 치닫는 무리수들이 나오게 됐다. 우선 동생에게 왕위를 빼앗겼다고 생각한 친형 임해군이 분을 참지 못하고 지속적으로 광해군의 국정을 비판하고 다녔다. 보다 못한 대북파는 형제여도 왕법에 위배되는 짓을 하면 형벌을 가해야 한다는 '할은론'(割恩論)을 내세우며 임해군을 엄히 다스릴 것을 요구했다. 명나라에서 광해군이 임해군 대신 왕위를 물려받은 경위를 묻기 위해 조사단을 파견한 것도 임해군 처단 목소리에 힘을 실었다. 결국 임해군은 교동도에 유배를 갔다가 사약을 받고 죽었다.

광해군과 대북파의 위기감은 급기야 '폐모살제'마저 불렀다. 이들에게 매 순간 가장 큰 걸림돌로 여겨졌던 것은 잠재적 대권 주자인 영창대군의 존재였다. 사건은 1613년에 발생했다. 서자 출신 일곱 명의 도적질을 심문하던 과정에서 서인 박순의 서자 박응서가 "김제남과 몰래 통해 영창대군을 임금으로 삼으려 했다"라고 허위 자백했다. 이른바 '계축옥사'(癸丑獄事)의 서막이었다. 이로 인해 대북파는 영창대군을 지지하던 소북파를 완전히 몰아냈다. 눈엣가시였던 영창대군도 서인으로 강등시킨 후 강화도에 위리안치했다가 불에 태워 죽였다. 대북파는 광해군에게 인목대비도 폐위할 것을 주청 했다. 당연하게도 영창대군의 친모인 인목대비가 광해군과 대북파의 조치에 여과 없는 불만을 드러냈기 때문이다. 인목대비는 광해군에게도 어머니였기 때문에 광해군은 쉽사리 결정을 내리지 못했다. 끝내 후환이 두려웠던 광해군은 인목대비에게서 '대비'라는 존호를 지우는 등 모든 특권과 대우를 박탈한 뒤 서궁에 유폐시켰다.

■ 인조반정

당시 폐모살제에 대한 여론은 좋지 않았다. 조선은 '효'(孝)를 중시하는 유교 국가였기 때문이다. 유교적 세계관에 입각해 대의명분 등을 중시했던 서인들은 폐모살제는 물론 광해군의 중립외교도 크게 문제 삼고 있었다. 이에 서인들은 1620년부터 '반란'을 모의하게 된다. 추후 인조가 되는 능양군은 반란 모의 초기 단계부터 적극 참여한 것으로 전해진다. 서인들은 짧지 않은 준비 기간을 가진 끝에

1623년 3월 13일 새벽을 거사일로 확정했다. 그런데 거사에 함께 하기로 했던 일부 사람들의 밀고로 거사 계획이 사전에 알려지는 불상사가 발생했다. 다급해진 서인들은 관군에 의해 진압을 당하기 전에 거사일을 앞당겨 선수를 치기로 했다.

거사 당일. 반란군 총사령관인 김류를 비롯해 이중로, 신경진, 이 귀, 최명길 등이 각각 군사를 이끌고 홍제원에 집결했다. 이와 별도 로 능양군은 일부 반란군과 함께 먼저 궁궐로 직행했다. 홍제원에 집결했던 군사들도 신속히 능양군의 뒤를 따랐다. 반란군의 행보는 생각보다 순탄했다. 이들은 창의문을 가볍게 돌파한 후 창덕궁 앞 에 당도했다. 당시 훈련대장 이흥립 등이 창덕궁을 지키고 있었지 만 이들은 이미 반란군에게 포섭된 상태였다. 이흥립 등은 반란군 이 오자 기다렸다는 듯이 반란군에 가담했다. 이 덕분에 반란군은 궁궐 안으로 무난히 진입, 그곳을 완전히 장악할 수 있었다. 광해군 은 반란에 대한 첫 보고를 받았을 때, 그동안의 경험에 비춰 대수롭 지 않게 생각했다. 이에 신속한 대응을 하지 않는 실수를 범한 것으 로 알려졌다.

반란군은 서궁에 유폐됐던 인목대비를 찾아가 거사 소식을 알렸 다. 곧바로 인목대비를 복권시킨 후, 그의 권위를 빌려 광해군을 폐 위시키고 능양군을 왕위에 추대했다. 광해군은 반란군이 궁궐에 진 입할 무렵 궁궐 밖으로 달아났지만, 얼마 안 가 체포됐고 인목대비 앞으로 끌려와 무릎을 꿇게 됐다. 인목대비는 광해군을 격하게 책망했으며 반란군에게 그를 죽이라고 명했다. 그러나 반란군의 설득으로 광해군은 간신히 목숨을 부지했다. 대신 서인으로 강등된 후 유배 길에 올랐다. 광해군은 강화도와 제주도 등지에서 무려 18년 동안 유배 생활을 했다. 광해군을 따랐던 대북파도 대거 숙청됐다. 100여 명이 처형됐고 300여 명이 유배를 떠났으며 100명이 삭탈관직됐다.

■ 혹독한 후과

쿠데타로 집권한 인조 정권은 즉시 광해군의 중립외교 정책을 폐기했다. 이들은 친명배금 기조를 명확히 하며 후금에 적대적 태도를 취했다. 후금에서 보낸 사신을 내치고 국서를 찢어버리기도 했다. 추후 청나라(후금의 후신)에 간 조선의 사신들은 청나라 황제 앞에서 고개를 숙이지도 않았다고 한다. 당시 후금의 위세가 갈수록 높아지는 상황이었지만 인조 정권은 변화하는 국제정세를 전혀 아랑곳하지 않았다.

이러한 기조는 후금을 크게 자극했고 1627년 '정묘호란'이 발발했다. (정묘호란 때 후금은 폐위된 광해군의 복수를 하겠다는 명분을 내세우기도 했다.) 강력한 후금 군대는 파죽지세로 남하했다. 인조와 신료들은 강화도로, 소현세자는 전주로 급히 피난을 갔다. 이때 조선의 군사들은 나름 열심히 싸웠고 각지에서 들고일어난 의병들이 선전하며 후금군을 곤경에 빠뜨렸다. 후금군은 명나라와의 전쟁 때문에 조선에 오래 머무를 순 없었다. 이에 조선과 형제의 맹약을 맺은 후 철수했다. 그나마 이때까지는 조선이 후금과 동등한 관계이고 명나라와의 외교 관계도 유지할 수 있었기에 양호한 형편이었다. 하지만 9년이 지난 1636년 상황이 달라졌다. 후금은 국호를 '청'으로 바꾸고 조선에 명나라와의 외교 관계 단절과 '군신의 의'를 요구했다. 조선은 후금과 형제 관계를 맺은 것도 치욕적인데, 군신 관계로 전환하는 것은 결코 있을 수 없는 일이라며 반발했다. 그해 12월 맹장 '용골대'가 이끄는 청나라 10만 대군이 압록강을 넘어 조선을 전면적으로 침공했다. 용골대의 청나라군은 오로지 인조가 있는 한양만을 목표로 초고속으로 진격했고, 중간에 보이는 다른 성들은 모두 스쳐 지나갔다. 불필요한 전투를 최소화하고 심장부를 정밀 타격해 전쟁을 조기에 끝낸다는 계획이었다. 청나라군의 남하 속도는 과거 정묘호란 때보다도 훨씬 빨라 인조는 미처 강화도로 피난을 가지 못하고 '남한산성'에 발이 묶이게 됐다.

이 당시 남한산성을 방어하는 병사들은 고작 1만 3000여 명에 불과했다. 식량도 겨우 50여 일을 버틸 수 있는 수준에 그쳤다. 반면 청나라군은 충분한 준비를 한 상태로 호기롭게 남한산성을 포위하고 있었다. 더욱이 청나라 황제인 '홍타이지'가 친히 전장에 왔다. 이는 성문을 밖이 아닌 안에서 스스로 열게 만들려는 일종의 심리전 성격이 짙었다. 시간이 갈수록 추위와 배고픔 등으로 인해 성 안의 상황은 심각해졌다. 각 도의 관찰사들이 임금을 구원하기 위해 관군들을 이끌고 오기도 했지만, 목적지에 도달하기도 전에 홍이포 등으로 중무장한 청나라군에 의해 속절없이 무너졌다. 이렇게 되자

성 안에서는 오랑캐인 청나라와 끝까지 싸우자는 김상헌 등 '주전파'(主戰派)의 주장이 힘을 잃기 시작했다. 훗날을 도모하기 위해 일단 청나라와 화친을 하자는 최명길 등 '주화파'(主和派)의 주장에 힘이 실렸다. 인조는 고심 끝에 주화파의 주장을 채택했다. 이어 최명길이 작성한 국서를 통해 청나라 황제에게 화호를 청했다.

홍타이지는 결코 호락호락하지 않았다. 국서를 보낼 게 아니라 인조가 직접 자신 앞에 나와 머리를 조아리고 항복 선언을 하라고 요구했다. 강도 높은 요구에 당황한 인조와 신료들은 즉각 화답하지 않고 또다시 망설이면서 시간을 허비했다. 이런 가운데 봉림대군 등 일부 왕자들이 피난을 가있던 강화도가 청나라군에 의해 함락됐다는 소식이 전해졌다. 당초 조선은 청나라가 수군이 약해 강화도를 절대로 함락시키지 못할 것이라고 예상했다. 이 전망이 보기 좋게 빗나가자 큰 충격에 빠졌다. 인조로서는 더 이상 남한산성에서 버틸 여력이 없었다. 인조는 청나라에서 제시한 11개의 굴욕적인 항복 조문을 모두 수용했다. 그런 다음 1637년 1월 30일 소현세자와 함께 서문으로 출성해 한강 동편 삼전도에서 '성하의 맹'의 예를 행했다. 청나라 황제 앞에 선 인조는 '일고두'(一叩頭) '재고두'(再叩頭) '삼고두'(三叩頭)의 호령에 따라 양손을 땅에 댄 다음 이마가 땅에 닿을 듯 머리를 조아리는 행동을 3차례 했고, '기'(起)의 호령에 따라 일어섰다. 일설에 따르면 땅에 머리를 박은 인조의 이마가 피로 흥건했다고 전해진다. 역사상 유례를 찾아보기 힘든 매우 치욕적인 순간이었다.

청나라는 조선으로부터 받아낸 항복 조문에 의거해 소현세자를 비롯한 많은 조선인들을 볼모로 잡아가려 했다. 주전파는 물론 주화파까지 세자를 청나라로 보낼 수 없다며 반발했다. 인조도 난감해하고 있을 때, 소현세자가 나서서 다음과 같이 말했다. "일이 너무도 급박하다. 나에게는 종사를 받들 동생이 있고 아들도 있으니 내가 적에게 죽는다 하더라도 무슨 유감이 있겠는가? 내가 성에서 나가겠다는 뜻을 전하라." 소현세자와 봉림대군은 청 태조의 14번째 아들인 구왕과 함께 북방 길에 올랐다. 소현세자가 길을 나서기에 앞서 인조에게 절을 하자 모든 신료들이 대성통곡을 했다. 한 달이 채 안 되는 짧은 전쟁 이후, 조선은 명나라와 단절하고 청나라에 철저히 복속됐다. 돌아가는 현실을 냉정히 보지 못하고 '탁상공론'에 사로잡힌 대가는 너무도 혹독했다. 이때 맺어진 청나라와 조선의 군신 관계는 약 260년이 지난 1895년 '청일 전쟁' 때까지 지속된다.

13

정조 암살설

조선 통사의 서막

조선사 최고의 천재군주, 의문의 죽음 전말

정조대왕 어진. 조선사 최고의 천재군주였던 정조는 조선 후기 국가의 번영을
이끌었지만 석연치 않게 죽음을 맞이했다. 이후 조선은 퇴행의 길로 나아갔다.

"이날 유시(酉時)에 상(정조)이 창경궁의 영춘헌에서 승하하였는데 이 날 햇빛이 어른거리고 삼각산이 울었다. 앞서 양주와 장단 등 고을 에서 한창 잘 자라던 벼포기가 어느 날 갑자기 하얗게 죽어 노인들 이 그것을 보고 슬퍼하며 말하기를 '이것은 이른바 거상도(居喪稻)이 다' 하였는데, 얼마 안 되어 대상이 났다." 　　　　　 -정조실록 中

　1800년 6월 28일, 세종 이래 최고의 성군이자 개혁군주로 일컬어 졌던 '정조'가 병상에 누운 지 불과 보름 만에 세상을 떠났다. 조선 의 개혁이 절정으로 치닫던 상황에서 갑작스럽게 터진 '대상'(大喪) 이었다. 당시는 전 세계적으로 '근대화'의 추세가 뚜렷이 나타났던 매우 중요한 시점이었다. 이 역사적인 분기점에서, 조선은 개혁군 주 정조의 죽음으로 인해 더 이상 이에 부합해나가지 못했다. 되레 퇴행과 망국의 길로 나아갔다. 당대 및 후대의 사람들은 정조가 좀 더 오래 살지 못한 것에 대해 실로 원통해했다.

　이런 가운데 정조의 죽음을 둘러싼 의문은 지금까지도 역사학계 등에서 큰 논란거리로 남아있다. 바로 '정조 암살설'이다. 당시 행해 졌던 의료 처방 및 정국 구도에 기반해 암살 가능성은 광범위하게 유포됐다. 일각에서는 이를 기정사실로 받아들이기도 한다. 반면 다른 한편에서는 이의 가능성을 낮게 보며 몇 가지 근거를 기반으 로 반박하고 있다. (그 진위 여부는 차치하고) 이 같은 모습은 정조라는 보기 드물게 영민했던 군왕에 대한 아쉬움과 슬픔이 투영된 결과로 도 해석할 수 있다. 그만큼 우리나라 역사에서 정조의 개혁정치와 죽음 등이 갖는 역사적 무게감은 막중했던 것이다. 어려운 여건 속에서도 조선 후기 르네상스를 이끈 정조의 드라마틱했던 개혁정치와 의문의 죽음 등을 되돌아봤다.

■ 죄인의 아들

정조는 잘 알려진 대로 '사도세자'의 아들이다. 사도세자는 영조의 장자였지만 아버지와 사이가 좋지 않았다. 그는 정치적으로나 품성 측면에서 매우 보수적이었던 영조와 달리 상당히 자유분방한 성격을 갖고 있었다. 이에 갈수록 공부를 게을리했고 불경한 짓을 일삼았다. 그럴 때마다 영조는 사도세자를 심하게 꾸짖었다. 애정을 갖고 타이르는 게 아니라 엄격하고 과도한 질책만을 했다. 악순환의 연속이었다. 사도세자는 아버지에게 인정을 받지 못했다는 생각에 더욱 비뚤어졌다. 급기야 영조의 정치적 대척점에 서있는 언행을 하고 다녔고 무고한 사람들을 죽이기까지 했다. 혜경궁 홍 씨의 '한중록' 등에 따르면, 사도세자는 영조의 아킬레스건이었던 경종을 추종하는 소론 강경파의 입장에 동조하는 모습을 보였고 연쇄살인도 서슴지 않았다고 한다. 현대 의학은 사도세자의 이런 행각을 '조현병'(정신분열증)으로 진단했다. 위축감, 자괴감과 계속된 책망에 대한 반감이 어우러져 증세가 걷잡을 수 없이 악화됐다는 분석이다. 더욱이 사도세자의 정치적 반대파가 된 노론은 영조에게 사도세자를 끊임없이 모함하며 부자 사이를 이간질했다.

영조는 더 이상 참기가 힘들었다. 어렵게 낳아 애지중지한 자식

174

이었지만 이제는 살인마에 더해 반역까지 도모할 수 있는 예비 역적으로 보였다. 영조는 사도세자를 폐위해 서인으로 삼고 '뒤주' 속에 가뒀다. 나무로 만든 궤짝인 뒤주는 매우 비좁고 막막했다. 음식과 물이 전혀 공급되지 않아 사도세자는 매 순간 괴로워했고 비명을 질렀다. 아버지 영조에게 살려달라고 간청도 해봤지만 영조는 이를 철저히 외면했다. 정조는 이러한 모습을 눈물을 흘리며 지켜봤다. 결국 뒤주 속에 들어간 지 8일째 되던 날, 사도세자는 굶어 죽었다. 사도세자의 죽음으로 그 아들이자 세손인 정조의 미래도 불투명해졌다. 노론 벽파는 죄인의 아들이라는 이유로 정조를 세손에서 폐위할 것을 주청 했다. 추후 정조가 왕위에 오르면 사도세자의 죽음에 기여한 본인들이 온전치 못할 것이라는 두려움도 있었기에 더욱 적극적으로 폐위 목소리를 냈다. 반면 노론 시파는 정조를 지속적으로 지지했다. (노론은 사도세자에 대한 처분을 둘러싸고 찬반 측인 벽파와 시파로 분화됐다.)

최종 결정권자인 영조는 일찍이 정조의 총명함을 알아봤다. 사도세자와 달리 정조는 어릴 때부터 책을 가까이하고 배우기를 즐겨해 영조를 기쁘게 했다. 영조는 정조가 왕위를 이을 재목으로써 손색이 없다고 확신했다. 비록 아들인 사도세자는 버렸지만, 무슨 일이 있어도 손자만큼은 반드시 지킬 것이라고 다짐했다. 여담으로 영조가 사도세자를 굳이 뒤주에 가둬 죽인 것도 정조를 생각했기 때문이라는 분석이 나온다. 만약 사도세자를 처형으로 다스릴 경우 정조에게는 죄인의 자식이라는 명백한 낙인이 찍히게 된다. 이를 회피하기 위해 뒤주에 가둬 죽음을 유도하는 애매한 방식을 선택했다는 것이다. 그리고 영조는 정조에게 큰 힘을 실어주는 결정적 조치를 취했다. 정조를 사도세자의 이복형인 효장세자의 아들로 입적시켜 왕위를 이을 정통성을 확보해 줬다. 그럼에도 사도세자의 반대 세력이었던 노론 벽파가 조정의 실권을 장악하고 있었던 만큼 정조는 하루하루가 가시밭길의 연속이었다. 어머니인 혜경궁 홍 씨는 정조를 매사에 조심하게 했고, 정조 역시 사도세자의 아들이라는 내색을 전혀 하지 않는 등 조심스러운 모습을 보였다. 노론 벽파는 정조의 실수를 잡기 위해 은밀히 정조의 거처에 사람을 보내 감시하기도 했지만 모든 게 수포로 돌아갔다.

어느덧 영조가 나이가 들어 기력이 쇠하자 정조에게 '대리청정'을 시키려 했다. 예상대로 노론 벽파는 가열하게 반대했다. 대리청정은 곧 선위나 마찬가지였다. 정조가 대리청정을 하고 있을 때 고령의 영조가 사망하면 자신들이 그토록 우려했던 사도세자의 아들 즉위가 현실화되는 것이었다. 당시 노론 벽파의 핵심이었던 좌의정 홍인한의 말은 노론 벽파가 세손을 어떻게 생각했는지, 그리고 대리청정을 어느 정도로 반대했는지를 여실히 보여준다. "동궁(정조)은 노론·소론을 알 필요가 없으며, 이조판서·병조판서에 누가 좋을지도 알 필요가 없으며, 조정의 일은 더욱더 알 필요가 없습니다." 한마디로 정조를 차기 군왕이 아닌 그냥 생각 없는 어린아이 쯤으로 여겼다. 하지만 영조는 노론 벽파의 반대를 물리치고 세손의 대리청정을 관철하려 했다. 그 노력의 일환으로 영조는 정조에게 순감군도 수점 하도록 했다. 무력이 전혀 없던 정조에게 마침내 천금과 같은 군사가 생겼다. 또한 영조는 주변에 긴 칼을 찬 호위무사들을 대동하고 노론 벽파 신료들을 대놓고 압박했다. 정조의 대리청정은 실현될 수 있었다.

이즈음 정조에게 또 다른 호재가 발생했다. 행부사직 서명선이라는 사람이 영조 앞에 나아가 홍인한 등 노론 벽파 신료들이 정조를 폄하한 말을 상기시켰다. 문제가 된 것은 "조정의 일을 동궁이 알게 할 필요가 없다"와 신료들이 잘 보필하고 있으니 굳이 대리청정은 필요 없다는 취지인 "좌우(신료)는 걱정할 것이 없다"라는 말이었다. 서명선은 "신료들의 무엄하고 방자함이 매우 심하다"라고 목소리를 높였다. 영조는 서명선의 말에 크게 호응했다. 뒤이어 홍인한, 김상복 등 문제가 되는 노론 벽파 신료들을 문책했다. 영조가 죽기 직전에 행한 세손의 대리청정과 일부 노론 벽파 신료들에 대한 문책은 정조에게 큰 힘이 됐다. 이를 통해 정조는 1776년 25세의 나이에 왕위에 오를 수 있었다.

■ 신변의 위협

우여곡절 끝에 즉위한 정조의 일성은 "과인은 사도세자의 아들"이었다. 그동안 금기시됐던 사실을 정조는 첫 공개석상에서 과감히 고백한 것이다. 이는 정조의 국정 방향을 어느 정도 가늠할 수 있는 발언이기도 했다. 노론 벽파에게는 공포 그 자체로 다가왔다. 열흘 후 정조는 사도세자의 존호를 '장헌', 묘호를 '영우원', 사당은 '경모

궁'으로 높이는 숭모 사업을 개시했다. 아울러 홍인한, 정후겸, 김귀주 등 사도세자의 죽음에 관련돼 있거나 자신을 폄하한 일부 노론 벽파 신료들을 전격적으로 숙청했다.

이런 가운데 사상 초유의 사건이 발생했다. 일단의 자객들이 왕이 머물던 존현각을 습격한 것이다. 이들은 정조의 목숨을 노렸다. 다행히 오랜 기간 신변의 위협을 느껴왔던 정조가 그날 밤에도 잠을 자지 않고 밤새 책을 보고 있었기 때문에 목숨을 건질 수 있었다. 그런데 이 일을 사주한 사람이 사도세자의 죽음에 큰 영향을 미쳤던 노론 벽파의 핵심 인물 홍계희의 손자 홍상범이라는 사실이 밝혀졌다. 수사 과정에서 홍계희의 조카 홍술해의 아내가 무당의 주술을 이용해 정조를 살해하려 한 사실과 정조 살해 후 그의 이복동생인 은전군을 추대하려 했다는 음모도 밝혀졌다. 이 역모 사건에는 대왕대비인 '정순왕후'의 오빠 김귀주와 친밀했던 상궁과 환관들도 참여했다. 사실상 사도세자 및 정조와 대척점에 있었던 노론 벽파, 정순왕후의 어두운 그림자가 이 사건에 드리워져 있었던 것이다. 정순왕후는 영조가 늦은 나이에 간택한 왕비였다. 사도세자보다 10살이 어렸고 정조와도 나이 차이가 크게 나지 않았다. 영조가 죽자 정순왕후는 왕실의 가장 큰 어른인 대왕대비가 됐으며 노론 벽파의 구심점이 됐다. 정순왕후의 친부였던 김한구는 사도세자의 죽음에 결정적인 역할을 한 인물이기도 했다.

이처럼 정조는 힘들게 왕이 돼 의욕적으로 출발했지만, 목숨마저

위협을 받는 실로 '왕 같지 않은' 위태로운 처지에 놓여있었다. 조정
은 지난 수십 년 간 행정과 군권 등을 실효적으로 장악한 노론 벽파
의 손아귀에 있는 것이나 다름없었다. 이들은 마음만 먹으면 정조
를 폐위할 수 있는 힘을 갖고 있었다. 실제로 그런 상황이 오지 않
으리라는 보장도 없었다. 그러나 이런 암담한 상황 속에서 정조는
은밀하지만 치밀하게 '반전'을 모색하고 있었다.

■ 정조의 개혁 정치 ①

정조의 개혁 정치는 왕권 강화와 민생, 근대화를 지향하는 것이
었다. 그는 우선 세력 균형을 도모하는 '탕평책'(蕩平策)을 실시했다.
사실상 노론 벽파를 겨냥했다고 봐도 무방하다. 탕평책은 영조 시
대에도 있었지만 정조 시대의 탕평책은 좀 달랐다. 영조의 탕평은
각 당에서 온건한 인물들만을 중용한 '완론 탕평'이었다. 이에 인재
풀이 협소하고 사안의 시시비비가 잘 가려지지 않는 측면이 있었
다. 반면 정조의 탕평은 각 당의 정체성을 드러내는 인물들을 골고
루 중용, 적극적으로 토론하고 합의를 구하면서 사안의 잘잘못을
철저히 가리는 '준론 탕평'이었다. 이는 특정 성향의 인물들에 대한
선호가 없었던 만큼 다양한 인재들이 들어올 수 있었다. 특히 정조
는 준론 탕평을 통해 갑술환국 이후 중앙 정계에서 배제됐던 '남인'
에게 주목했다. 이때 '채제공'이라는 인물이 발탁돼 중요한 역할을
맡게 됐다. 노론 벽파 입장에선 '역당'이었던 남인이 재부상하는 게
못마땅했지만 당시 분위기 상 일단 관망하는 모습이었다.

정조의 준론 탕평으로 정국 구도는 이전에 비해 균형을 맞춰나가는 모양새였다. 과거에는 정조에 반대하는 세력인 '벽파'가 다수였지만, 이제는 정조를 지지하는 세력인 '시파'가 세를 불려 나갔다. 시파와 벽파는 특정 정파로 뚜렷이 구분할 수 있는 게 아니었다. 정조의 정책들에 대한 세부적 지지 여부에 따라 나눠졌던 만큼 노론은 물론 소론과 남인 내에서도 각각 존재했다. (대체로 노론에 벽파가 많았다.) 이런 상황에서 정조는 '신의 한 수'를 두기도 했다. 준론 탕평의 일환으로 삼정승에 노론 김치인, 소론 이성원, 남인 채제공을 임명하는 절묘한 인사 조치를 단행한 것이다. 노론 벽파 중심에서 벗어남에 따라 정국의 추는 정조에게 유리하게 기울었다. 즉위 초 매우 불리했던 정국은 조금씩 반전되고 있었다.

■ 정조의 개혁 정치 ②

정조는 즉위 직후 '규장각' 설치를 서두르기도 했다. 이는 조선시대 왕실 도서관이면서 학술 및 정책을 연구하는 관서였다. 정조는 이곳에 수많은 서적들을 보관했고 근신들을 배치해 국정과 학문을 논했다. 규장각 검서관에 파격적으로 이서구 등 서자들을 기용했으며, '초계문신'(抄啓文臣) 제도를 시행해 양질의 교육과 연구 과정을 거친 인재들을 양산했다. 초계문신은 37세 이하의 당하관 중에서 선발, 본래 직무를 면제하고 연구에 전념하게 하되 1개월에 2회의 구술 고사와 1회의 필답 고사로 성과를 평가했다. 정조가 친히 강론에 참여하거나 시험 채점을 하기도 했다. 여기서 배출된 대표적인 인물들은 '정약용', '이가환' 등이다. 정조가 규장각에 공을 들인 이유는 올바른 정치를 구현함과 더불어 왕권 강화를 목표로 했기 때문이다. 정조는 신진 정치 엘리트들을 육성한 뒤 이들을 중심으로 한 친위 세력을 구축하려는 복안을 갖고 있었다. 실제로 규장각은 승정원, 홍문관을 대신해 군왕의 통치를 보좌하는 기관으로 거듭났다.

정조는 '민생'을 돌보는데도 적극적이었다. 무엇보다 전국 각지에 역량 있는 암행어사들을 파견해 지방의 부정부패를 뿌리 뽑고자 했다. 수령들에게 지방의 급박한 사정들은 중간 과정을 생략하고 왕에게 직보 하도록 했다. 상업 진흥에 있어서는 육의전을 제외한 모든 시전의 전매 특권인 금난전권을 폐지하는 '신해통공'(辛亥通共)을 실시했다. 자유로운 상업 행위가 보장됨에 따라, 소상공인이 살아나고 물가가 안정되는 등 큰 성과가 나타났다. '신분 해방'을 통한 평등사회를 구현하려는 움직임도 있었다. 핵심은 '노비제 폐지'였다. 정조는 자기 상전을 피해 다른 지역으로 도망간 노비들을 찾아내 본 고장에 돌려보내는 '노비추쇄법'을 폐지했다. 나아가 노비들을 양역을 부담하는 '양인'으로 풀어주는 방안도 제시했다. 이는 노비들의 신역(노역), 신공(물품)의 부담을 경감시킴과 동시에 국가 재정을 확충하는 방안이었다. (노비일 때는 국가에 납세의 의무가 없지만 양인일 때는 의무가 생겨 국가 재정에 보탬이 된다.) 이에 기반해 1798년 보은현 일부 지역에서 노비들에 대한 해방 조치가 단행됐다. 추후 순조 때에는 일부 공노비를 제외한 6만 6000여 명의 내노비와 시노비가 모두 양인으로 해방됐다. 이 밖에 정조는 버려진 고아들을 국가가 책임지고 기르는 '자휼전칙'(字恤典則)을 제정하기도 했으며, 학문과 문화 과학 분야도 크게 진흥해 조선의 르네상스를 이끌었다. 이 같은 노력으로 당시 조선의 백성들은 왕의 덕을 칭송하며 활기차게 생업에 매진하는 분위기가 형성됐다.

■ 정조의 개혁 정치 ③

왕위에 오른 이후 어느 정도 기반을 닦은 정조는 아버지 사도세자의 추숭 작업을 본격화했다. 그는 1789년 7월 서울에 있던 사도세자의 묘를 지금의 수원 남쪽 화산으로 이장한 뒤 '현륭원'이라고 명명했다. 이때까지만 해도 노론 벽파와 여타 신료들은 그저 정조의 효심이 작용한 것이라고 봤다. 하지만 정조에게는 이를 통한 원대한 계획이 있었다. 바로 '화성 건설'이다. 정조는 화성을 개혁 정치의 본산으로 삼고, 기존 '판' 자체를 완전히 바꾸는 것을 모색했다. 일종의 승부수였다. 화성 건설에는 정조의 심복들이 총출동했다. 정약용이 설계하고 채제공이 총책임을 맡았다. 이때 노론 벽파는 적극 반대했지만 정조는 "여기에는 나의 깊은 뜻이 있다. 장차 내 뜻이 성취되는 날이 올 것이다"라며 화성 건설을 흔들림 없이 밀고 나갔다. 궁극적으로 정조는 화성을 국가의 새로운 수도로 만들 생각도 갖고 있었던 것으로 보인다. 수원 화성은 약 10년으로 전망됐던 공사 기간을 최대한 단축해 2년 6개월 만에 완공됐다.

이후 정조는 화성에 '십자로'를 만들고 도로 양편에 큰 상가를 조성했다. 당시 정조는 채제공에게 화성 인구의 증가 방안을 마련하라고 했는데, 채제공은 "길거리에 집들이 가득 들어차게 하는 방법은 전방(상가)을 따로 짓는 것보다 더 나은 수가 없다"라고 답했다. 정조는 이를 바탕으로 국가 경제시스템의 근본적인 변화를 꾀하려 했다. 그리고 화성 주변에서 자주 범람하던 진목천을 막아 '만석거'라는 저수지를 만들었다. 만석거는 쌀 만석을 생산해 백성들을 풍요롭게 먹고살게 하겠다는 의미와 황제만이 사용할 수 있는 '만(萬)' 자를 사용해 자주 국가를 천명하려는 의도가 있었다. 화성 북쪽의 황무지를 개간해 '대유둔'(또는 대유평)이라는 큰 국영농장도 조성했다. 대유둔 농토의 일부는 화성 주둔 군사들에게, 또 다른 일부는 농토가 없는 수원 백성들에게 나눠줬다. 모든 농사 자재는 둔소(화성 관리사무소)에서 제공했으며, 대유둔에서 얻은 수확의 60%는 개인이 나머지 40%는 화성유수부에 세금으로 내게 했다. 이러한 정책에 따른 효과는 절묘하게 나타났다. 활발한 농경 활동으로 생산량이 늘어 국가 재정에 보탬이 됐다. 여기서 나온 세금으로 화성 주둔 군사들의 월급을 제공하면서 백성들은 그동안 고통스러웠던 군포의 짐에서 벗어날 수 있었다. 정조는 대유둔의 사례를 전국 8도에 전파하려 했다. 결과적으로 그는 십자로를 통해서는 '상업혁명'의 모범을, 대유둔을 통해서는 '농업혁명'의 모범을 선보였던 셈이다.

화성에는 '장용영'이라는 군영도 설치됐다. 앞선 1785년 정조는 새로운 금위체제를 위해 장용위라는 군왕 호위 전담부대를 창설했다. 장용위의 총책은 장용영병방이라 했고 그 아래에 무과 출신의 정예 금군을 뒀다. 8년 후 정조는 장용위의 규모를 더욱 확대시켜 하나의 군영으로 만드니 이것이 바로 장용영이다. 장용영은 크게 내영과 외영으로 구분됐다. 내영은 도성을 중심으로, 외영은 수원 화성을 중심으로 이뤄졌다. 설치 목적이 왕권 강화에 있었던 만큼 편제도 중앙집권적인 오위 체제를 도입했다. 장용영은 사실상 노론 벽파의 군권에 대응하기 위한 수단이었다. 당초 노론 벽파의 군사적 기반인 수어청과 총융청 등에 밀렸지만 시간이 갈수록 이를 압도해 나갔다. (규장각이 정조를 위한 개혁적 문신을 양성하는 곳이었다면 장용영은 정조를 위한 개혁적 무신을 양성하는 곳이기도 했다.) 전세 역전을 직감한 정조는 장용영의 군사들을 동원해 노론 벽파가 보란 듯이 '무력시위'를 벌였다. 어느 날 정조는 '화성 능행'에서 대규모 군사훈련을 실시했는데, 이때 수많은 장용영의 군사들이 황금 갑옷을 입은 정조를 겹겹이 에워싸 호위했다. 노론 벽파 신료들은 이 장면을 매우 근심 어린 표정으로 지켜봤다. 반면 백성들은 왕의 능행을 즐겁게 뒤따르거나 꽹과리 등을 치면서 억울함을 호소하는 '상언격쟁'을 행했다. 정조는 이것을 적극적으로 받아줬다. 평소 그는 "소설을 읽는 것보다 백성들의 민원을 읽는 것이 훨씬 더 재미있다"라는 말을 남길 정도로 소통에 능했다. 정조는 재위 기간 중 총 13차례에 걸쳐 현륭원을 방문했다. 결국 이러한 능행은 단순 참배가 아니라 정조의 개혁 의지를 표방하는 정치적 성격이 짙은 이벤트였다.

■ 오회연교와 급서

화성 건설을 기점으로 정조와 노론 벽파의 희비는 엇갈렸다. 정조는 개혁 정치에 대한 강한 자신감을 갖게 됐다. 심지어 그는 노론 벽파 신료들 앞에서 왕의 학문적 우월성과 의리의 주인임을 자처하는 '군주도통론'(君主道統論)을 내세우기도 했다. 노론 벽파는 위축됐고 정조의 친위 쿠데타와 천도 가능성 등에 대해 실제적인 위협을 느꼈다. 이런 가운데 남인들도 본격적으로 움직이기 시작했다. 오랜 시간 숨죽이고 있던 영남 남인들은 기회가 왔다고 판단, 수많은 사람들이 연명해 상소를 올렸다. 이를 '영남 만인소'라고 한다. 상소의 주된 내용은 노론 벽파의 아킬레스건인 사도세자 문제였다. 남인들은 "노론 벽파는 각종 재주와 술수를 부려, 심지어 상소로 세자를 욕하는 자도 있었고 급서로 고자질하는 자도 있었습니다. 세자께서 수심에 차고 우울하면 이를 이야깃거리로 삼아 안팎에서 선동하고 교묘하게 참언하고 소문을 퍼뜨려 끝내 말할 수 없는 변고를 일으켰습니다"라고 밝혔다. 남인들은 영조 말기에 노론 벽파가 세손을 제거하려 한 사실도 거론했다. 이를 통해 노론 벽파를 곤경에 빠뜨리고 정조와 새로운 정치를 도모할 계획이었다.

상소를 접한 정조는 목이 메었다. 과거의 비극이 다시 떠올라 그를 옭아맸다. 이를 본 남인들은 사도세자 사건을 재조사해야 한다고 주청 했다. 노론 벽파는 다시 한번 충격을 받았고 정조의 의중을 유심히 살폈다. 그런데 정조는 놀라울 만큼 신중했다. 그는 "내가 영남에 바라는 것은 다른 도에 비할 바가 아니다. 나의 본뜻이 이와 같으니 너희들은 모름지기 나의 본뜻을 갖고 돌아가 영남 인사들에게 말해 주는 게 옳겠다"라고 말했다. 남인들의 뜻을 잘 알았고 본인 또한 비슷한 생각이니 일단 기다리라는 의미였다. 아직 노론 벽파가 강성하니 당장 사도세자 사건 재조사에 들어가는 것은 무리인 측면도 있었다. 비록 남인들의 집단행동이 정국 변화를 가져오진 못했지만, 정조와 남인이 유기적으로 연합해 노론 벽파에 대응하는 형세를 갖췄다. 노론 벽파는 점점 수세에 몰리는 입장이었다.

정조는 좀 더 인내하며 정국을 확 바꿀 수 있는 때를 노렸다. 그때가 바로 1800년에 찾아왔다. 확신에 찬 정조는 5월에 노론 벽파 신료들이 있는 자리에서 대놓고 '오회연교'(五晦筵敎)라는 초강수를 띄웠다. 이는 군신 의리 및 통치 원칙 등을 밝힌 것이다. 즉 사도세자의 억울한 죽음과 관련된 자들은 (처단하지는 않을 테니) 용서를 빌라는 경고와 더불어 향후 정약용, 이가환 등 남인들을 재상에 임명해 중히 쓰겠다는 말이었다. 사실상 노론 벽파에 대한 협박이자 백기 투항 권고였다. 실록에는 다음과 같이 나와 있다. "내가(정조가) 하려고 하는 정치를 도와줬으면 하는 것이 곧 나의 소망인데. 내가 이처럼 분명히 일러준 이상 앞으로는 더 이상 여러 말을 하지 않겠다...(중략)... 의리를 천명하든지, 자신의 잘못을 스스로 밝히든지 간에 오직 자기 한 몸에 매인 일이다. 이와 같이 한 뒤에도 또 보람이 없다면 나도 더 이상 어떻게 할 도리가 없다."

이제 노론 벽파는 완전히 코너에 몰렸다. 이들은 한자리에 모여 대응 방안을 고심했지만 쉽사리 답이 나오지 않았다. 그만큼 정국의 주도권은 정조에게 있었다. 지난 100년 간 조정의 실권을 장악했던 노론 벽파 정권이 마침내 무너질 것처럼 보였다. 그런데 누구도 예상하지 못했던 반전이 일어났다. 정조가 오회연교를 발표한 뒤 보름이 지나 병석에 몸져누웠고, 그 보름 뒤에 세상을 떠난 것이다. 이때 정조의 나이는 불과 49세였다. 실로 보기 드문 영민함과 불굴의 의지로 조선 후기 빛나는 개혁 정치를 이끌었던 정조는 끝내 뜻을 다 이루지 못하고 1800년 6월 28일 석연치 않게 역사의 뒤안길로 사라졌다.

■ 암살설 논란

정조의 죽음은 곧바로 격한 논란을 불러일으켰다. 왕의 암살설이 제기된 것이다. 이 주장은 정조와 뜻을 함께 했던 남인들을 중심으로 나왔다. 특히 정조 승하 2개월 뒤, 인동(현 경북 구미시) 지역의 남인 출신 거족 장현광의 후손 장현경과 친족인 장시경 3형제 등이 "임금이 죽었으니 의관이 의심스럽다"라며 처음으로 정조 암살설을 제기했다. 그들은 왕을 죽인 역적을 처단하겠다며 노비들을 동원해 관아를 습격했다. 하지만 관군에 의해 진압을 당했다. 다산 정약용도 정조의 죽음을 예사롭지 않게 여겼다. 그는 저서인 '여유당전서'에 다음과 같이 기술했다. "만나면 전해져 들리는 말들을 이야기했으니. 당시 '한 정승'이 역적 의원인 심인을 천거해서 독약을 올려 바치게 했건만, 우리들의 손으로 그 역적 놈을 제거할 수 없다면서 비분강개하여 눈물까지 흘리곤 했었다." 여기서 말하는 한 정승이란 바로 좌의정 '심환지'를 뜻하는 것이었다. 그는 노론 벽파의 영수였고 궁궐 주치의들이 모여있는 내의원의 총책임자(도제조)였다. 또한 정약용은 "고래(정조)가 해달(노론 벽파)에게 죽임을 당했다"라며 정조 암살을 노골적으로 암시하기도 했다. 이 밖에 창원, 의령, 하동 등 경상도 지역에서 왕의 암살설을 기반으로 백성들을 선동하는 익명의 글들이 잇따라 나붙어 조정을 곤혹스럽게 만들었다.

정조 암살설은 지금도 많은 사람들이 주장하고 있다. 암살설의 근거로 당시 정국 구도가 우선 거론된다. 화성 건설 등으로 정조의 개혁 정치가 절정에 이르고 오회연교까지 발표됨에 따라, 위기감을 느낀 노론 벽파가 선수를 쳐 왕을 암살했다는 것이다. 정조가 죽기 전 처방받았던 의료에 대한 의문도 제기된다. 정조는 사망하기 보름 전인 1800년 6월 14일부터 종기를 앓았는데, 그 원인은 해묵은 화병이었다. 수십 년 동안 면전에서 자신의 아버지를 죽인 원수들(노론 벽파)을 상대해야 했으니 그럴 법도 했다. 이때 정조가 처방을 받았던 의료는 수은 성분을 갖고 있는 경면주사를 태워 환부에 쐬는 '연훈방'이었다. 연훈방을 처방받은 직후 정조의 상태가 일시적으로 호전되는 듯했지만 처방 후 3일 째부터 그는 혼수상태에 빠졌다. 의식은 좀처럼 돌아오지 않았고 결국 정조는 숨을 거뒀다. 이에 연훈방 처방에 따른 수은 중독으로 정조가 사망했을 가능성이 제기됐다. 그러나 다른 한편에서는 수은 중독으로 인한 사망 가능성을 낮게 보고 있다. 대신 다른 문제점들을 제기하며 암살 가능성을 수면 위로 올렸다. 우선 초반에 종기를 째는 등의 적절한 치료 시기를 놓쳤다. 다음으로 연훈방 등을 짧은 시간에 과다 사용해 다량의 출혈을 유발했다. 또한 종기가 완전히 치료되지 않았음에도 역효과를 유발하는 보약인 '경옥고'를 복용하게 했다. 경옥고는 인삼에 생지

황과 복령 등이 들어간 한약재였다. 앞서 정조는 "체질상 과인은 인삼과 맞지 않다"라고 말한 적도 있었다. 종합해 보면 정조는 내의원의 잘못된 처방으로 죽음을 맞았는데, 내의원의 총책임자가 정조의 정적인 심환지였음을 감안할 때 이러한 잘못된 처방은 다분히 의도적이라는 것이다. (의학에도 정통했던 정조는 내의원 의관들을 의심해 본인이 직접 약을 처방하기도 했다.)

　의문점은 이뿐만이 아니다. 당시 종기 치료의 대가이자 정조가 무척 총애했던 중인 출신의 명의 '피재길'이 하필 정조가 위급한 시기에 부재했다. 상술했듯 6월 14일부터 정조에게 종기가 발생했는데, 피재길은 그즈음부터 22일까지 정조 곁에 있지 않았다. 노론 벽파가 그를 연수 목적으로 지방에 보낸 것으로 알려졌다. 만약 피재길이 뛰어난 의술을 발휘해 초기에 종기 치료를 했다면 정조는 허망하게 세상을 떠나지는 않았을 것이다. 뒤늦게 사태를 파악한 피재길이 급히 궁궐에 뛰어왔지만 이미 정조가 혼수상태에 빠진 뒤였다. 그리고 정조가 죽기 직전 그의 곁에는 정적인 정순왕후가 있었다. 그녀는 정조의 마지막 날에 직접 고농축 탕약인 '성향정기산'을 들고 침전에 찾아왔다. 그곳에서 의관 등 주변 사람들을 모두 나가게 한 뒤 누워있는 왕과 독대를 했다. 주변에는 사관도 없어서 무슨 일이 일어나는지 전혀 알 수가 없었다. 그런데 잠시 후 정순왕후가 울면서 뛰쳐나와 "전하가 승하하셨다"라고 외쳤다. 신료들은 놀라서 침전으로 뛰어들어갔다. 정조는 아직 숨이 붙어 있었고 무언가를 중얼거렸다. 그 말은 바로 '수정전'이었다. 수정전은 정순왕후가

189

거처하고 있던 장소였다. 이 말을 한 직후 정조는 숨을 거뒀다. 해석의 차이가 있을 수 있지만, 정조의 마지막 순간에 정적인 정순왕후가 있었고 정조의 마지막 말이 그녀를 나타내는 장소였다는 점은 충분히 의심스러운 대목으로 읽힌다.

정조 암살설을 반박하는 주장들도 있다. 정조 암살의 근거로 내세우는 사료들은 가설을 합리화하기 위해 왜곡 과장된 것이고, 몇 가지 근거들을 감안할 때 정조 암살의 가능성은 희박하다고 보고 있다. 해당 근거들을 살펴보면, 우선 노론 벽파와 사이가 좋지 않았던 혜경궁 홍 씨가 정조의 죽음을 확인한 뒤 별다른 문제를 제기하지 않았다. 가장 최근에 발견된 정조의 어찰을 보면, 기존에 알려진 것처럼 정조와 심환지가 정적 관계가 아닌 '밀월' 관계였음을 엿볼 수 있다. 또한 정순왕후가 사망하면서 노론 벽파가 몰락하고 안동 김 씨와 반남 박 씨 세력이 중심이 된 정조 계열 시파가 집권했을 때, 정조의 죽음과 관련된 문제 제기가 나오지 않았다는 점도 정조 암살설을 반박하는 근거가 되고 있다.

■ 퇴행하는 조선

정조의 죽음과 관련된 논란은 여전히 현재진행형이다. 암살설의 진위 여부와 관련해 무엇이 진실인지 섣불리 예단하기는 어렵다. 다만 이러한 암살설이 나오는 배경에 주목할 필요가 있다. 정조 암살설에는 정조라는 위대한 군왕의 죽음과 개혁 정치의 좌절 등에 대한 아쉬움이 투영돼 있다는 분석이 나온다. 정조가 조선의 군왕으로 존재하고 있을 때, 전 세계에는 '근대화'라는 거대한 물결이 일렁이고 있었다. 미국 독립혁명, 프랑스 대혁명, 영국 산업혁명 등이 대표적이다. 정조의 조선도 이 거대한 물결에서 예외가 아니었다. 정조의 헌신적인 노력으로 조선은 그 어느 때보다 근대적인 개혁 과정을 착실히 밟아나가고 있었고, 다시 한번 크게 웅비할 수 있는 절호의 기회를 맞았다.

그러나 정조의 죽음이라는 뜻밖의 불행으로 이 모든 움직임은 일순간 중단됐다. 정조 사후 조선은 정순왕후를 중심으로 한 보수적인 노론 벽파가 다시 권력을 휘어잡았다. 정조의 모든 개혁 정책들은 폐기됐고 정약용 등 정조의 최측근들은 쫓겨났다. 이후 안동김씨 등이 '병인갱화'(丙寅更和)로 권력을 잡은 후에는 극소수의 권세가를 중심으로 국가가 운영되는 '세도정치'가 행해졌다. 정조를 빼닮은 손자인 '효명세자'가 등장해 희망을 주기도 했지만 잠시 뿐이었다. 대체로 왕권은 약화돼 중심을 잡지 못했고 사회 도처에선 각종 폐단들이 횡행했다. 이처럼 역사적 흐름에 어긋나는 퇴행과 반동은 조선을 끝내 망국의 길로 나아가게 했다. 이 모든 조선 '통사'(痛史)는 정조의 의문의 죽음에서 비롯됐으며, "만약 정조가 10년만 더 살았다면 조선의 미래는 달라졌을 것"이라는 부질없는 한탄으로 귀결되게 한다. 이 같은 견해에 기반해 암살설은 정조 사후 200여 년이 지난 지금까지도 계속 거론되고 있고, 개혁군주 정조와 그가 꿈꿨던 세상을 조망하게 한다.

14

갑신정변

급진개화를 꿈꿨던
금수저 청년들의 3일 천하

최초의 근대적 개혁 운동 전말

갑신정변 주역들. (왼쪽부터) 박영효, 서광범, 서재필, 김옥균.

"그들의 실패는 우리에게 무척 애석한 일이다. 내 친구 중에 이 사건을 잘 아는 이가 있는데. 그는 어쩌다 조선의 최고 수재들이 일본인에게 이용당해서 그처럼 큰 잘못을 저질렀는지 참으로 애석하다고 했다. 어찌 일본인이 조선의 운명과 그들의 성공을 위해 노력을 다했겠는가. 우리가 만약 국가 발전의 기미를 보였다면 일본인들은 백방으로 방해할 것이 자명한데 어찌 그들을 원조했겠는가. 당시 일본은 청국의 위세를 꺾으려고 온갖 계략을 세우고 있었는데, 우리 청년 수재들은 일본의 신 풍조에 현혹되어 일본인들의 힘을 빌려 청국으로부터 벗어나려고만 했으니...(중략)... 젊은 혈기가 이들의 지혜를 눌렀다."

-박은식 '한국통사' 中

19세기말 열강들의 전방위적인 침탈로 조선의 국력이 점차 쇠퇴할 때, 자주적인 근대화를 지향하며 급진적인 개혁 노선을 천명하고 나선 일단의 젊은 청년들이 있었다. 바로 김옥균, 박영효, 홍영식, 서재필 등을 중심으로 한 '개화당'이다. 이들은 단순한 주장을 넘어 실제 현실에서 개혁을 달성하기 위해 극단적 방식의 정변까지 일으켰다. 역사는 이를 '갑신정변'(甲申政變)이라고 부른다. 갑신정변은 조선을 중세 봉건 국가에서 벗어나 '근대 국가'로 탈바꿈시키려 한 최초의 개혁 운동이었다. 여기서 표방했던 것들은 입헌군주제, 사대 관계 청산, 인민 평등, 조세 개혁 등 이전에는 찾아볼 수 없었던 파격 그 자체였다. 이는 훗날 우리나라 역사의 개화 운동과 민족 운동 등에도 큰 영향을 미치며 계승 발전됐다.

다만 충분한 준비가 되지 않은 채 성급하게 추진됐던 '위로부터의 개혁'은 명백한 한계도 노정하고 있었다. 개혁 실행 과정에서 외세를 개입시켰고 일반 백성들에 대한 고려도 거의 이뤄지지 않았다. 당시 조선의 백성들은 개화당의 급진적인 개혁 노선을 따라올 만한 의식과 여건이 성숙되지 못한 상태였다. 또한 개화당의 개혁에는 백성들이 정말로 원했던 '토지 개혁'이 담기지도 않았다. 이런 가운데 개화당이 숙적인 '일본'까지 끌어들이는 모양새를 취하면서 백성들 사이에선 큰 반감이 일어났다. 이후 전격적으로 청나라 군대마저 개입하면서 갑신정변과 개화당은 완전히 실패하게 된다. 원대한 꿈을 꿨지만 '3일 천하'로 끝난 금수저 청년들의 '갑신정변' 전말을 되돌아봤다.

■ 청의 내정간섭 심화

1882년 구식 군인들의 군료분쟁에서 촉발된 '임오군란'(壬午軍亂)은 고종의 아버지였던 '흥선대원군'과 수구적인 '위정척사파'의 재집권을 불러왔다. 이들은 민씨 외척 세력 척결 및 외세 배척 등을 표방하며 한 때 성공하는 듯했지만, 민씨 세력의 요청으로 급파된 청나라 군대에 의해 몰락했다. 구식 군인들에게 살해된 줄 알았던 중전 민씨는 충주에서 멀쩡하게 환궁했고, 청나라의 힘을 등에 업은 민씨 외척 세력이 다시 조정의 실권을 장악했다. 민비는 사실상 임오군란에서 죽다 살아난 만큼, 이때부터 과거에 잠시 표방했던 개혁 노선은 완전히 접고 오로지 신변의 안전만을 위해 청나라에 철저히 의존하는 모습을 보였다.

이에 조선의 각 분야에서 청나라의 내정 간섭이 노골화됐다. 우선 임오군란 진압 때 청나라 군대를 이끌었던 위안스카이와 오장경 등은 조선의 군권에 깊숙이 개입했다. 청나라의 실권자인 이홍장의 추천으로 한국 최초의 서양인 고문으로 부임한 '묄렌도르프'는 통리아문의 외무협판과 해관총세무사를 역임하며 외교권 및 해관까지 넘봤다. 조선과 청나라 간 통상조약인 '조청상민수륙무역장정'(朝淸商民水陸貿易章程)에 따라 상무총판(재정고문)으로 파견된 진수당은 사실상 조선의 재정권을 장악했다. 궁극적으로 청나라는 상민수륙무역장정 전문에서 언급한 대로 조선을 '속방화' 하려 했다. 상황이 이러함에도 고종은 무력했고 민씨 외척 세력은 자신들의 안위와 기득권을 지키는 데에만 급급했다. 그런데 저편에서 이를 매우 심각하게 목도하고 있던 한 세력이 있었다. 이들은 바로 김옥균, 박영효, 홍영식 등을 중심으로 한 '개화당'(급진개화파)이다.

■ 개혁정치와 좌절

개화당 중심인물들의 배경은 매우 화려했다. 수장인 김옥균은 명문가인 안동 김씨 집안 출신으로, 22세에 장원 급제를 했고 호조참판(현 기획재정부 차관), 외아문협판(현 외교통상부 장관) 등 주요 요직을 두루 거쳤다. 박영효는 조선의 제25대 임금인 철종의 사위로 한성부판윤(현 서울시장) 등을 역임했다. 홍영식은 영의정이었던 홍순목의 차남으로 정변 당시 우정총국 책임자였다. 서재필은 일본 육군학교를 졸업했고 조련국(임시사관학교) 사관장으로 활동했다. 이들은 당시 양반 사대부들이 모여 살고 있던 '북촌'에 거주했고 평균 연령은 고작 20대 후반에 불과했다. 요즘 말로 하면 전형적인 '금수저' 청년들이었다.

실학의 북학사상을 계승한 개화당이 지향하는 개혁은 '급진적'이었다. 일본의 메이지 유신을 본받아 서양의 과학기술과 함께 근대적인 사상 제도까지도 적극적으로 도입, 조선의 정치·사회를 근본적으로 개혁해야 한다는 '변법론'(變法論)을 주창했다. 이는 '동도서기'(東道西器)의 입장을 취했던 온건 개화파와 대비되는 것이었다. 온건 개화파는 청나라의 양무 운동(중체서용)을 본받아 점진적인 개혁, 즉 서양의 기술과 문물은 수용하되 법, 제도, 사상 등에 있어서는 전통적인 것을 지켜야 한다고 주창했다.

당초 고종은 개화당에게 적지 않은 호감을 갖고 있었다. 서구 열강과의 교류가 시작된 19세기 후반부터 고종은 새로운 인재 육성의 필요성을 느꼈다. 해외의 발전된 제도 문물 등에 대한 식견을 갖고 있는 젊은 신진 관료들을 중용해 크게 쓰려했다. 고종의 신임에 힘입어 개화당은 초반에 각종 개혁 정책을 의욕적으로 추진하려 했다. 대표적으로 신식 행정관서로서 '통리기무아문'(統理機務衙門) 설치, 일본국정시찰단(신사유람단) 및 영선사(병기학습 유학생사절단) 파견, 기무처 설치, 최초의 영어 학교인 동문학 설립, 최초의 근대 신문인 한성순보 창간, 근대 우편제도 창설 등이 있었다.

하지만 조선에 대한 내정간섭을 노골화하던 청나라는 개화당의 정책이 조선의 독립을 지향한다며 탄압하기 시작했다. 청나라와 밀착하고 있던 민씨 세력도 개화당의 개혁 정책에 눈살을 찌푸렸다. 더욱이 개혁 정책의 뒷받침이 될 만한 재정도 부족했다. 김옥균이 일본에서 자금을 빌려와 재정 문제를 해결하려 했지만, 이마저도 실패함에 따라 개화당의 입지는 회복 불가능할 정도로 축소됐다. 큰 정치적 위기가 엄습하면서 개화당은 초조해졌다. 이에 개화당은 정상적인 방법으로는 조선의 자주적인 근대화가 어렵다고 판단했다. 결국 '정변'이라는 비정상적인 방법을 통해, 청나라 및 민씨 세력을 몰아내고 근대화를 추진한다는 '과감하면서도 위험한' 생각을 갖게 됐다.

■ 갑신정변

개화당이 정변을 모색하기 시작한 것은 1883년 봄이었다. 개화당은 틈 날 때마다 김옥균을 중심으로 한자리에 모여 거사를 일으킬 기회를 엿보았다. 그러다가 1884년 5월 이후부터 기회가 엿보이기 시작했다. 당시 베트남에 대한 지배권을 둘러싸고 청나라와 프랑스 사이에 전쟁이 벌어졌다. 청나라는 서울에 주둔하고 있던 군대 일부를 빼내 베트남으로 보냈다. 아울러 본래 개화당에 적대적이었던 주조선 일본공사 다케조에가 태도를 바꿔 개화당의 정변을 지원하기로 약속했다. 일본군 150명을 빌려주기로 한 것이다. 이에 힘입어 개화당은 그해 12월 4일에 열릴 우정총국 개국 축하연을 거사일로 잡았다.

거사 당일 우정총국 축하연에는 개화당 인물들과 민씨 일족 및 고위 관료들, 주한외교사절 등이 참석했다. 개화당은 축하연에 온 민씨 일족 및 고위 관료들을 척살한 뒤 창덕궁으로 진격해 고종의 신병을 확보할 예정이었다. 축하연은 저녁 7시에 시작됐다. 얼마간 화기애애한 분위기가 지속됐다. 약 3시간가량 지났을 무렵, 갑자기 우정총국에서 불이 났다. 사전에 개화당에게 매수된 궁녀가 사제폭탄을 터뜨린 것으로 전해진다. 민씨 일족과 고위 관료들은 화들짝 놀라서 밖으로 뛰쳐나갔다. 외부에서 미리 매복해 있던 개화당 장사들이 기다렸다는 듯 모습을 드러냈고 순식간에 이들을 덮쳤다. 많은 사상자가 발생한 가운데 민비의 조카이자 김옥균의 정치적 라이벌이었던 민영익은 칼을 무려 33방이나 맞았다.

개화당은 아수라장이 된 우정총국을 뒤로하고 일본 공사관을 찾아가 군대 지원 여부를 다시 한번 확인했다. 확답을 받은 후 고종이 거처하는 창덕궁으로 향했다. 개화당은 잠들어있던 고종을 깨우면서 "변고가 발생했으니 서둘러 경우궁으로 자리를 피하라"라고 청했다. 경황이 없던 고종과 민비는 이들의 요청에 응했다. 창덕궁을 떠나 근처에 있던 경우궁으로 피신했다. 개화당은 경우궁 안팎에 40여 명의 병력을, 대문 쪽에 일본군 150여 명을 배치해 수비에 만전을 기했다. 개화당이 굳이 경우궁을 고종의 피신처로 선택한 이유는 넓은 창덕궁과 달리 비교적 협소한 장소여서 수비하기가 용이했기 때문이다.

이튿날 새벽 개화당은 조영하, 민영목, 민태호 등 군사 지휘권자들과 권력의 핵심 실세들을 어명으로 불러들여 척살했다. 이때 고종은 연거푸 "죽이지 마라"는 전교(傳敎)를 내렸지만, 개화당은 왕의 명을 전혀 듣지 않았다. 정변이 어느 정도 일단락된 후 개화당은 마라톤 회의를 진행했다. 그 결과 개화당 핵심 인물들이 정부 요직에 포진한 신 정부 명단(우의정 홍영식, 호조참판 김옥균, 좌우영사 박영효와 서재필, 서리독판교섭통상사무 서광범, 도승지 박영교)과 국가 제도를 전면적으로 바꾸는 '혁신정강 14개 조'가 왕의 전교 형식으로 공포됐다.

■46시간의 개혁

개화당이 공포한 혁신정강 중 대표적인 것은 다음과 같다. 1조 청나라에 끌려간 흥선대원군을 곧 돌아오게 하고 종래 청나라에 행하던 조공의 허례(虛禮)를 폐지해 사대 관계를 청산해야 한다. 개화당이 흥선대원군을 옹호한 것은 상당히 의외로 비쳤다. 얼핏 보면 흥선대원군은 개화당과 대척점에 서있는 수구적인 인물이었기 때문이다. 그럼에도 개화당은 왕의 아버지가 다른 나라에 볼모로 끌려가 있으면 조선을 자주적인 국가로 볼 수 없다고 판단해 혁신정강 첫머리에 넣었다.

2조 문벌을 폐지해 인민 평등의 권리를 세우고 능력에 따라 관리를 임명한다. 이는 10년 후 '갑오개혁'(甲午改革) 때 신분 제도 폐지에 큰 영향을 미쳤다. 3조 토지 수익에 매기는 조세에 관한 사항을 규정한 법률인 '지조법'(地租法)을 개혁, 관리의 부정을 막고 백성을 보호하며 국가의 재정을 넉넉히 해야 한다. 12조 모든 재정을 '호조'로 통할해 일원화한다. 참고로 김옥균은 다른 관직은 마다하고 굳이 '호조참판'을 맡았는데, 이는 국가의 돈줄을 쥐는 것이 효과적이라고 판단했기 때문이다. 끝으로 13조 대신과 참찬은 의정부에 모여 정령을 의결·반포하고, 14조 의정부와 6조 외의 모든 불필요한 기관은 없앤다. 이를 통해 개화당은 역사상 처음으로 '입헌군주제'를 주창했다. 군왕은 상징적으로 존재할 뿐 실질적인 통치는 내각에서 하겠다는 것이었다. 특별히 이 정강으로 말미암아 갑신정변은 우리나라 최초의 '근대적 정치개혁 운동'이라는 평가를 받는다.

다만 일반 백성들이 정말로 원했던 지주-소작제 문제 해결을 위한 '토지 개혁'은 정강에서 빠졌다. 기존의 지주전호제를 그대로 유지한 채, 세제개혁의 차원에서만 토지 문제를 거론하는데 그쳤다. 일부 한계에도 불구하고 개화당은 이전에는 볼 수 없었던 파격적인 모습들을 선보이며 목표로 하는 조선의 급진 개혁을 의욕적으로 밀어붙일 태세였다. 고종은 혁신정강으로 왕권을 잃을지도 모른다는 위기감을 느꼈지만, 개화당의 줄기찬 압박으로 인해 혁신정강을 마지못해 수용하는 듯했다. 하지만 개화당에게 허락된 시간은 많지 않았다. 고작 '46시간'에 불과했다.

■청군 개입, 개혁의 실패

갑신정변 직후 경우궁으로 옮겨졌던 민비는 곧 정변의 의도가 자신의 세력을 척결하는 데에 있다는 것을 직감했다. 이에 민비는 경우궁이 비좁다는 핑계를 대며 개화당에게 창덕궁으로의 환궁을 지속적으로 요구했다. 다른 한편으로는 청나라에서 은밀히 보낸 심상훈과 접촉하며 청나라 군대의 개입을 강력히 요청했다. 민비의 줄기찬 요구에도 불구하고 김옥균은 이를 계속 거절했다. 급기야 고종까지 나서서 창덕궁으로의 환궁을 요구했지만, 김옥균은 경우궁보다 조금 더 넓은 계동궁으로 거처를 옮겨줄 뿐이었다. 그럼에도 왕과 왕비의 요구가 빗발치자 김옥균은 일본 공사인 다케조에와 상의했다. 다케조에는 왕이 창덕궁으로 환궁해도 현재 일본이 보유한 병력으로 충분히 수비를 할 수 있을 것이라 장담했다. 이 말을 믿은 김옥균은 고종과 민비를 데리고 창덕궁으로 돌아갔다. 개화당은 창덕궁에 있는 병력까지 동원해 고종과 민비 주변을 3중(외위, 중위, 내위)으로 에워쌌다.

머지않아 우려했던 사태가 벌어졌다. 청나라 군대가 예상보다 빨리 개입하기 시작한 것이다. 12월 6일 오후 3시, 1500명의 청나라 군대가 두 부대로 나눠 진격했다. 이들은 창덕궁의 돈화문과 선인문으로 공격해 들어왔다. 이에 대응해 외위를 담당한 조선군 친군영 전후영병이 결사항전을 했지만 궁궐로 빠르게 진입하는 청나라 군대에 의해 무너졌다. 뒤이어 중위를 담당한 일본군이 대응해야 했지만 이들은 별안간 철수했다. 개화당으로선 그야말로 충격적인 배신이었다. 일본군은 현재 병력으로는 결코 이길 수 없다고 판단했다. 청나라와의 무력 충돌로 인한 외교 마찰 등에도 적지 않은 부담을 느꼈던 것으로 보인다. 남아있는 소수의 내위 역시 청나라 군대에 의해 속절없이 죽거나 도망쳤다.

　개화당의 정변과 개혁은 '3일 천하'로 허무하게 끝나고 말았다. 김옥균, 박영효, 서재필 등은 일본 공사관으로 피신했다가 21일 일본으로 망명했다. 국내에 남은 홍영식 · 박영교 등은 청나라 군대에 의해 살해됐다. 이 밖에 갑신정변에 연루된 수많은 개화당 관련 인물들이 살해됐고, 권력은 다시금 청나라를 등에 업은 민씨 세력에게 넘어갔다. 한편 갑신정변을 지켜본 백성들은 개화당의 개혁 정책은 아랑곳하지 않고 그들이 일본 군대를 끌어들여 왕과 왕비를 핍박했다고 여겼다. 분노한 백성들은 개화당을 '왜당'(倭黨)으로 규정했고 일본 공사관을 습격해 불태워버렸다. 이 직후 일본은 조선에 공사관 파괴 책임을 물었고, 이듬해 10만 원의 배상금과 일본 공사관 수축비를 부담하는 '한성조약'이 체결됐다. 나아가 일본은 청나라와 담판을 지어 앞으로 조선에 변란이 일어났을 경우 청나라처럼 군대를 파병할 수 있는 권한을 획득했다. 이것이 바로 '텐진조약'이다. 이는 약 10년 후 '동학농민혁명'(東學農民革命) 때 일본군 파병의 구실로 작용했다.

15

동학농민혁명

아래로부터 반봉건 · 반외세를 외치다

최초의 아래로부터의 혁명 전말

아래로부터 들고 일어난 '동학농민혁명'은 반봉건 · 반외세를 표방했다.

"수만이나 되는 비도(匪徒)가 40~50리에 걸쳐 길을 쟁탈하고. 산봉우리를 점거하여 성동추서(聲東趨西) 섬좌홀우(閃左忽右)하면서 깃발을 흔들고 북을 치고 죽음을 무릅쓰고 앞을 다투어 올라오니, 저들은 무슨 의리이고 무슨 담략인가. 그 정황을 말하고 생각하면 뼈가 떨리고 가슴이 서늘하다. 만약 병력이 전후좌우에서 방비하지 못해 병사들의 사기가 떨어졌다면 맹렬히 밀어붙이는 기세에 대가를 톡톡히 치러야 했을 것이고. 결국 그들을 막아낼 수 없었을지도 모른다."
                                    -관군 좌선봉장 이규태 증언 中

19세기말 이전까지 조선에서 발생했던 개혁이나 혁명은 지배층이 중심이 된 '위로부터의' 개혁, 혁명이 전부였다. 근대 사회에 접어들어 발생한 대표적인 개혁 운동인 갑신정변과 갑오개혁도 소수 지배층의 주도로 시행된 것이었다. 그러다 보니 사회 하층부에 있는 사람들의 소망(토지 개혁 등)을 충분히 담아내지 못하는 한계를 갖고 있었다.

그런데 외세의 침략과 내정의 문란 등으로 국가의 앞날이 불투명하던 1894년, 조선 역사에서 좀처럼 볼 수 없었던 새로운 성격을 띤 혁명이 발생했다. 바로 '동학농민혁명'(東學農民革命)이다. 동학농민혁명은 말 그대로 피지배층인 농민들이 중심이 돼 일어난 '반봉건'(反封建) 개혁운동이었다. 농민들은 그 당시 사회의 부조리가 무엇인지 정확히 인지하고 있었고, 이에 대한 개선 방안을 고스란히 '폐정개혁안'(弊政改革案)에 담아 시행하려 했다. 핵심은 전 근대 사회에서 불평등한 사회관계를 규정했던 신분제 폐지와 토지의 균등 분배였다. 여기서 동학농민혁명은 한발 더 나아갔다. 일본의 조선 침략에 맞서 분연히 들고일어나 '반외세'(反外勢) 민족운동을 지향했다. 무능한 민씨 정권이 일본에게 속수무책으로 당할 때, 대체제로써 농민군이 국권 회복을 위해 앞장서 싸웠던 셈이다.

다만 동학농민혁명은 한계도 내포하고 있었다. 무기 등 충분한 준비가 갖춰지지 않은 상태에서 강력한 일본군 및 관군과 맞선 것은 사실상 '자살 행위'나 다름없었다. 사회 개혁을 지향하면서도 구세력이었던 흥선대원군과 손을 잡는 모습도 보였다. 특히 농민군의 폐정개혁안에는 대원군의 '감국'(섭정)을 요구하는 부분이 있었다. 이는 농민군이 대원군의 영향력에 어느 정도 의지를 했고 대원군은 농민군을 이용해 다시 권력을 잡으려 했음을 시사한다. 농민군 내부에서 완전히 연대하지 못하는 모습도 나타났다. 전라도를 기반으로 하는 교단 조직인 남접 내 온건파(전봉준, 왕조 인정)와 강경파(김개남, 왕조 부정) 간의 노선 갈등, 그리고 남접과 충청도를 기반으로 하는 교단 조직인 북접 간의 대립이 발생했던 것이다. 이러한 한계들은 동학농민혁명이 실패로 귀결되는 결정적 원인으로 작용했다.

비록 동학농민혁명이 당대에는 실패했지만, 그들이 추구했던 가치는 이후의 역사에서 적지 않게 계승 발전됐다. 반봉건 노선의 핵심이었던 신분제 폐지는 갑오개혁 때 상당 부분 수용됐다. 항일로 대변되는 반외세 노선은 의병 투쟁과 무장 독립운동으로 이어졌다. 더욱이 피지배층이 지배층에 대항해 역사 발전의 '주체'(主體)로 등장했다는 점은 거국적 민족 운동인 '3.1 운동'으로 계승되기도 했다. 조선사 최초의 아래로부터의 혁명이었던 '동학농민혁명' 전말을 되돌아봤다.

■ 동학의 기원

'동학'은 1860년 4월 경주의 몰락양반 후손이자 서자였던 '최제우'에 의해 창시됐다. 동학은 서학처럼 하늘의 도(道)를 추구하지만, 동쪽에서 태어난 종교라는 의미를 갖고 있었다. 최제우는 전통적인 무속에서의 신병체험과 유사한 강신체험을 했다. 이 체험을 통해 '한울님'을 믿음의 대상으로 삼았고, 주변 사람들에게 도를 깨우치기 위해 성심껏 한울님을 모셔야 한다는 '시천주'(侍天主)를 설파했다. 시천주 사상은 동학의 3대 교조인 손병희 때 사람이 곧 하늘이라는 '인내천'(人乃天) 사상으로 재해석됐다. 동학사상은 한문책인 동경대전과 한글 가사체 책인 용담유사로 정립되기도 했다.

당시 조선의 농민들은 색다른 사상을 표방한 동학에 적지 않은 관심을 가졌다. 시간이 갈수록 동학에 가입하는 농민들은 기하급수적으로 늘어났다. 이에 동학은 각 지역의 교도들을 관리, 통솔할 책임자로서 '접주'(接主)들을 임명했다. 그 접주들이 관리하는 지역은 '접소'(接所)라고 불렀다. 교단 조직은 대표적으로 전라도의 남접과 충청도의 북접이 있었는데, 이 두 개의 조직은 상당한 차이가 있었다. 남접에는 가난한 하층 농민이 많았고 북접에는 경제적으로 여유가 있는 부민이 많았다. 남접은 사회 개혁에 대한 열망이 높아 조정과 외세에 적극적으로 대항하려는 성향을 띤 반면 북접은 사회 개혁에 비교적 소극적이었다.

동학의 세력이 커짐에 따라 가장 큰 위기감을 느낀 사람은 당시 조정의 실권자였던 흥선대원군이었다. 그는 동학 교조 최제우에게 '혹세무민'(惑世誣民)의 죄를 뒤집어씌워 처형했다. 사람들을 속여 정신을 홀리고 세상을 어지럽힌다는 게 이유였다. 하지만 동학의 기세는 좀처럼 꺾이지 않았고 되레 교도들의 숫자가 더욱 늘어났다. 자신감을 갖게 된 동학 교도들은 1892~1893년 조정에 최제우의 원통한 죽음을 풀어 달라는 '교조신원'(敎祖伸冤) 운동을 전개했다. 2대 교조였던 최시형이 주도했다. 또한 동학교도들의 자유로운 종교 활동을 인정해 달라고 요구하기도 했다. 동학 교도들은 전라도 삼례에서 관련 집회를 가졌지만 전라 감사의 거부로 실패했다. 이후 한양으로 대거 올라와 왕에게 복합상소를 올리기까지 했다.

조정은 처음엔 동학교도들에게 어느 정도 종교의 자유를 인정해 주는 체했다. 그러나 이는 기만책에 불과했다. 대원군에 이어 권력을 잡은 민씨 정권은 궁궐 앞에서 복합상소를 올린 사람들을 색출해 탄압하려 했다. 이에 분노한 3만여 명의 동학교도들이 충청북도 보은에 집결, 돌로 성을 쌓고 대규모 집회를 벌이며 결기를 다졌다. 이전까지 단순 종교적 구호를 외치는데 그쳤던 동학 교도들은 이 보은 집회 때 농민혁명의 성격을 띠었다. 국정을 보살피고 백성을 편안하게 하자는 '보국안민'(輔國安民), 일본 및 서양 세력을 배척하고 의를 떨치자는 '척왜양창의'(斥倭洋倡義) 등 정치적 구호를 외쳤다.

■ 탐관오리 탐학, 최초 봉기

동학농민혁명의 기운이 무르익을 시점에 조선의 상황은 매우 악화돼 있었다. 사회적으로 부패가 심화돼 국가 재정의 근간이었던 전세, 군포, 환곡 등 이른바 삼정(三政)의 문란이 나타났다. 돈이나 재물로 벼슬을 사고파는 '매관매직'(賣官賣職)도 성행했다. 일본에 배상금 지불 등의 명목으로 백성들에게 과도한 세금을 부과하기도 했다. 무능한 민씨 정권은 기울어가는 나라를 바로 세우려 하기는커녕 청나라와 밀착해 기득권 지키기에만 혈안이 돼 있었다. 이런 가운데 동학혁명을 촉발시키는 사건이 1894년 전라북도 고부에서 발생했다. 2년 전 부임한 고부군수 '조병갑'이라는 탐관오리가 전횡을 일삼아 그동안 쌓여왔던 농민들의 분노가 폭발했다. 당시 조병갑은 농민들을 무리하게 동원해 '만석보'(萬石洑)라는 저수지를 만들었고, 여기서 과도한 수세를 징수했다. 또한 자신의 부친을 기리는 송덕비 건립을 명분으로 삼아 지나친 세금을 부과했다. 여러 농민들에게 온갖 트집을 잡고 그들의 재산을 강탈하는 것도 서슴지 않았다.

농민들은 조병갑의 전횡을 더 이상 묵과할 수 없었다. 농민들은 당시 남접을 이끌었던 접주 '전봉준'을 앞세워 조병갑에게 세금을 낮춰 달라고 강력히 요구했다. 그러나 조병갑은 이 요구를 듣는 체도 하지 않았다. 이에 분개한 전봉준은 (주모자가 누군지 알 수 없도록) 원을 중심으로 참가자들의 이름을 적은 '사발통문'(沙鉢通文)을 만들면서 비로소 봉기를 모색하기 시작했다. 동지들과 함께 조병갑 제거와 군기창 점령, 전주영 함락 등을 담은 구체적인 행동 강령들까지 제정했다. 마침내 전봉준과 농민들은 1894년 2월 봉기해 고부 관아를 습격했다. 조병갑이 불법적으로 수탈했던 수세미 등을 빼앗아 농민들에게 반환했다. 최초 봉기가 성공한 후 전봉준 등은 일단 해산했다.

고부 봉기 소식을 접한 조정은 발칵 뒤집혔다. 즉시 진상조사를 한 결과, 전라감사 김문현의 보고 등을 기반으로 조병갑에게 잘못이 있었다는 것을 알게 됐다. 이에 조정은 조병갑을 파면했고 박원명이라는 사람을 새로운 고부군수로 임명했다. 농민들을 달래고 사태를 수습하기 위해 안핵사 이용태도 파견했다. 그런데 이용태는 사태 수습은커녕 오히려 사태를 악화시켰다. 그는 사태 수습을 명분으로 전봉준 등 동학교도들과 농민들을 탄압했던 것이다.

■1차 동학농민혁명, 반봉건

탄압에 대응해 전봉준과 손화중, 김개남 등은 1894년 4월 4000여 명의 농민군을 이끌고 무장현에 모여 '창의문'(무장동학포고문)을 발표했다. 창의문에는 세상을 구하고 백성을 편안히 하며 일본을 내쫓아 성도(聖道)를 밝힐 것 등을 나타내는 보국안민 및 외세 배격 등이 담겼다. 이를 위해 주변 지역의 농민들이 봉기에 적극적으로 참여해 줄 것을 요청했다. 드디어 '1차 동학농민혁명'의 깃발이 높이 올라간 것이다. 이후 전봉준은 백산(현재 전북 부안)에서 동도대장으로 추대됐고 손화중과 김개남은 전봉준을 보좌하는 총관령이 됐다. 이들을 중심으로 비로소 농민군이 제대로 된 진용을 갖췄다. 이때 백산에 모인 농민군은 무려 8000여 명이었다고 한다. 당시 한 사관은 이 광경을 "앉으면 죽산(농민군이 앉으면 손에 든 죽창만 보이고), 서면 백산(다 일어나면 흰 옷 입은 사람만 보인다)"이라고 묘사했다.

동학농민군의 첫 번째 목표는 부안 관아였다. 농민군은 이곳을 습격해 손쉽게 점령했다. 그러자 전라감사 김문현은 특수한 지역을 수비하기 위해 그 부근 장정을 뽑아 편제한 군사들인 별초군 및 보부상이 중심이 된 관군으로 하여금 농민군을 진압하도록 했다. 하지만 이들은 사기가 드높은 농민군의 상대가 되지 못했다. 황토현(현재 전북 정읍)에서 관군 등은 대패했다. 이 소식은 조정에 급히 전해졌다. 사태가 심상치 않음을 깨달은 민씨 정권은 무장인 홍계훈이 이끄는 장위영의 경군 800여 명을 전주성으로 파견했다. 이 군사들은 외국 교관에게 훈련을 받은 강한 군대로 알려져 있었다. 그러나 홍계훈의 경군이 전주성에 입성한 직후 사기가 저하된 탈영병들이 속출했다. 이에 홍계훈은 조정에 증원군을 보내줄 것을 요청했다. 황헌주가 이끄는 총제영의 중군이 추가로 파견됐다. 증원군 파견 소식에 고무된 홍계훈은 경군을 이끌고 전주성을 나와 농민군을 맹렬히 추격하기 시작했다. 추격 도중에 홍계훈은 황헌주의 중군과 합세했다. 마침내 장성 남쪽 황룡촌에서 조정의 중앙군과 농민군 간의 치열한 전투가 벌어졌다.

초반에는 비교적 우수한 전력을 가진 중앙군이 우세한 듯했지만, 농민군은 사력을 다해 반격했고 전세는 차츰 농민군 쪽으로 기울었다. 결국 중앙군은 농민군에 패배해 뿔뿔이 흩어졌다. 농민군은 여세를 몰아 홍계훈의 경군이 있었던 전주성으로 쳐들어갔다. 예상외로 강력한 농민군에 놀란 전주성 내 관군들은 더 이상 전주성을 사수하지 않고 급히 도망쳤다. 이로써 1894년 4월 27일 농민군은 피를 흘리지 않고 전주성에 입성할 수 있었다.

한편 농민군은 전주성을 점령하기 직전, 장성에서 전라감사 김학진에게 13개 조의 '폐정개혁안'을 제시하기도 했다. 여기에는 탐관오리의 가렴주구에 대한 철저한 징계와 개항 후 나타난 교역의 모순 제거 등이 담겼다. 당시 개항 후 침투해 온 외국 상인 등으로 인해 미곡의 국외 유출과 물가 폭등이 나타나 농민들은 큰 고통을 겪고 있었다. 이에 개혁안은 사회 변화를 바라는 농민들의 여망을 고스란히 반영했다. 다만 폐정개혁안에는 국태공(흥선대원군)의 국정 관여를 통한 민심 회복이라는 조항도 담겨있었다. 이는 농민군이 구 세력으로 여겨졌던 대원군과 손을 잡은 것으로서 본래 개혁을 지향했던 것과는 상당히 거리가 있는 모습이었다. 실제 대원군은 농민군 봉기 초기부터 이들과 접촉하며 자신의 권력 회복을 도모하려 했다. 농민군 내 온건파는 대원군의 영향력에 어느 정도 의지하려 했던 것으로 전해진다.

농민군이 전주성을 점령한 직후, 전주성 인근에선 이곳을 탈환하려는 관군과 사수하려는 농민군 사이에 치열한 전투가 벌어졌다. 이 전투에서 농민군은 선제공격을 했음에도 수백 명의 사상자를 내며 패전에 가까운 큰 피해를 입었다. 이런 가운데 다급해진 민씨 정권의 요청으로 파병된 청나라 군대가 아산만에 상륙했다. '텐진조약'으로 동등한 파병권을 획득한 일본군도 제물포에 상륙했다. 민씨 정권은 자신들의 권력 유지를 위해 서슴없이 외세를 끌어들이며 상황을 악화시켰다.

농민군은 전주성 인근 전투에서의 패배로 기세가 한풀 꺾였다. 또한 청나라와 일본 군대의 조선 주둔에 빌미를 제공하는 것에 깊은 우려를 갖고 있었다. 이런 상황에서 조정은 홍계훈을 앞세워 "탐관오리들을 벌할 테니 농민군들은 고향으로 돌아가 본업에 종사하라"라고 종용했다. 전봉준 등은 고심 끝에 24개 조 폐정개혁안을 제시했고, 이를 조정에서 받아들이면 해산할 것이라고 답했다. 24개 조 폐정개혁안은 앞서 제시된 폐정개혁안보다 구체화된 것으로 농민들의 봉기 이유를 자세히 설명해주고 있다. 정치적으로는 탐관오리 숙청, 매관매직 청산 등 정치기강 문란의 시정을 주장했다. 경제적으로는 전세·군포·환곡 등 삼정의 문란 시정과 개항 후 발생한 외국 상인 및 독점 상인들의 횡포를 금할 것을 주장했다.

폐정개혁안을 조정에서 받아들임으로써 1894년 5월 7일 이른바 '전주화약'이 성립, 농민군은 전주성에서 철수 해산했다. 전주화약 후 조정과 농민들은 전라도 지역의 개혁 사무를 관장할 자치 기구로 '집강소'(執綱所)를 설치했다. 뒤이어 농민군이 제시한 폐정개혁안 시행에 착수했다. 집강소를 통한 폐정개혁은 이전의 폐정개혁들이 수정 보완돼 12개 조로 재정립됐다. 주요 내용들로는 노비 문서를 불태우고 칠반천인(七班賤人)의 대우 개선, 청춘과부 개가 허용, 토지의 평균 분작, 일본과 간통하는 자 엄징 등이 있었다. 이는 토지 개혁 등이 담겼다는 점에서 갑신정변 때 제시된 혁신정강보다 훨씬 진일보한 것으로 평가된다.

■ 2차 동학농민혁명, 반외세

농민군이 제시한 폐정개혁은 순조롭게 시행되지 못했다. 엄연히 기존 질서를 뒤흔드는 파격적인 반봉건 개혁안이 담긴 만큼 조정에선 이를 탐탁지 않게 여겼다. 이에 당초 농민군과 했던 약속들을 제대로 지키지 않으려 했다. 더욱이 당시 국내 정세가 심상치 않게 돌아가고 있었다. 톈진조약에 근거해 조선에 파병된 일본군이 본국으로 돌아가지 않고 조선의 내정에 노골적으로 간섭하려는 움직임을 보였다. 급기야 일본군이 무력을 동원해 경복궁을 점령하고 고종과 민비를 유폐시킨 '경복궁 쿠데타'가 발생했다.

분노한 김개남이 중심이 된 농민군 내 강경파들은 1894년 8월 말 남원에서 재봉기를 결의했다. 초반에 신중한 태도를 보였던 전봉준도 9월 초 삼례에서 재봉기 했다. 이때 집강소를 통해 모여든 농민군은 수만 명에 이르렀다. 반외세, 항일로 대변되는 2차 동학농민혁명의 깃발이 높이 올라갔다. 2차 혁명 때는 참여 세력들이 1차

혁명 때에 비해 눈에 띄게 불어났다. 1차 혁명의 경우 전봉준이 이끄는 전라도의 남접만 참여했는데, 2차 혁명 때는 최시형이 이끄는 충청도의 북접도 참여했다. 당초 북접은 남접을 '사문난적'(斯文亂賊)이라고 부르며 경멸했고, 사회 개혁보단 종교 활동의 자유를 획득하는 데에만 관심을 갖고 있었다. 그런데 항일이라는 더 큰 대의 앞에 남접과 북접이 한데 뭉친 것이다.

남·북접의 농민군은 논산에서 합세한 뒤 곧바로 관군의 근거지인 공주로 북상하려 했다. 이때 조정은 농민군의 대의에 동조하기는커녕 일본군과 연합해 농민군을 무력으로 진압한다는 참담한 결정을 내렸다. 민씨 정권은 외세와 협력하는 한이 있더라도 농민군이 표방하는 반봉건의 싹을 잘라버리려 했다. 농민군 대 일본군·관군 연합군은 11월 목천 세성산에서 첫 교전을 벌였다. 이 전투에서 북접 지도자 중 한 명이었던 김복명이 전사했고 농민군은 맥없이 무너졌다. 이후 일본군 및 관군은 농민군보다 먼저 공주로 진입했다. 농민군이 공격해 올 것으로 예상되는 우금치와 이인, 효포 지역 등에 진을 치고 대비 태세에 들어갔다. 농민군이 논산과 노성을 거쳐 공주로 들어오는 길은 두 갈래가 있었다. 하나는 경천으로 해서 판치를 넘어 효포, 웅치 지역을 경유하는 것이었고, 다른 하나는 이인을 거쳐 우금치로 가는 것이었다. 농민군은 노성에서 두 부대로 나눠졌다. 전봉준이 이끄는 부대는 판치, 효포, 웅치를 통해 공주의 동쪽을 공격하고 나머지 부대는 이인으로 진격해 공주의 남쪽을 공격하기로 했다.

첫 전투는 이인 지역에서 벌어졌다. 여기서 농민군은 일본군 및 관군과 치열한 전투를 벌인 끝에 승리했다. 그러나 효포 지역 공략은 관군의 반격으로 좌절됐다. 한동안 공주를 사이에 두고 농민군 대 일본군 및 관군이 대치하는 형국에 들어갔다. 이후 농민군은 웅치 지역에 대한 공격에 나섰다가 일본군의 반격에 당해 공주 남쪽으로 퇴각했다. 농민군의 사기가 저하될 즈음 전주 지역에 주둔하고 있던 김개남의 농민군이 합세했다. 농민군은 다시금 전열을 재정비한 뒤 판치 방면 공략에 나서 관군을 물리치는 데 성공했다. 관군은 일본군이 주둔하고 있던 우금치로 퇴각했다. 농민군은 여세를 몰아 우금치로 진격, 일본군 및 관군과 조선의 운명을 건 일대 '혈전'을 벌였다. 우금치 전투는 일주일 동안 무려 50여 회에 걸쳐 치러졌다. 농민군은 일본군 및 관군에 비해 빈약하기 짝이 없는 무기들을 가졌지만 그야말로 사력을 다해 싸웠다. 반외세와 반봉건이라는 명확한 대의명분이 있었기에 이들은 어려운 여건 속에서도 좀처럼 물러서지 않았다.

하지만 일본군의 근대식 무기 앞에 농민군은 점차 한계를 드러냈다. 일본군의 강력한 기관총은 수많은 농민군을 마치 '학살'하다시피 했으며 농민군의 시체는 산처럼 쌓였다. 마지막 몸부림으로 전봉준은 관군에게 "함께 힘을 모아 일본군에 맞서 싸우자"라고 간절히 호소했다. 그렇지만 전혀 소용이 없었다. 우금치 전투에서 처참하게 패배한 농민군은 논산 방면으로 퇴각했다. 우금치 전투에 참전한 농민군 외에 다른 농민군이 공주 감영을 배후에서 치기 위해

봉황산을 공격했지만, 이 역시 역부족이었고 수많은 사상자를 낸 채 퇴각했다. 청주로 북상했던 김개남의 농민군도 일본군 및 관군의 공격을 받아 전주를 거쳐 태인 방면으로 퇴각했다. 손병희가 이끄는 북접 주력부대는 본거지인 충주에서 일본군 및 관군의 공격을 받은 후 완전히 해산됐다. 이때 농민군을 공격한 것은 비단 일본군 및 관군만이 아니었다. 농민군의 사회 개혁을 두려워했던 양반층으로 구성된 '민보군'도 각지에서 농민군을 잔혹하게 공격했다. 결국 모든 농민군은 재기 불능의 궤멸 상태에 빠지고 말았다.

한편 동학농민혁명을 최일선에서 주도했던 전봉준은 순창에서 은밀히 재기를 모색했다. 그러나 과거 자신의 부하였던 김경천의 밀고로 인해 12월 관군에 체포됐다. 전봉준은 이듬해 4월 손화중, 김덕명 등과 함께 형장의 이슬로 사라졌다. 또 다른 녹두장군이었던 김개남도 옛 친구인 임병찬의 밀고로 체포돼 처형됐다. 1894년 2월 고부 봉기를 시작으로 1년 여 간 지속됐던 동학농민혁명은 비참하게 막을 내렸다.

■ 계승, 발전

비록 외세의 개입 등으로 조선사 최초의 아래로부터의 혁명은 실패로 끝났지만, 이들이 추구했던 반봉건 반외세의 가치는 이후 역사에서 계승 발전됐다. 무엇보다 폐정개혁안에 담긴 신분제 폐지 요구는 갑오개혁 때 상당 부분 수용됐다. 문벌제도, 반상 차별, 죄인 연좌법 폐지와 조혼 금지 및 과부의 개가 허용 등이 이뤄진 것이다. 이에 따라 지난 수백 년 간 이어져 온 대표적인 봉건적 관습들이 공식적으로 폐기됐다.

동학농민혁명은 항일 의병 투쟁의 근간이 됐다. 1895년 일본 낭인들에 의해 민비가 시해되고 단발령이 내려지자, 동학농민혁명에 참여한 세력들이 중심이 돼 우리나라 최초의 대규모 항일 의병인 을미의병(乙未義兵)이 일어났다. 뒤이어 일본의 국권 침탈에 대항하며 을사의병(乙巳義兵), 정미의병(丁未義兵) 등이 연이어 일어났고 '항일 무장독립운동'으로 발전했다. 동학농민혁명의 역사적 성격은 1919년 발생한 '3.1 운동'으로 계승되기도 했다. 피지배층이 지배층에 대항해 역사 발전의 '주체'로 등장하는 계기를 마련했다는 점에서, 동학농민혁명과 3.1 운동은 상당한 연계성을 지니고 있다. 이는 우리나라 역사발전 과정에 있어 매우 중요한 부분으로 평가를 받는다.

4

고난과 좌절

"... 이상적이라 할 만큼 건강하던 황제가 식혜를 마신지 30분도
안 되어 심한 경련을 일으키며 죽어갔다."

−고종 암살설 中

16

을미사변

조선의 왕비가 일본 낭인에 도륙되다

작전명 '여우 사냥', 민비 시해 전말

민비 시해. 일본 낭인들은 한 나라의 왕비를 야만적인 방식으로 살해했다.

"특히 무리들은 안으로 깊숙이 들어가 왕비를 끌어내어 두세 군데 칼로 상처를 입혔다. 나아가 왕비를 발가벗긴 후 국부(음부) 검사를 하였다. (웃을 일이다. 또한 노할 일이다.) 그러고는 마지막으로 기름을 부어 소실시키는 등 차마 이를 글로 옮기기조차 어렵도다. 이외에 궁 내부 대신을 참혹한 방법으로 살해했다."　　　–에조 보고서 中

조선이 열강들의 침탈로 그 운명이 경각에 달려있을 때, 조선의 궁궐 한복판에서 매우 비극적인 사건이 발생했다. 조선의 왕비였던 '민비'(대한제국 선포 후 명성황후 추존)가 일본 낭인들에 의해 처참하게 도륙된 것이다. 표면적으로 한 나라의 국모로 여겨지는 사람이 이러한 방식으로 죽음을 맞이한 것은 세계 역사상 그 유례를 찾아보기 힘들다.

기실 민비는 비판을 받을 여지가 많은 인물이었다. 조선말 최익현의 상소를 계기로 흥선대원군이 실각하고 민비가 권력을 잡은 이후, 조선에는 다시금 망국적인 외척 세도 정치 및 국정농단이 부활했다. 중앙과 지방의 요직은 민비의 친인척들이나 측근들이 차지했고 이들로 인해 부패와 사치, 매관매직 등이 성행했다. 무당인 '진령군' 등의 사례에서도 볼 수 있듯, 민비의 부패와 사치도 대단했다. 이에 시간이 갈수록 조선의 국고 탕진은 가속화됐다. 더욱이 권력 유지에 집착한 민비는 외세를 끌어들여 자국 백성들(동학농민들)에 대한 학살을 사주하기까지 했다. 도저히 긍정적으로 평가할 수 없는 인물이었던 셈이다.

다만 문제가 많은 인물임에도 불구하고 '을미사변'(乙未事變)에 분노를 금할 수 없는 이유가 있다. 외세, 그것도 이웃 나라 일본이 불법적이고 극악무도한 방법을 동원해 우리나라 땅에서 우리나라 왕비가 되는 사람을 살해했기 때문이다. 지금껏 일본은 이 사건과 관련해 단 한 번도 사과를 하지 않았다. 단죄를 받아야 할 인물이라도 마땅히 우리 손으로 단죄를 했어야 정상이며, 한 인물에 대한 평가와 역사적 사실에 대한 평가는 구분할 필요가 있다. 이 사건은 당시 조선의 국력이 얼마나 보잘것없었는지, 이에 따라 어떠한 비극이 초래될 수 있는 지를 적나라하게 보여주는 사례였다. 작전명 '여우 사냥'으로 불린 민비 시해 사건, '을미사변' 전말을 되돌아봤다.

■ 친러파 득세, 日 위기감

1895년 청일 전쟁에서 승리한 일본은 의기양양해졌다. 민씨 정권과 결탁해 조선의 종주권을 주장하며 세를 떨치던 청나라를 군사적으로 굴복시킨 후 '시모노세키 조약'을 체결, 요동반도와 대만 등을 할양받은 것에 이어 조선에서의 확고한 우위를 확보했기 때문이다. 이에 앞서 1년 전 일본은 이른바 '경복궁 쿠데타'를 통해 조선 조정에 친일 내각을 세웠고, 1·2차 갑오개혁을 배후에서 조종하며 조선에 대한 정치 경제적 침투를 강화했다. 이제 라이벌이었던 청나라마저 몰아내면서 일본은 본격적으로 조선에 마수를 뻗칠 것처럼 보였다.

하지만 일본 앞에 새로운 강적이 등장했다. 바로 극동아시아로의 남하 정책을 추진하고 있던 '러시아'였다. 러시아는 일본이 요동 반도를 점령하며 극동아시아의 강자로 부상하는 것을 크게 우려했 다. 이에 러시아는 유럽의 독일, 프랑스를 끌어들여 일본을 압박하 는 '삼국 간섭'을 단행했다. 삼국 간섭의 핵심은 일본이 요동반도를 청나라에 되돌려 주라는 것이었다. 일본에게 있어 이것은 대단히 굴욕적인 요구였다. 청일 전쟁에서 어렵게 승리를 거둬 쟁취한 성 과물을 아무 조건 없이 내놓으라는 것이었기 때문이다. 요동반도를 되돌려주게 되면 조선에 대한 일본의 영향력이 축소됨은 물론 한반 도의 주도권이 러시아에게 넘어갈 가능성이 높았다.

그럼에도 일본은 삼국 간섭을 수용했다. 굴욕적이지만 러시아와 더불어 독일, 프랑스라는 초강대국들을 한꺼번에 적으로 돌릴 수는 없었다. 일본은 요동반도를 청나라에 반환했다. 한창 잘 나가던 일 본의 기세는 제대로 꺾였다. 한편 고종과 민비는 이 같은 국제 정세 를 주의 깊게 목도하고 있었다. 그동안 청나라를 등에 업고 권력을 유지했던 민비는 이의 대체제로서 일본도 가볍게 굴복시키는 강국, '러시아'라는 더욱 든든한 뒷배를 발견한 셈이었다.

고종과 민비는 러시아를 끌어들여 일본을 배격하는 '인아거일책' (引俄拒日策)을 추진했다. 특히 3차 갑오개혁 때 이완용, 이범진, 민 영환 등 친러 · 친미 성향의 정동파를 중용했다. 1 · 2차 갑오개혁을 주도한 박영효, 어윤중, 김가진 등 친일파 관료들은 제거해 나갔다. 또한 고종은 일본군 장교가 맡고 있던 훈련대 대신 다이 장군 등 미국 군사 교관들에게 훈련받은 군인들인 '시위대'가 궁궐 호위를 담당하도록 했다. (이 당시 조선의 중앙군은 시위대와 훈련대로 양분된 상태였다.) 조정에서 친러파 등이 득세하고 러시아의 영향력이 증대되면서 일본은 초조해지기 시작했다. 이대로 가면 1876년 강화도 조약 이후 큰 공을 들였던 조선 침탈이 완전히 좌절될 수 있다는 위기감이 팽배했다. 그러자 일본은 세계 역사에서 유례를 찾아보기 힘든 매우 극악무도한 반전을 모색하게 된다.

■ 여우사냥 모의

일본은 친러파 득세 및 친일파 몰락이라는 조정의 세력 구도를 좌지우지하는 '원흉'으로 민비를 지목했다. 나아가 민비가 없어져야 다시금 자신들의 영향력이 강화될 수 있을 것이라 판단했다. 이에 일본은 민비 제거 작전을 구체적으로 모의했다. 작전명은 '여우사냥'. 한 나라의 왕비를 서슴없이 동물에 비유한 것이다.

표면적으로 이 작전을 주도한 인물은 1895년 9월 새로운 일본 공사로 부임한 '미우라 고로'와 전임자인 '이노우에 가오루'였다. 미우라 고로는 일본 육군 중장 출신으로 암살 전문가로 여겨졌다. 이노우에 가오루는 문관 출신이자 일본 정계의 거물이었다. 이노우에 가오루가 미우라 고로를 일본 공사로 적극 추천했고, 두 사람은 만나자마자 일본 공사관에서 민비 제거를 위한 밀실 모의를 시작했다. 그런데 한 나라의 왕비를 제거하는데 고작 이 두 사람만이 모의, 실행했을 리는 없었다. 이노우에 가오루는 당시 일본의 수상 격이었던 '이토 히로부미'에게 재가를 받은 것으로 알려졌다. 일왕도 이를 인지하고 승인했을 것으로 추정된다.

민비 제거 작전의 핵심은 일본이 주도적으로 시행하지만, 마치 '그렇지 않은 것처럼' 보이게 만드는 것이었다. 고심 끝에 미우라 등은 민비의 오랜 정적이었던 흥선대원군과 조선인 훈련대를 끌어들였다. 이들에게 책임을 덮어 씌우기 위해서였다. 일본은 우선 훈련대 1 대대장 우범선과 2 대대장 이두황, 전 군부협판 이주회 등을 포섭했다. 작전이 시행되면 훈련대는 일본 공사관이 좌지우지하게 될 것이었다. 일본은 흥선대원군도 찾아가 민비 제거에 협조해 줄 것을 요청했다. 환심을 사기 위해 그를 '국태공(國太公) 전하'라고 높여 불렀고, 대원군 세력 중용 등을 명분으로 내걸었다. 대원군은 일본의 제안에 주저하는 반응을 보인 것으로 전해진다. 고령이었지만 정무 감각이 뛰어났던 대원군은 일본의 의도가 무엇인지 직감했던 것으로 보인다. 그럼에도 대원군은 일단 협조하는 듯한 모양새를 취했다.

책임 전가용 포섭과 더불어 미우라는 한성신보 사장인 아다치 겐조에게 상당한 자금을 쥐어줬다. 자금의 용도는 칼을 능숙하게 다루는 일본인 낭인들 동원이었다. 다방면으로 수소문한 결과, 동원된 낭인은 총 48명이었다. 이들 중 절반 이상이 일본 극우의 성지라고 불리는 구마모토시 출신들이었다. 이 낭인들의 면면을 좀 더 자세히 들여다보면 단순한 낭인들이 아니었다. 이 중에는 일본 최고 대학인 동경대 출신, 기자 출신, 심지어 훗날 일본 내각의 요직에 임명되는 엘리트들이 다수 포함돼 있었다. 어느 정도 준비가 완료된 일본은 최종적으로 작전 시행일을 10월 10일 새벽으로 정했다. 한편 미우라는 작전 시행 전, 조선 조정에서 눈치채지 못하도록 위장 전술을 구사하는 치밀함도 보였다. 그는 며칠 동안 밖에 나가지 않고 공사관 안에서 불경을 외는 듯한 모습만을 보이며 주변의 경계심을 대폭 완화시켰다.

■ 을미사변

치밀하게 작전을 준비하고 있던 일본에게 뜻밖의 걸림돌이 발생했다. 민비 주도로 훈련대의 무장 해제 및 해산 조치가 시행될 것이라는 소식이 전해진 것이다. 상술했듯 훈련대는 일본인 교관이 훈련을 담당하고 있었고, 훈련대 대대장들은 민비 제거 작전에 일정 부분 협조하기로 한 상태였다. 만약 훈련대 해산이 현실화된다면 작전은 무산될 가능성이 높았다. 시간에 쫓기게 된 일본은 이틀을 앞당겨 작전을 시행하기로 결정했다. 이에 1895년 10월 8일에 을미사변이 일어나게 된다.

당일 새벽 3시, 일본 낭인들은 흥선대원군이 머물고 있는 아소정으로 갔다. 그곳에서 잠자고 있던 대원군을 억지로 깨워 가마에 태운 뒤 신속히 경복궁으로 향했다. (대원군과 관련해 일각에선 다음과 같은 설도 존재한다. 이날 대원군이 빨리 나타나 이른 시간에 작전이 시행될 예정이었지만, 일본의 의도를 직감한 대원군이 일부러 늑장을 부리는 바람에 작전 시간이 상당히 지연됐다는 것이다.) 훈련대와 수비대도 경복궁으로 진격했다. 이때 훈련대 대대장들은 일본에 포섭된 상태였지만, 대부분의 훈련대 병사들은 그저 야간 훈련이 실시되는 것으로만 알고 있었다. 이들은 대원군보다 먼저 광화문 앞에 도착해 그 주변을 에워쌌다. 미우라는 적지 않은 일본군도 동원해 포위했다. 새벽 5시. 마침내 대원군이 탄 가마가 광화문 앞에 도착하자 일본 낭인들과 훈련대, 일본군은 광화문의 빗장을 열고 안으로 밀고 들어갔다.

사전에 일본 낭인들은 민비가 편전인 북쪽 '건청궁'에 있다는 정보를 입수했다. 일본 낭인들과 일본군이 건청궁으로 맹렬히 돌진하던 중, 훈련대연대장 홍계훈 부령과 군부대신 안경수 등이 이끄는 조선군 시위대와 교전이 벌어졌다. 이 과정에서 시위대 병사 10여 명과 홍계훈 부령이 전사했다. 이후 숙직 중이던 다이 장군과 시위대장 현흥택 부령의 지휘 하에 또 다른 조선군 시위대가 급히 소집됐다. 이들도 강력히 저항했지만, 작정하고 들어오는 일본 낭인들과 일본군을 막기엔 역부족이었다. 시위대는 머지않아 무너졌고 현흥택 부령은 생포됐다. 그는 일본 낭인들에게 온갖 수모를 겪으며 민비의 소재를 추궁당했지만 끝까지 입을 열지 않았다. 끝으로 다이 장군으로부터 훈련을 받은 시위대 제1대대장 이학균 참령이 연무공원에서 일본 낭인들을 공격하려다 제압당했다.

모든 저항을 물리친 일본 낭인들은 드디어 건청궁에 진입했다. 이들은 궁녀들을 겁박하며 민비가 어디에 있는 지를 집요하게 캐물었다. 궁녀들은 겁에 질려 그저 비명을 지를 뿐이었다. 심지어 낭인들은 고종의 침소에도 무단으로 침입, 사전에 준비한 왕비 폐출조서(廢黜詔書)를 들이밀며 왕에게 서명하라고 겁박하기도 했다. 고종이 이를 계속 거부하자 그의 어깨와 팔을 붙잡고 끌고 다녔다. 낭인들을 제지하려는 왕세자에겐 서슴없이 칼을 휘둘렀다. 일개 타국 낭인들의 극악무도한 행위에 의해 휘둘는 한 나라의 군왕과 조정은 철저하게 유린당했다.

일본 낭인들은 건청궁 동쪽 곤녕합에서 민비를 발견했다. 일본 낭인들이 어떻게 민비를 찾아냈는지와 관련해 여러 설들이 존재한다. (민비가 초상화 및 사진 찍기를 싫어했기 때문에 그녀의 얼굴은 널리 알려지지 않았었다. 일본 낭인들도 민비의 얼굴을 제대로 알지 못하는 상황이었다.) 우선 궁내부대신 이경직이 흥분하며 민비 앞을 가로막자 자연스럽게 일본 낭인들이 민비를 찾게 됐다는 설이 있다. 일본인 무수리 한 명이 민비의 정체를 알려줬다는 설도 있다. 가장 결정적인 설은 일본 낭인들이 아이를 낳은 민비와 그렇지 않은 궁녀들의 옷을 모두 벗긴 후, 가슴 및 음부를 일일이 대조해 가며 민비를 찾아냈다는 것이다. 이는 당시 일본 낭인들 중 한 명이었던 에조가 일본 정부에 올린 보고서에 나오는 내용이다.

민비를 찾아낸 일본 낭인들은 제대로 된 설명이 어려울 정도로 그녀를 처참하게 능욕하고 난도질했다. 드라마와 달리 살려 달라고 애원하는 민비에게 일본 낭인 여러 명이 달려들어 칼을 휘두르고 짓밟았다. 심지어 겁탈하기도 했던 것으로 전해진다. 살해한 후에는 칼자국 등의 증거를 없애기 위해 민비의 시신을 토막 냈고, 건청궁 동쪽 녹원 숲 속에서 불태워버렸다. 일본 공사 미우라는 민비가 시해당한 직후 건청궁으로 들어와 시신을 최종적으로 확인했다. 이로써 천인공노할 작전명 '여우사냥', 을미사변은 일본 입장에서 매우 성공적으로 마무리됐다.

■ 사건 왜곡, 은폐

일본은 사건을 왜곡하고 은폐하는데 만전을 기했다. 을미사변과 관련해 일본이 내세운 최초의 공식적인 입장은 다음과 같다. 이는 흥선대원군과 조선인 훈련대가 자행한 쿠데타이며, 고종의 요청에 의해 일본군이 파견돼 쿠데타를 진압했고 민비 시해는 전혀 알지 못한다는 것이다. 그러면서 일본은 친러파를 몰아내고 친일 성향의 제4차 김홍집 내각을 출범시켰다. 이를 배후에서 조종하며 민비 폐위조칙도 발표하게 했다. 하지만 사건 현장에 있었던 다이 장군의 증언 등으로 민비 시해가 일본에 의해 저질러졌다는 사실이 알려지게 됐다. 이에 러시아와 미국 등은 분노했다. 군사들을 동원해 일본을 겨냥한 무력시위를 하는 한편 친일 성향의 4차 김홍집 내각을 인정하지 않았다. 다른 나라의 공사관과도 연합해 대일 공동 전선을 꾸리는 모습도 보였다.

국제적으로 여론이 악화되자 일본은 미우라 공사가 사건에 연루됐음을 시인했다. 이어 미우라를 포함한 일본인 가담자들을 본국으로 송환해 수감했다. 또한 전임 공사였던 이노우에를 왕실 위문사로 파견했고 일본군 철수 및 대한불간섭 성명도 발표했다. 그러나 이는 어디까지나 형식적인 조치에 불과했다. 얼마 안 가 친러 · 친미 성향의 정동파들이 친일 내각을 쫓아내려 한 '춘생문 사건'이 발생하자 일본은 표변하는 모습을 보였다. 이 혼란스러운 사건에 자신들이 아닌 다른 나라 사람들이 개입됐다고 역공을 가함과 동시에 을미사변 책임에서도 교묘히 벗어나려고 안간힘을 썼다. 앞서 본국으로 송환, 수감했던 미우라 및 낭인들을 증거 불충분의 명목으로 전원 무죄 석방시키기도 했다.

한편 마땅히 을미사변에 분노해 일본에 강력히 대응했어야 할 고종과 조정은 의외로 소극적인 모습을 나타냈다. 고종은 적지 않은 시간이 흐른 뒤에야 민비 죽음을 공식 발표했는데, 여기서 일본의 만행 등에 대한 언급은 전혀 찾아볼 수 없었다. 되레 흥선대원군을 물러나게 했고 사건과 연관성이 적은 사람들을 처형하는 선에서 마무리지으려 했다. 결과적으로 을미사변은 고종과 신료들에게 일본에 대한 큰 두려움을 갖게 만들었던 것이다. 이후 조선의 친일 내각은 을미사변에 따른 백성들의 반감을 무마하기 위해 단발령, 군제 개편, 소학교 설치 등 급진적인 내정 개혁을 추진했다.

17

고종 암살설

대한제국 황제, 의문사하다

국권 피탈과 급서 전말

1919년 3월 3일에 거행된 고종의 국장.

"한진창 씨는 광무태황제가 독살된 게 틀림없다고 믿고 있다. 그가 이렇게 생각하는 근거는 이렇다. 이상적이라 할 만큼 건강하던 황제가 식혜를 마신 지 30분도 안 되어 심한 경련을 일으키며 죽어갔다. 황제의 팔다리가 1~2일 만에 엄청나게 부어올라서 사람들이 통 넓은 한복 바지를 벗기기 위해 바지를 찢어야만 했다. 황제의 이는 모두 구강 안에서 빠져있고, 혀가 닳아 없어져 버렸다는 사실을 발견했다. 30cm가량 되는 검은 줄이 목 부위에서부터 복부까지 길게 나 있었다. 민영휘, 나세환, 강석호 등과 함께 염을 행한 민영달씨가 한씨에게 이 상세한 내용들을 말해주었다고 한다."

-윤치호 일기 中

20세기 초, 전 세계 모든 국가들의 예상을 뒤엎고 러 · 일 전쟁에서 승리한 일본은 오랫동안 노렸던 대한제국을 완전히 손아귀에 넣는 데 성공했다. 약 500년 간 이어진 조선과 그 후신인 대한제국의 주권은 일본에게 철저히 종속됐다. 조선의 마지막 왕이자 대한제국의 초대 황제였던 '고종'은 폐주로 전락했다.

그동안 고종은 우유부단하고 겁이 많은 황제라는 비판을 받아왔다. 민비 외척 세력과 해외 열강들에게 크게 휘둘렸고, 나라가 망국으로 나아가는데 결정적인 책임을 갖고 있다는 비판이 항상 뒤따랐다. 어느 정도 수긍이 가는 측면이 있다. 다만 국권 피탈 후 고종은 일본의 감시와 압제 속에서도 국권 회복을 위한 나름의 방안들을 지속적으로 모색했다. 그런데 이러한 방안들이 구체적인 실행 단계에 접어들 무렵, 고종은 갑자기 세상을 떠났다. 당시 누구도 예상하지 못했던 '급서'였기에 백성들의 충격은 어마어마했다. 급기야 고종이 일본에 의해 죽임을 당했다는 '암살설'이 널리 유포되기에 이르렀다. 이것이 현재 정사로 받아들여지는 것은 아니지만, 이를 뒷받침하는 여러 정황과 증언들로 인해 당대는 물론 현대에도 고종 암살설은 설득력 있게 회자되고 있다.

고종의 죽음에 대한 논란에는 나라를 잃은 백성들의 설움과 분노가 크게 투영된 것으로 볼 수 있다. 이는 결국 '3.1 운동'이라는 거국적인 민족 운동의 도화선이 됐다. 왕정이 아닌 민주 공화정(共和政)을 지향하는 '대한민국 임시정부'의 탄생으로도 이어졌다. 나라를 빼앗긴 비운의 황제, 고종의 국권 회복 노력과 의문의 죽음 전말을 되돌아봤다.

■ 국권 피탈, 유폐된 황제

1905년 일본의 강압으로 '을사늑약'(乙巳勒約)이 체결됐다. 직후 통감부가 설치돼 대한제국의 내정은 일본에 완전히 장악됐고 외교권도 박탈됐다. 이때부터 주권이 사실상 일본에게 넘어감으로써 대한제국은 일본의 식민지가 됐다. 일본은 을사늑약을 체결할 때, 고종에게 이를 재가할 것을 집요하게 요구했다. 노골적인 협박도 서슴지 않았다. 하지만 고종은 을사늑약 재가를 끝까지 거부한 것으로 알려졌다. 실제로 조약은 대한제국의 외부대신 박제순과 일본의 특명전권공사 하야시 곤스케의 이름으로 체결됐다. 여기에는 고종의 위임장이 첨부되지 않았고 조약 명칭도 기재되지 않았다.

고종은 을사늑약에 대해 "짐을 협박하여 조약을 조인했다"라고 주장하며 무효를 선언했다. 국제 사회에 친서를 보내 조약의 불법 성을 호소하기도 했다. 미국인 헐버트를 통해 "보호 조약은 병기로 위협하여 늑정(勒定)했기에 전혀 무효하다"라는 내용의 급전을 미국 정부에 전달했다. 영국인 베델이 경영하는 '대한매일신보'에 미국, 프랑스, 독일, 러시아 원수에게 보내는 서한도 발표했다. 나아가 고 종은 1907년 네덜란드 헤이그에서 열린 제2차 만국평화회의에 이 준, 이상설, 이위종 등 3인을 밀사로 파견, 끝까지 을사늑약 무효를 도모했다.

그러나 이 모든 노력들은 일본의 공작 등으로 무위에 그쳤다. 일 본은 헤이그 밀사 사건을 구실로 1907년 고종을 강제 퇴위시켰다. 이어 유약한 '순종'을 즉위시켰고 연호를 광무(光武)에서 융희(隆熙)로 바꿨다. 폐위된 고종은 '유폐된 황제'가 됐다. '이토 히로부미'는 통 감으로 부임한 뒤 한국의 황실과 행정부를 장악했고, 병력을 동원 해 고종의 주변을 철저히 차단하고 고립시켰다. 특히 '궁금령'(宮禁 令)을 제정 공포해 모든 외부인들이 궁궐에 출입하려면 반드시 일본 경무고문부의 허가증을 얻도록 했다. 만약 허가증을 받지 않고 출 입하면 엄격한 처벌이 기다리고 있었다. 이러한 조치와 관련해 이 토 히로부미는 "궁궐의 위엄과 안전을 보장하기 위한 것"이라는 핑 계를 댔다. 결국 고종은 한 나라의 황제에서 신하들조차 마음대로 만날 수 없는 매우 처량한 폐주로 전락했다.

■ 반전 모색, 급서

고종은 유폐 생활 중 은밀히 밀지를 내려 항일 의병 투쟁을 독려한 것으로 알려졌다. 실제로 고종이 퇴위되고 군대가 해산된 후 전국 각지에선 유생, 농민, 군인, 상인 등 각계각층이 참여한 의병 투쟁이 일어났다. 1918년에 이르러 고종은 나라의 독립을 위해 외교전을 펼칠 수 있는 기회를 또다시 포착했다. 당시는 제1차 세계대전이 종료되고 미국 대통령 우드로 윌슨을 중심으로 '민족 자결주의'가 확산되고 있었다. 이는 정치적 원리의 하나로서, 민족의식을 지닌 한 집단이 독자적인 국가를 형성하고 자신의 정부를 선택할 수 있어야 한다는 것이었다. 고종은 이러한 사상을 통해 독립에 대한 희망을 가졌다. 곧이어 제1차 세계대전을 청산하는 국제 협상인 '파리강화회의'에 밀사를 파견, 국권 회복을 위한 국제적 지원을 얻어내려 했다.

그런데 이 즈음 고종은 독립운동가 우당 '이회영' 등의 제안을 받아들여 중국 베이징으로의 '망명'을 추진한 것으로 전해진다. 고종이 해외로 망명하면 독립운동의 강력한 구심점이 될 가능성이 높았다. 민비의 사촌동생인 민영달이 5만 원의 거금을 내놓았는데, 이회영은 이 자금으로 베이징에 고종이 거처할 행궁을 마련하려 했다. 기실 고종이 망명을 추진한 것은 이번이 처음은 아니었다. 고종은 1904년 러ㆍ일 전쟁 때 러시아로의 망명을 시도한 것을 시작으로 총 5차례에 걸쳐 해외 망명을 모색했다.

이처럼 유폐된 황제는 나름대로 반전의 계기를 마련하기 위해 몸부림을 쳤다. 단순한 계획만이 아니라 구체적인 실행이 뒤따를 것처럼 보였다. 그러나 1919년 1월 21일 밤, 별안간 충격적인 일이 발생했다. 건강했던 고종이 덕수궁 함녕전에서 향년 68세의 나이로 승하한 것이다.

■ 증폭되는 암살설

누구도 예상하지 못했던 고종의 갑작스러운 죽음으로 백성들은 큰 충격에 빠졌다. 무엇보다 평소 고종이 매우 건강했기 때문에 백성들은 그의 급서를 쉽사리 믿지 못하는 분위기였다. 궁내부 사무관이었던 일본인 곤도 시로스케가 본인의 저서인 '이왕궁비사'에서 밝힌 내용은 당시 고종의 죽음과 관련된 분위기를 잘 드러내고 있다. "나는 너무 뜻밖이어서 그 사실이 믿어지지 않아 혹시 창덕궁(순종) 쪽이 아닌가 반문했다. 그렇게 물은 이유는 왕 전하께서 평소 병약하셨기 때문이며 덕수궁(고종) 전하께서는 매우 건강하셨기 때문이다." 고종은 승하하기 얼마 전까지도 운동을 하고 수라를 잘 들었다고 한다.

백성들 사이에서 고종의 죽음에 대한 논란이 증폭됐다. 바로 '고종 암살설'이다. 고종의 평소 건강 상태와 그가 추진했던 항일 투쟁 및 해외 망명 계획 등을 감안할 때, 고종이 일본이나 친일파에 의해 죽임을 당했을 수도 있다는 소문이 광범위하게 퍼졌다. 시간이 갈수록 암살설은 그 이유와 용의자들의 실명까지 등장하며 구체화되는 모습을 보였다. 광화문 앞 전수학교의 벽에는 "저들(일본)이 파리 강화회의를 두려워해 우리 황제를 독살했다"라는 내용의 글이 붙여졌다. 고종의 죽음 직후 발표된 '국민대회성명서'에는 일본이 이완용에게 윤덕영, 한상학이라는 역적을 시켜 (식사 당번을 하는 두 궁녀로 하여금) 밤참에 독약을 타서 올리도록 했다는 글이 실리기도 했다. 이와 비슷한 내용은 외국인인 마티 윌콕스 노블의 일기에도 등장했다. 참고로 이완용과 이기용은 고종이 급서 할 당시 궁궐에서 숙직을 했다. 모종의 음모를 꾸미기가 매우 수월한 상황에 있었다.

　고종 암살설과 관련해 가장 큰 주목을 받고 있는 것은 한 때 독립 운동가이자 친일파였던 '윤치호'가 쓴 일기다. 윤치호는 고종의 시신을 직접 본 민영달이 중추원 참의 한진창에게 한 말을 자신의 일기에 기록해 놓았다. 여기에는 매우 건강하던 고종이 식혜를 마신 후 짧은 시간 내에 심한 경련을 일으키며 죽어갔고, 그 시신의 팔다리는 하루 이틀 만에 크게 부어올라 한복 바지를 벗길 때 옷을 찢어야 했다고 적혀있다. 이어 실제로 염(殮)을 행한 사람에게 직접 들었다고 전제한 후, 죽은 고종의 이가 모두 빠져 있었고 혀는 닳아 없어졌으며 기다란 검은 줄이 목에서 복부까지 나 있었다고 밝혔다. 승하 직후 고종에게 식혜를 올린 궁녀 2명도 의문사했다고 덧붙였다.

병조판서를 지낸 민영휘가 홍건이라는 사람에게 한 말을 기록한 부분도 의미심장하다. 고종이 한약을 한 사발 먹고 난 후 한 시간도 못 돼 현기증과 위통을 호소했고, 잠시 후 고종의 육신이 심하게 마비돼 민 씨가 도착했을 때 입도 뻥긋하지 못했다고 전했다. 더욱이 죽어가는 고종이 민 씨의 두 손을 세게 움켜쥐어서 환관이 이를 푸느라 무척 애를 먹었다고 밝혔다. 윤치호는 일기에 증언자들의 실명을 모두 기재함으로써 신빙성을 높이려 하고 있다. 현대 의학에서는 윤치호 일기에 나와있는 고종의 심한 경련은 독성 급성중독에 의한 것이며, 시신이 부어오른 것은 중독에 의해 사후 부패가 빠르게 진행됐기 때문이라고 진단했다. 그리고 목에서 복부까지 난 검은 줄은 시신 부패 시 피부 혈관들이 그물처럼 나타나는 '부패망'이고, 고종이 민 씨의 두 손을 세게 움켜쥔 것은 갑작스럽게 다가온 죽음의 공포에 맞서 본능적으로 생명줄을 붙들기 위한 몸부림이라고 보고 있다.

고종 암살설과 관련한 증언은 여기서 끝나지 않는다. 당시 총독부의 주요 관리였던 구라토미가 남긴 일기와 곤도 시로스케가 남긴 회고록에는 한일 합방에 적극적인 역할을 했던 대표적인 친일파 윤덕영, 민병석 등이 고종 암살에 깊숙이 연루돼 있음을 나타내는 내용이 담겨있다. 나아가 구라토미 일기는 고종의 죽음에 '윗선'이 개입돼 있음을 시사하기도 했다. 즉 초대 총독이었던 데라우치와 2대 총독 하세가와를 직접적으로 언급했다. 데라우치가 하세가와를 통해 고종에게 무언가를 요구했는데, 고종이 이를 수락하지 않자 윤덕영 민병석을 시켜 암살을 감행했다는 소문이 있다는 것이다. 데라우치와 하세가와가 요구한 것이 정확히 무엇인지는 밝혀지지 않았다. 고종이 한 일 합방이 잘 된 결정이었음을 공식적으로 인정하고 선포하라는 것으로 추정된다. 이 밖에 독립운동가인 선우훈은 '사외비사'에서 해외 망명 계획을 알아챈 일본이 친일파들을 사주해 고종을 죽였다고 밝혔다.

이처럼 고종 암살설은 여러 정황과 증언, 자료들을 토대로 기정사실처럼 받아들여졌다. 다만 직접적인 증거가 없는 만큼 현재 이것이 정식으로 인정된 것은 아니다. 다른 한편에서는 반론도 제기되고 있다. 그 당시 일본이 고종이 불미스럽게 죽었을 경우 발생할 수 있는 후과를 충분히 감안하고 있었던 만큼, 고종 암살은 가능성이 희박한 설에 불과하다는 것이다. 무엇이 진실이든지 간에 고종의 죽음은 이후 우리나라 역사의 향방에 큰 영향을 미치게 된다.

■ 민족운동의 도화선

고종이 사망한 후 백성들의 설움과 분노는 끓어올랐다. 당시 백성들은 순종이 있긴 했지만 사실상 고종을 마지막 군주로 생각하고 있었다. 비록 고종에 대한 역사적 평가는 엇갈렸지만 어쨌든 민족을 대표하는 황제로 인식했던 것이다. 그러한 인물이 갑작스럽게, 그것도 석연치 않게 숨을 거뒀으니 백성들은 쓰라린 마음을 감출 수 없었다. 이는 거국적인 '3.1 운동'의 도화선이 됐다.

이 민족 운동은 이전과는 사뭇 다른 성격을 갖고 있었다. 우선 3.1 운동은 이전의 계몽운동, 의병운동, 백성들의 생존권 수호투쟁 등 각계각층의 다양한 운동 경험이 하나로 수렴된 역사상 최대 규모의 민족 운동이었다. 그리고 과거에 일부 의병 운동이 조선 왕정 복위 등을 염두에 둔 복고적인 성격을 나타냈다면, 3.1 운동은 복고적인 성격에서 완전 탈피해 근대적인 '대한 독립'에 무게를 뒀다. 이를 계기로 백성들의 민족적·계급적 각성이 촉진되기도 했다.

이 같은 거국적 민족 운동의 열기는 민주 공화정을 지향하는 '대한민국 임시정부'의 탄생으로 이어졌다. 이는 독립 정신을 집약해 우리 민족이 주권 국민이라는 것을 전 세계에 표방하고, 향후 독립 운동을 효율적으로 발전시키기 위해 조직됐다. 이에 따라 임시정부는 대외적으로는 주권 국민의 대표 기관(정부)으로, 대내적으로는 독립운동 통할 기구로서의 역할을 수행하며 '광복'의 촉매제가 됐다.

18

5.16 쿠데타

한국 현대사의 중대 변곡점

군정 장기집권의 서막

5.16 쿠데타 직후 서울 시청 앞에 진주한 군 수뇌부. 박정희(가운데) 소장과 차지철(오른쪽) 대위, 그리고 박종규(왼쪽) 소령.

"은인자중 하던 군부는 드디어 금조(今朝) 미명을 기해 일제히 행동을 개시하여 국가의 행정, 입법, 사법의 삼권을 완전히 장악하고 군사혁명위원회를 조직하였습니다. 군부가 궐기한 것은 부패하고 무능한 현 정권과 기성 정치인들에게 더 이상 국가와 민족의 운명을 맡겨 둘 수 없다고 단정하고. 백척간두에서 방황하는 조국의 위기를 극복하기 위한 것입니다."   −혁명공약 발표 中

1961년 5월 16일 새벽. 육군 소장 박정희와 김종필 예비역 중령 등이 지휘하는 일단의 군 병력이 한강대교를 건너 서울 중심부로 진입, 주요 시설을 장악했다. 이들은 4.19 혁명 이후 각계각층에서 분출한 정치 · 사회적 요구를 제대로 담아내지 못하고 '자중지란'(自中之亂)에 빠졌던 민주당 장면 정권을 축출한 뒤 대한민국의 새로운 권력으로 떠올랐다. 역사는 이를 '5.16 쿠데타'라고 부른다.

현재 5.16 쿠데타에 대한 역사적 평가는 극명하게 나뉜다. 한편에선 5.16 쿠데타를 헌정질서를 유린하고 민주주의를 훼손한 사건이며, 기나긴 군사독재정권의 암흑기를 여는 서막으로 평가하고 있다. 반면 다른 한편에선 극심한 혼란과 공산주의의 위협으로부터 나라를 구하고, 눈부신 경제 발전의 길을 여는 첫 단추로 평가하고 있다. 후자의 관점은 용어에 있어서도 5.16 쿠데타가 아닌 '5.16 혁명'으로 부른다.

역사적 평가는 엇갈려도 5.16 쿠데타가 한국 현대사의 물줄기를 크게 뒤바꾼 정변이었다는 점에는 이견의 여지가 없다. 5.16 쿠데타 이후 한국의 정치, 사회, 경제적 상황은 이전과 달라진 모습을 나타냈다. 정치, 사회적으로는 군부 권위주의적인 색채를 띤 보수화 경향이 짙어졌고, 경제적으로는 급속한 성장 일변도의 경향이 두드러졌다. 한국 현대사를 논할 때 가장 첫 손에 꼽히는 정변인 '5.16 쿠데타' 전말을 되돌아봤다.

■ 혁명 후 혼란상

이승만의 자유당 정권이 1960년 '4.19 혁명'으로 붕괴된 후 우리나라에는 허정 과도정부를 거쳐 민주당의 '장면 정권'이 들어섰다. 머지않아 자유당 정권 시절에 억눌렸던 정치 · 사회적 요구가 곳곳에서 분출하기 시작했다. 특히 대학생들을 중심으로 한 학생 운동이 본격적으로 나타났다. 여기에서 제시된 화두는 '통일' 문제였다. 대표적으로 4.19 혁명 1주년인 1961년, 대학생과 고등학생 대표까지 참여한 민족통일 학생연맹은 "가자 북으로! 오라 남으로!"라는 구호를 내세우며 남북학생회담의 개최를 주장하기도 했다. 또한 노동조합 결성 등 노동 운동도 본격적으로 수면 위로 떠올랐다. 이는 추후 좌파 성향의 사회 운동으로 나아갔다.

이러한 과도기 속에서 장면 정권은 대처에 골머리를 앓았다. 당초 장면 정권은 권위적이고 억압적이었던 자유당 정권과 차별화를 하려 했다. 하지만 이 시기 장면 정권은 자유당 정권과 크게 다를바 없는 대처를 선택했다. 학생 운동 및 노동 운동 등에서 나온 요구들을 받아들이지 않았고, 반공법 및 데모규제법을 앞세워 국가보안 체제를 강화하려 했다. 당시 정치 · 사회적 요구들이 일부 급진적인 성격도 띠고 있었던 만큼, 장면 정권의 강경 대처는 어느 정도 불가피한 측면도 있었다. 그러나 이 같은 대처는 결과적으로 더 큰 반발과 혼란을 불러왔다.

민주당 내부 분열의 심화는 혼란상을 더욱 가중시켰다. 당시 민주당 내에서는 장면을 중심으로 한 신(新) 파와 윤보선, 김도연 등을 중심으로 한 구(舊) 파가 정치권력을 놓고 끊임없이 대립하고 있었다. (참고로 신파는 학자와 법조인 출신이 많았고 비교적 진보적인 성향을 띤 반면 구파는 부유층이 많았고 좀 더 보수적인 성향을 띠었다.) 현재 우리나라 정치체제의 핵심은 대통령 중심제이지만 당시에는 '의원내각제'였다. 이에 정치권력의 핵심인 국무총리를 차지하기 위한 투쟁이 신파와 구파 사이에 벌어졌다.

대통령에 선출된 윤보선은 국무총리로 구파였던 김도연을 지명했지만 국회의 인준을 얻는데 실패했다. 이후 신파였던 장면이 국회의 인준을 얻어 국무총리가 됐다. 장면은 내각을 구성하려 했지만 구파는 협조를 거부했다. 결국 신파 위주로 내각이 구성됐다. 이에 구파는 반발, '신민당'을 창당하며 떨어져 나갔다. 분당이 된 후 국회 의석 구조는 민주당 134석, 신민당 60석이었다. 4.19 혁명 직후에 실시된 제5대 국회의원 선거를 통해 압도적인 다수 의석을 기반으로 했던 민주당 정권은 안정적인 국정 운영은커녕, 끊임없는 권력 투쟁과 내부 분열 등에 시달리며 쇠퇴의 늪으로 빠져들고 있었다. 자연스럽게 민심 이반은 가속화됐다.

■ 쿠데타 움직임

'군부'는 한국전쟁 이후 반공주의를 염두에 둔 미국의 지원 등으로 급격히 성장해 있었다. 주요 군 간부들은 미국 등에서 체계적인 교육을 받아 엘리트 집단화 됐다. 이승만 정권 하에서 군부는 어느 정도 정치화하는 모습도 보였다. 이와 함께 군부 내 인사 적체 및 부정부패가 심화하기도 했다. 4.19 혁명 후 정치·사회적 혼란과 더불어 군부에서도 심상치 않은 움직임이 나타났다. 이는 박정희 당시 육군본부 작전참모부장과 김종필, 김형욱, 길재호 등 육군사관학교 8기생들 주도의 '정군운동'(整軍運動)으로 표면화됐다. 정군운동의 명분은 군부 내에서도 자행됐던 3.15 부정선거의 잔재와 각종 부정부패를 뿌리 뽑아야 한다는 것이었다. 아울러 정군운동의 이면에는 승승장구하는 선배 군인들과 달리 승진 등에서 지지부진했던 후배 군인들의 불만도 작용했다. 이들은 송요찬 육군참모총장 퇴진 요구 등이 담긴 정군 연판장을 군부 내에 돌렸다. 정군 운동을 비판하는 군부 인사들의 성명을 대놓고 성토하기도 했다. 그 결과 정군운동은 송요찬 총장, 백선엽 대장, 일부 중장과 소장의 퇴진을 이끌어내는 등 어느 정도 성공하는 모습을 보였다.

하지만 더 이상의 성과를 거두지는 못했다. 정군운동 주도 세력들은 당시 현석호 국방부 장관을 찾아가 더욱 강력한 정군운동 추진을 건의하려 했지만 만나지도 못했다. 최영희 연합참모총장(현재 합참의장) 집무실에 몰려가 자진 사퇴를 요구하기도 했지만 되레 역풍을 맞았다. 장면 정권과 군 수뇌부는 이들의 행동을 군 지휘계통을 무시한 '하극상'(下剋上)으로 규정했다. 강력한 탄압이 뒤따랐다. 더욱이 군부의 안정을 원했던 미국도 정군운동이 확산되는 것을 경계하는 모습을 보였다. 결국 정군운동 주도 세력들은 대거 징계위원회에 회부됐고 김종필, 석정선 등 핵심 인물들이 군복을 벗게 됐다. 정군파의 리더 격이었던 박정희도 강제 예편을 당할 위기에 처했지만 간신히 생존할 수 있었다. 오랜 기간 친분을 쌓아온 장도영 육군참모총장의 도움으로 대구 2군 부사령관으로 좌천되는 선에서 그쳤다.

상황이 뜻대로 돌아가지 않자 정군운동 주도 세력들은 보다 과감하면서도 위험한 계획을 모색하기 시작했다. 바로 민주당 장면 정권을 축출하기 위한 '쿠데타'였다. 이들은 1960년 9월 서울 명동에 위치한 요정인 '충무장'에 모여 쿠데타를 결의(충무장 결의)했고, 이후 각자의 직책과 인맥을 총동원해 쿠데타 세력을 규합해 나갔다. 정군파의 쿠데타 계획 핵심은 장면 정권의 '비둘기 작전'을 역이용하는 것이었다. 비둘기 작전은 장면 정권이 물리력을 동원해 드높아진 사회 운동의 열기를 제압하기 위해 수립한 작전을 말한다. 정군파는 비둘기 작전이 시행되면 시위 진압을 명분으로 자연스럽게 서울 요충지들을 점령한 후 권력을 장악하려 했다. 이에 정군파는 시위 진압에 동원될 서울 근교 부대의 장교들을 집중적으로 포섭해 나갔다. 그 결과 국방부, 육군본부, 육군 제1공수단, 육군 제33사단, 제34사단 등의 장교들을 대거 끌어들이는 데 성공했다.

한편 정군파의 쿠데타 모의와 별개로 '해병대'에서도 쿠데타 모의가 진행되고 있었다. 이를 주도한 것은 해군 준장이자 해병 제1여단장이었던 '김윤근'이다. 정군파는 해병대의 단독 쿠데타 모의 소식을 접한 뒤 이들을 포섭하기 위해 노력했다. 특히 박정희는 자신의 신경군관학교(만주국 육군군관학교) 인맥을 적극 활용했다. 당시 해병대에 막강한 영향력을 행사하고 있던 신경군관학교 1기 출신인 김동하를 고리로 김윤근(신경군관학교 6기)과 접촉해 함께 쿠데타를 결행하기로 뜻을 모았다.

■ 5.16 쿠데타

군부 내에서 쿠데타 움직임이 가속화될 즈음, 1961년 정치권 등에서는 이른바 '3, 4월 위기설'이 계속 흘러나오고 있었다. 군부 내 정보기관과 주한미군은 사전에 정군파의 쿠데타 모의를 어느 정도 감지하고 있었던 것으로 보인다. 특히 박정희의 존재는 장면의 귀에까지 들어왔다. 박정희는 이미 남조선노동당(남로당) 전력 등으로 정보기관의 주요 감시 대상이기도 했다. 이에 장면과 현석호 등은 몇 차례에 걸쳐 장도영을 불러 박정희와 군부 내 쿠데타 움직임에 대해 캐물었다. 장도영은 쿠데타 움직임을 인지하고 있었음에도 "박정희는 그럴만한 위인이 아니다"라는 거짓 보고를 올리며 안심시켰다. 이때 장도영은 정군파에게 포섭됐거나 아니면 이도 저도 아닌 기회주의적인 위치에 머무르려 했던 것으로 보인다.

정군파는 쿠데타 세력 규합을 완료한 후 쿠데타 거사일을 검토하기 시작했다. 앞서 언급한 대로 정군파는 장면 정권의 '비둘기 작전'을 역이용하기로 계획한 만큼, 혁명 1주기 시위가 예상되는 1961년 4월 19일을 거사일로 잡았다. 쿠데타가 용이하게 진행되게 하기 위해 시위가 보다 급진적인 방향으로 흘러가게 만들기 위한 공작도 꾸몄다. 그런데 정군파가 예상했던 것과 달리 4월 19일에 별다른 시위가 일어나지 않았다. 이에 정군파는 거사일을 그해 5월 12일로 다시 잡았다. 이 계획마저도 군부 내 정보기관에 감지돼 취소됐다. 결국 5월 16일이 최종적인 거사일로 확정됐다.

우여곡절 끝에 운명의 날이 밝았다. 총 3600명이 동원된 쿠데타 군은 당일 새벽에 작전을 개시했다. 선봉에 선 것은 김윤근이 지휘하는 해병 제1여단이었다. 뒤이어 박치옥 대령이 지휘하는 공수부대가 출동해 해병대와 합류, 서울 중심부로 진입하는 통로인 한강대교로 진격했다. 제6군단 4개 포병대는 육군본부를 향해 진격했다. 한강대교에 도착한 해병대와 공수부대는 그곳을 방어하고 있던 헌병 제7중대와 맞닥뜨렸다. 헌병대가 순순히 통과를 허락하지 않자 쿠데타 군이 선제공격을 가하면서 양측 사이에 교전이 벌어졌다. 숫자와 기세 면에서 우세했던 쿠데타 군은 헌병대를 가볍게 제압했고, 서울 중심부로 진입하는 데 성공했다. 육군본부를 향해 진격했던 제6군단 포병대도 목표 달성에 성공했다. 이후 쿠데타 군은 부대를 효율적으로 나눠 서울 요충지들을 점령해 나가기 시작했다. 쿠데타 군의 주력 부대는 서울시청, 해병대는 치안국과 서울시 경찰국, 공수부대는 중앙 방송국 및 장면 숙소인 반도호텔 등을 각각 점령했다.

이 당시 쿠데타 진압을 진두지휘해야 했던 장면과 윤보선 등은 제대로 된 대처를 하지 못해 쿠데타 성공의 빌미를 제공했다. 장면은 쿠데타 소식을 접하자마자 미 대사관 및 대사관 숙소로 몸을 피하려 했다. 여기서 신원불상자라는 이유로 거절되자 혜화동의 깔멜수녀원으로 피신했다. 장면은 수녀원에서 미국에 쿠데타 무력 진압을 요청했지만, 미국은 장면 정권이 알아서 처리하라는 식의 애매한 반응을 보였다. 윤보선은 1군 사령관이었던 이한림이 쿠데타 진압을 강하게 주장하자 서울 시내에서 아군끼리 '내전'이 벌어질 수도 있다는 등의 이유를 들며 반대했다. 추후 윤보선은 박정희 등과 만난 자리에서 "올 것이 왔다"라는 의아한 말을 남기기도 했다.

전세는 점차 쿠데타 군에게 유리해졌다. 별다른 저항이 일어나지 않는 사이 쿠데타 군은 서울 전역과 부산, 광주, 대전 등 지방의 주요 도시들을 장악했다. 마침내 새벽 5시 쿠데타 군은 방송을 통해 '군사혁명위원회' 조직 및 행정·입법·사법 3권의 통합 장악, 그리고 김종필 주도의 6개 항으로 구성된 '혁명 공약'을 발표하기에 이르렀다. 혁명 공약의 주요 내용들을 보면 반공체제 강화, 미국 등 우방과의 유대 공고화, 사회 부패 일소 및 청신한 기풍 진작, 국가

자주경제재건 총력, 통일을 위해 공산주의에 대항할 수 있는 실력 배양, 혁명 과업 성취 후 양심적 정치인에게 정권 이양 등이 있었다. 막강한 권력을 행사하게 될 군사혁명위원회의 위원장은 장도영이 맡게 됐다. 군사혁명위원회는 추후 '국가재건최고회의'로 명칭이 변경됐다. 이때 박정희는 부의장을 맡으면서 서서히 권력의 정점에 나아갈 채비를 했다.

한편 장면은 쿠데타가 일어난 지 이틀이 지난 후에야 수녀원에서 나왔다. 그는 서울 중앙청으로 이동해 임시각의를 주재한 뒤 내각 총사퇴 결의 및 군사혁명위원회에 정권 이양 등을 발표했다. 쿠데타 발생 직후 애매한 태도를 보였던 미국도 쿠데타 및 군정을 공식적으로 인정했다. 이로써 4.19 혁명으로 탄생한 장면 정권은 이렇다 할 업적을 내놓지 못한 채 출범 9개월 만에 무너졌다.

■군사정권 출현

5.16 쿠데타 이후 정국의 무게 추는 국가재건최고회의와 그 정점에 있는 두 사람에게로 쏠렸다. 상술했듯 국가재건최고회의는 행정 입법 등을 장악한 초법적인 기구였고, 의장은 장도영 부의장은 박정희였다. 장도영은 이미 육군참모총장을 맡고 있는 상태에서 임시정부의 내각 수반과 국방부 장관까지 차지했다. 겉으로 보기에 군부와 정부를 완벽히 장악한 듯이 보였다. 그러나 장도영은 쿠데타 발생 21일 만에 국방부 장관에서 해임됐다. 이로부터 한 달 뒤에는 국가재건최고회의 의장에서도 물러났다. 나아가 중앙정보부에 의

해 '반혁명 내란음모 혐의'로 기소되면서 완전히 몰락했다. 기실 쿠데타 직후부터 실권자는 박정희와 김종필이었고 장도영은 잠시 이용할 만한 허수아비에 불과했던 것이다.

반혁명 사건 이후 박정희는 공식적으로 최고 권력의 자리에 올라섰다. 그를 중심으로 한 5.16 주체 세력은 반공법, 정치활동정화법 제정 및 사회악 일소 등을 내세우며 본격적으로 정치·사회 변혁에 착수했다. 이를 통해 부정한 공직자와 조직폭력배 등을 대거 몰아내면서 한 때 국민들의 높은 지지를 받기도 했다. 이런 가운데 5.16 주체 세력은 김종필을 초대 부장으로 하는 국내 최초의 정보기관인 '중앙정보부'를 창설하기도 했다. 중앙정보부는 각종 정보정치 및 공작정치를 펼치며 박정희의 장기 집권을 든든하게 뒷받침했다. 아울러 이 시기에 5.16 주체 세력은 장면 정권에서 설계한 초안 등을 기반으로 수출 주도 산업화 등 경제개발 계획도 본격적으로 추진하려 했다.

다만 시간이 갈수록 5.16 주체 세력이 약속했던 '민정 이양'(民政 移讓)을 요구하는 목소리도 커져 갔다. 미국도 이 같은 요구를 적극적으로 개진했다. 기실 처음부터 민정 이양을 할 마음이 없었던 박정희와 5.16 주체 세력은 일부 군 지휘관들의 의견을 수용해 '군정 4년 연장 안'을 국민투표에 부치려 했다. 그러나 전방위적인 압력으로 인해 마지못해 민정 이양 계획을 발표했다. 우선 국민투표로 헌법을 개정해 대통령제로 권력 구조를 바꾸고 선거 제도는 제1공화국의 직접선거제로 하기로 했다. 이를 기반으로 1963년 10월 15일에 제5대 대통령 선거를 실시하기로 확정했다.

　그런데 민정 이양 분위기가 무르익어감에도 불구하고 박정희와 5.16 주체 세력은 순순히 물러서려 하지 않았다. 박정희는 군인으로 돌아가겠다는 약속을 번복하고 민정에 참여할 의사를 밝혔다. 박정희의 든든한 우군이었던 중앙정보부는 물불을 가리지 않고 박정희의 대통령 선거 출마를 위한 사전 준비 작업에 착수한 상태였다. 특히 중앙정보부는 증권 파동, 워커힐 사건, 새나라 자동차 사건, 파친코 사건 등 극히 부정한 방법이 동원된 4대 의혹 사건을 일으키면서까지 박정희의 정당인 '민주공화당' 창당 자금 마련에 나섰다. 이후 박정희와 5.16 주체 세력은 공화당을 창당했고 박정희는 육군대장으로 예편한 뒤 대통령 선거에 출마했다. 그는 1963년 10월 대통령 선거에서 자립, 자조, 민족 등 민족적 민주주의를 주창하며 당시 윤보선 민정당 후보와 맞붙었다. 선거 결과는 박정희의 15만 표 차 신승이었다. 그해 12월 17일에 박정희가 제5대 대통령으로 취임하면서 제3공화국이 출범했다. 박정희, 전두환, 노태우로 이어지는 32년 간의 군사정권 시대가 열리게 됐다.

19
10.26 사태

박정희 장기집권의 종식

대통령을 시해한 궁정동 총성

10.26 사태 현장 검증 모습. 김재규 중앙정보부장은 궁정동 안가에서 박정희 대통령을 향해 총을 쐈다.

김재규 "나라가 잘못되면 다 죽는다. 각오는 돼 있겠지?"

박선호 "예. 각오가 돼 있습니다."

김재규 "지금 여기에 육군참모총장과 중앙정보부 제2차장보도 와 있다. 거사가 끝나면 참모총장을 데리고 남산으로 가서 군을 장악한다."

박선호 "각하도 포함됩니까?"

김재규 "그래. 오늘 해치운다."

박선호 "오늘은 경호원들이 너무 많습니다. 다음으로 미루시죠."

김재규 "안 돼. 보안이 샌다. 똑똑한 놈으로 두세 명만 준비시켜."

－영화 '남산의 부장들' 中

　'유신체제'(維新體制)가 지속되던 1979년 10월 26일, 베일에 가려져 있던 '궁정동'이라는 장소에서 여러 발의 총성이 울렸다. 이 총성으로 인해 오랜 기간 권좌에 머물렀던 '박정희' 대통령과 '차지철' 경호실장이 사망했다. 총격을 가한 당사자는 놀랍게도 박정희 정권의 한 축을 담당했던 '김재규' 중앙정보부장이었다. 이에 18년 동안 장기집권했던 박정희 정권도 역사의 뒤안길로 사라졌다. '10.26 사태'였다. 10.26 사태가 발생하기 전부터 박정희 정권의 몰락을 암시하는 파열음은 곳곳에서 나타났다. 대내적으로는 민주화 운동과 야당의 투쟁이 절정에 이르렀다. 대외적으로는 전통적인 우방이었던 미국과의 갈등이 심화됐다. 과거에 정권의 핵심에 있었던 인물들도 등을 돌려 공격함에 따라 박정희 정권은 더욱 곤혹스러운 처지에 빠졌다. 이밖에 중앙정보부와 경호실, 양대 권력기관 수장 간 갈등이 위험 수준으로 치닫기도 했다.

이 모든 파열음 속에서 배태되기 시작한 10.26 사태를 바라보는 시선은 5.16 쿠데타만큼이나 엇갈린다. 한 편에선 민주주의에 대한 남다른 의식을 갖고 있던 김재규가 장기간 지속된 독재를 비로소 종식시킨 '민주화 의거'라고 높이 평가한다. 반면 다른 한 편에선 경호실장 차지철과의 권력다툼에서 밀린 김재규가 우발적, 충동적으로 벌인 '내란 목적성 범행'에 불과하다고 평가절하한다. 10.26 사태의 원인 해석과 가치평가 논란은 언제나 뜨거운 감자였으며 지금도 현재진행형이다. 역사를 크게 뒤흔든 궁정동 총성, '10.26 사태' 전말을 되돌아봤다.

■ 정권 말기 현상 : 김영삼 제명과 부마 항쟁

1979년 8월 가발 수출회사인 YH무역에서 근로조건 및 처우 개선 등을 요구하던 여성 노동자 187명이 신민당 당사로 모여들었다. 한없이 약자였던 여성 노동자들은 야당의 정치적 도움 및 여론의 도움을 얻으려 했다. 자칫 정치적으로 부담스러울 수도 있는 상황임에도 불구하고, 당시 대표적인 민주화 운동가이자 야권 지도자였던 '김영삼' 신민당 총재는 이들과 면담을 가진 뒤 신민당 당사 안에서 함께 투쟁할 것을 약속했다. 이때 김영삼은 여성 노동자들에게 "성경에 나옵니다. '너희는 결코 두려워 말라. 나의 의로운 오른손으로 너희를 붙들리라.' 걱정 마세요. 대한민국 역사에서 공권력이 야당 당사를 습격한 적이 없습니다. 나도 있고 국회의원 30명이 여기 여러분과 함께 있습니다"라고 말했다.

하지만 박정희 정권은 대규모 경찰 병력을 투입해 여성 노동자들의 신민당 농성을 무력으로 진압하려 했다. 이에 김영삼과 신민당 소속 국회의원 및 당직자들은 스크럼을 짜서 경찰의 당사 진입을 기필코 막아내겠다는 결연한 의지를 내비쳤다. 더욱이 김영삼은 신민당 당사 주변에서 경찰청 정보과, 보안과 형사들을 발견하면 멱살을 잡고 뺨을 후려쳤다. 심지어 진압 작전을 지휘하는 마포경찰서장을 만났을 때, "너희들이 저 여공들을 다 죽일 셈이냐"라고 외치며 뺨을 후려쳤다. 가히 '김영삼다운' 행동이었다. 그러나 농성 3일째 새벽에 2000여 명에 달하는 경찰 병력이 진압 작전을 개시, 신민당 당사 안으로 밀고 들어갔다. 이들은 무자비한 폭력을 행사하며 수많은 여성 노동자들을 강제연행했다. 이 와중에 여성 노동자 '김경숙'이 건물 옥상에서 추락해 사망하는 일이 발생했다. 당시 경찰은 김경숙이 투신 자살했다는 거짓 발표를 했다. 뒤늦게 김경숙 사망 소식을 접한 김영삼은 "이 암흑적인 정치, 살인정치를 감행한 이 정권은 필연코 머지않아서 반드시 쓰러질 것이다. 쓰러지는 방법도 비참하게 쓰러질 것이라고 내 예언해 두는 바이다"라고 포효했다.

김영삼은 YH무역 사건 직후 미국 '뉴욕타임스'와 기자회견을 가졌다. 그는 이 회견에서 박정희 정권에 대한 미국의 직접적인 제어와 지지 철회를 강하게 요구했다. 회견의 파급력은 상당했다. 다만 이는 김영삼을 제거하는데 혈안이 된 박정희 정권에게 유용한 빌미를 제공했다. 박정희 정권과 여당인 민주공화당, 유신정우회는 김영삼의 기자회견 발언을 '사대주의'로 규정했고 국회에서 김영삼에 대한 징계동의안 제출 및 국회의원직 제명을 추진했다. 신민당 의원들이 이를 저지하기 위해 국회 본회의장을 점거했지만, 여당은 경찰력을 동원해 김영삼 제명안을 날치기 처리했다.

신민당과 민주통일당 의원들은 의원직 총사퇴를 결의했다. 김영삼의 정치적 고향인 부산 및 마산에서도 거센 반발 움직임이 나타났다. 결국 해당 지역 대학생들을 중심으로 '부마항쟁'이 일어났다. 시위에 참가한 대학생 및 일반 시민들은 김영삼에 대한 탄압 중단과 유신독재 타도를 외쳤다. 날이 갈수록 시위 규모는 걷잡을 수 없이 확대됐다. 일부 지역에서는 치안 부재 상태가 나타나기도 했다. 현지에 급파된 중앙정보부 요원들을 통해 시위의 심각성을 전해 들은 박정희 정권은 고심 끝에 강경진압에 나섰다. 부산에 비상계엄령을 선포한 뒤 공수부대를 투입, 1058명을 연행했고 66명을 군사재판에 회부했다. 마산 및 창원 일대에는 위수령을 발동해 505명을 연행했고 59명을 군사재판에 회부했다. 강경진압으로 인해 부마항쟁은 누그러지는 듯했지만, 결과적으로 이는 박정희 정권 몰락의 결정적 단초가 됐다.

■ 정권 말기 현상 : 韓-美 갈등

1977년 미국의 제39대 대통령으로 '지미 카터'가 취임했다. '도덕

정치'와 '인권 외교'를 표방한 카터 행정부는 이전 행정부와 달리 박정희 장기집권에 대한 노골적인 반감을 드러냈다. 유신헌법의 전면적인 수정과 한국의 민주화 등을 요구하며, 박정희 정권에 대한 압박 강도를 높여갔다. 반면 카터 행정부는 민주화를 요구하는 한국의 학생 운동 및 야당 지도자들에 대해선 직간접적인 지지를 표명하는 모습을 보였다. 그럼에도 박정희 정권은 유신독재 체제를 포기할 생각이 없었다. 되레 민주화 운동에 대한 탄압 수위를 높여갈 뿐이었다. 카터 행정부는 '주한미군 철수' 카드를 본격적으로 꺼내들기도 했다. 북한의 침략에 맞설 수 있는 든든한 뒷배였던 주한미군을 철수시킨다는 것은 박정희 정권의 가장 민감한 부위를 대놓고 건드리는 격이었다. 카터 행정부가 실제로 주한미군 철수를 의도한 것인지는 확실치 않지만, 적어도 이 카드를 통해 박정희 정권의 근본적인 노선 변화를 유도하려 한 것은 확실해 보인다. 이런 상황에서도 박정희 정권은 쉽사리 물러서려 하지 않았다. 오히려 독자적인 '핵무기' 개발이라는 초강경 카드를 검토해 나갔다.

1979년 카터가 한국을 직접 방문하는 일이 있었다. 이 방한은 카터가 한미연합사 창설 때 한미 양국의 협력 방안을 함께 모색하고 싶다는 뜻을 박정희에게 전달해 성사된 것이었다. 그런데 이때 두 사람 및 한·미 행정부 간 갈등이 얼마나 심각한 지가 여실히 드러났다. 우선 카터는 박정희 정권이 제공한 영빈관 숙소를 거부했다. 김포공항에 내리자마자 미 해병대 헬기를 타고 동두천의 미군 기지로 이동해 여장을 풀었다. 다음날 카터는 국회 연설에서 '인권', '민주주의'라는 용어를 여러 번 강조하며 옆 좌석에 있었던 박정희의 심기를 대놓고 자극했다. 이 직후에 청와대에서 정상회담이 열렸다. 이때에는 박정희가 반격하는 모양새를 나타냈다. 그는 사전에 미국으로부터 주한미군 철수 문제를 거론하지 말아 달라는 부탁을 받았지만, 이에 아랑곳하지 않고 철수의 부당성을 강조하는 연설을 무려 '45분'간이나 했다. 세계 최강 미국 대통령 앞에서 한국 대통령이 '안보 강연'을 한 것이나 다름없었다. 이 연설이 진행되는 내내 카터의 표정은 '노기'로 가득했고 회담장 분위기는 급격히 냉각되며 살얼음판을 걷는 것 같았다고 전해진다. 카터는 옆에 있는 측근들에게 "저 자가 연설을 당장 중단하지 않으면 회담장을 박차고 나갈 것"이라고 말하기도 했다. 주변 사람들은 이를 말리느라 진땀을 뺐다고 한다. 추후 카터는 사석에서 이 정상회담을 "그동안 동맹국 지도자들과 가진 회담 가운데 가장 불쾌한 회담이었다"라고 회고했다. 이처럼 박정희 정권 말기에는 한국과 미국의 관계가 유례를 찾아볼 수 없을 만큼 악화 일로를 걸었다.

■ 정권 말기 현상 : 김형욱 사건

김형욱은 역대 중앙정보부장들 가운데 최장수 부장이었다. 1963년부터 69년까지, 무려 6년 이상을 중정부장으로 있으면서 민주화운동 및 정치적 반대파들을 극심하게 탄압했다. 이에 '남산돈가스'라는 악명을 떨쳤다. 심각한 국제 문제로까지 비화됐던 '동백림 간첩단 사건'과 3선 개헌 반대파들을 숙청할 목적으로 일으킨 '국민복지회 사건', 그리고 사상초유의 '사법살인'으로 불리는 '인민혁명당

사건'은 김형욱이 주도한 대표적인 탄압 사례였다. 민주화를 열망했던 사람들에게 김형욱은 공포와 증오의 대상이었지만, 대체로 강경책을 선호했던 박정희에겐 김형욱은 효과적인 쓰임새를 갖고 있는 '심복'으로 여겨졌다.

박정희의 신임을 한 몸에 받는 것처럼 보였던 김형욱은 1969년을 기점으로 내리막길을 걷게 됐다. 당시 여당인 민주공화당 내에서 박정희가 원했던 '3선 개헌안' 찬성의 선행 조건으로 김형욱 중정부장 해임 요구가 강하게 분출했다. 과격한 언행으로 인해 김형욱은 여야 가릴 것 없이 도처에 적이 많았던 만큼 시간이 갈수록 불리해졌다. 결국 박정희는 김형욱을 중정부장에서 해임했다. 이후 김형욱은 잠시 민주공화당 국회의원으로 활동했지만, 1972년 유신 선포 후에는 의원직마저 박탈당하게 된다. 일련의 사건으로 권력의 중심부에서 완전히 멀어지면서, 김형욱은 자신이 사실상 '토사구팽'(兎死狗烹)을 당했다고 생각했다. 박정희에 대한 충성과 정권 유지를 위해 온갖 궂은일을 도맡아 했는데, 돌아온 것은 비참한 말로라고 느낀 것이다. 박정희에 대한 원망을 쌓아가던 김형욱은 중정부장 시절 최측근이었던 문학림과 함께 타이완으로 출국, 이후 미국 뉴욕에 머물렀다. 사실상의 '도피'였다. 박정희는 김형욱을 돌아오게 하기 위해 김종필, 정일권 등 고위급 인사들을 보내 설득을 이어갔지만 모두 허사였다.

문제는 1977년에 발생했다. 미국 정가를 발칵 뒤집어 놓은 '박동

선 코리아 게이트 사건'이 터진 후, 김형욱은 미국 프레이저 청문회에 출석해 박정희 정권의 부정부패와 비리 등을 적나라하게 폭로했다. 여기에 더해 박정희의 은밀한 사생활을 담은 회고록을 일본에서 출간하기도 했다. 일종의 '복수'였던 셈이다. 박정희 정권은 국제적인 망신을 당하며 궁지에 몰렸고, 김형욱은 다시는 돌아올 수 없는 강을 건너게 됐다. 초조해진 박정희 정권은 급기야 김형욱 제거 작전에 돌입했다. (제거에 나선 주체가 김재규의 중정인지 아니면 차지철의 경호실인지 논란이 분분하다.) 1979년 10월 김형욱은 프랑스 파리에서 정체불명의 공작원들에 의해 납치된 뒤 행방이 묘연해졌다. 현재까지도 김형욱이 언제 어디서 최후를 맞았는지 확인된 바는 없다. 표본적 미제(未濟) 사건 가운데 하나로 남아있다.

■ 김재규–차지철 갈등

민주화 이후 정부들에서 대표적인 권력 기관이라 하면 대개 검찰과 경찰을 꼽는다. 박정희 정권 하에서 대표적인 권력 기관을 꼽으라면 중앙정보부와 청와대 경호실을 들 수 있다. 당시 검찰과 경찰은 표면적인 권력 기관으로서만 존재할 뿐, 사실상 중정과 경호실이 정권의 모든 대소사를 좌우하는 최고 권력기관으로서의 역할을 수행했다. 이들 기관은 박정희 정권 장기 집권의 든든한 버팀목이었다. 양대 권력 기관이다 보니 중정과 경호실 수장 간에 갈등 및 신경전도 극심했다. 박정희 정권 중기에는 이후락 중정부장과 박종규 경호실장 간 숨은 알력이 있었다. 정권 말기에는 김재규 중정부장과 차지철 경호실장 간의 갈등이 발생했다. 김재규는 육군 중장

출신으로 보안사령관, 건설부 장관, 중정부장 등 요직을 두루 거쳤
다. 차지철은 육군 중령 출신으로 국회의원으로 적지 않게 활동하
다 경호실장까지 지냈다.

　두 사람은 각종 사안에서 사사건건 대립했다. 민주화 운동 및 야
당 대응, 김형욱 사건 대응 등에 있어서 항상 노선이 엇갈렸다. 김
재규는 대체로 온건파에 속했지만 차지철은 언제나 강경파에 속했
다. 아울러 김재규는 사안 해결방안을 논할 때 박정희의 심기에 거
슬리는 말도 곧잘 했지만, 차지철은 박정희의 심기에 부합하는 말
만 했다. 초반에 김재규의 말을 귀담아듣는 듯했던 박정희는 후반
으로 갈수록 김재규를 멀리하고 차지철에게 힘을 실었다. 그러면서
박정희 정권의 노선은 더욱 강경한 방향으로 흘러갔고 김재규는 권
력 구도에서 점차 소외됐다. 박정희의 지지를 등에 업은 차지철의
교만함은 날이 갈수록 심해져 김재규의 분노는 하늘을 찔렀다. 이
는 10.26 사태라는 '파국'을 초래하는 결정적인 원인으로 작용했다.

■ 10.26 사태

　1979년 10월 26일의 그날은 비교적 맑았다. 박정희는 KBS 당진
송신소 개소식과 삽교천 방조제 준공식에 참석할 예정이었다. 김재
규는 당진 송신소가 중앙정보부의 관할이었기 때문에 함께 하려 했
다. 그러나 차지철이 가로막았다. 그는 "시국이 안 좋으니 정보부
장까지 서울을 비우면 안 된다. 김 부장은 참석하지 말고 자리를 지
켜라"라고 말한 뒤 일방적으로 전화를 끊어버렸다. 김재규는 상당

한 모욕감을 느꼈을 것으로 보인다. 결국 김재규를 배제한 채 박정희, 차지철, 대통령 비서실장인 김계원이 행사에 참석했다. 박정희는 행사장에서 여느 때보다 기분이 더 좋아 보였다고 한다. 평소에는 민주화 항쟁과 야당의 공세 등으로 좀처럼 기분 좋은 모습을 찾아볼 수 없었다. 그런데 행사장에선 앞으로의 상황을 예고하기라도 하듯 불길한 모습들이 연출됐다. 삽교천 완공 기념 담수비를 제막할 때 강한 바람이 몰아쳐 천이 비석을 휘감아버렸다. 박정희가 계속 줄을 당겨도 천이 벗겨지지 않아 경호원들이 비석에 올라가 천을 벗겨야 했다. 또한 당진 송신소에서 도고호텔로 이동할 때 헬리콥터 2호기가 기관 고장을 일으켜 주저앉았다. 박정희가 탑승한 1호기가 도고호텔에 착륙할 때에는 호텔 사육장에 있던 사슴이 헬기 소음에 놀라 날뛰다 축사 기둥을 들이받고 즉사하기도 했다.

박정희는 행사를 모두 끝마친 후 차지철에게 '궁정동' 안가에서 연회를 하자고 했다. 피곤했던 차지철은 몰래 짜증 섞인 반응을 보였지만 어쩔 수 없었다. 연회에는 차지철과 더불어 김재규와 김계원도 참석하게 됐다. (궁정동 안가는 청와대 담장 밖에 위치한 집으로 극소수만 알고 있는 극비 보안 시설이었다. 주로 박정희와 김재규의 소규모 연회 때 사용됐다.) 김재규는 연회 참석 지시를 받았을 때 다소 이상한 행동을 했다. 정승화 육군참모총장에게 전화를 걸어 "오늘 궁정동에서 저녁이나 들면서 시국 이야기 좀 하자"라고 말했다. 김정섭 중앙정보부 제2차장보에게도 연락해 궁정동으로 오도록 했다. 엄연히 대통령과 저녁 선약이 있는데 또 다른 약속을 잡아버린 것이다. 추후 김재규는 법정에서 국가의 실병력을 장악하고 있는 정승화 총장의 힘을 사전에 포섭해 놓기 위해 궁정동으로 불렀다는 취지의 진술을 했다. 비슷한 시각, 박선호 중앙정보부 의전과장은 가수 심수봉과 모델 신재순을 연회에 섭외했다.

연회가 시작되기에 앞서, 김재규와 김계원은 궁정동 안가 '나'동 연회장 앞에서 먼저 만났다. 김재규는 김계원에게 부마사태의 심각성을 적나라하게 알렸다. 그러면서 차지철이 중간에서 개입해 박정희에게 진실을 알리지 않고 있다고 비판했다. 평소 차지철을 미워했던 김계원도 김재규의 말에 동의했다. 이때 김재규는 "형님, 그 자식을 해치워 버릴까요?"라고 물었다. 김계원은 말없이 고개를 끄덕였다. 김재규는 이를 거사에 대한 동의로 받아들였다. 아마도 김계원은 김재규의 발언을 우발적인 것으로 인식했거나 화가 난 김재규의 기분을 그냥 맞춰주려 했던 것으로 보인다. 이후 정승화와 김정섭이 도착, 궁정동 '가'동으로 들어가 식사하며 김재규를 기다렸다. 이들은 조만간 불어닥칠 역사의 소용돌이를 전혀 예상하지 못하고 있었다.

저녁 6시 박정희와 차지철이 도착해 김재규, 김계원과 함께 궁정동 '나'동으로 들어갔다. 이들은 곧 전통 한국식 만찬 교자상 앞에서 술을 겸한 저녁 식사를 했다. 술은 주로 박정희와 김계원이 마셨다. 건강이 좋지 않았던 김재규와 기독교 신자인 차지철은 거의 마시지 않았다. 국가의 최고 권력자들이 모여있는 식사 자리인 만큼 정치

현안과 관련된 이야기가 나오지 않을 수 없었다. 초반에 다소 양호했던 분위기는 금세 어두워졌다. 박정희는 김재규에게 신민당 공작이 어떻게 되고 있는지를 물었다. 이 공작은 김영삼에게서 신민당 당권을 빼앗아 정운갑 신민당 총재 권한대행에게 넘기는 작업이었다. 김재규는 신민당 주류 세력들이 강경하게 나와 여의치 않다고 답했다. 박정희는 "오늘 삽교천은 참 좋았는데 신민당은 왜 그 모양인가?"라며 한숨을 쉬었다. 이때 차지철이 끼어들었다. 그는 "신민당 놈들 중에 국회의원 하기 싫은 놈 하나도 없다. 까불면 전부 탱크로 싹 깔아뭉개야 한다"라고 말했다. 김재규는 저간의 상황을 계속 이야기했지만 박정희와 차지철은 제대로 듣지 않았다. 급기야 차지철은 "요새 정보부가 뭐하는지 모르겠다"라며 김재규의 심기를 대놓고 자극했다. 옆에 있던 김계원이 분위기를 바꿔보려 노력했지만 역부족이었다. 때마침 심수봉과 신재순이 연회장에 들어오면서 경색된 분위기가 다소 누그러질 수 있었다. 술이 좀 들어간 박정희도 주변에 농담을 건넸다.

김재규는 화를 좀처럼 떨쳐버리지 못했다. 이전부터 박정희와 차지철에게 구박과 모욕을 받아왔는데 연회장에서도 그렇게 되니 참기가 힘들었다. 저녁 7시 김재규는 연회장을 빠져나와 정승화와 김정섭에게 갔다. 그는 정승화에게 "갑자기 대통령의 부름을 받고 연회에 참석 중이니 잠시 김 차장과 시국 이야기 좀 나눠라. 끝나는 대로 오겠다"라고 말했다. 이후 본관에 있는 자신의 집무실로 간 뒤 책장에 놓여있는 권총을 바지 호주머니에 숨겨 나왔다. 그런 다음 수행비서인 박흥주 대령과 의전과장 박선호를 호출했다. 이들을 만난 김재규는 권총을 들어 보이며 박정희, 차지철 암살과 경호원 제거 계획을 알렸다. 그는 "일이 잘못되면 자네들이나 나나 죽은 목숨이다. 오늘 저녁에 내가 (차지철을) 해치우겠다. 방에서 총소리가 나면 너희들은 경호원들을 처치해라. 지금 본관에 육군참모총장과 2차장보도 와 있다. 각오는 돼 있겠지?"라고 말했다. 박선호가 "각하도 포함됩니까?"라고 묻자 김재규는 "그렇다"라고 답했다. 박선호가 "오늘은 경호원들이 너무 많으니 다른 날을 고르자"라며 만류했지만 김재규는 거사 의지를 꺾지 않았다. 박선호와 박흥주는 오랜 기간 모셨던 상관인 김재규의 뜻을 따르기로 했다. 이때 부하들에게 주어진 거사 준비 시간이 굉장히 짧았음에도 불구하고 매우 일사불란하게 거사가 준비됐다. 박흥주는 이기주, 유성옥과 함께 궁정동 안가 '나'동 식당 앞에 숨어서 김재규가 총을 쏘기만을 기다렸다. 총소리가 나면 이들은 곧장 식당으로 달려가 청와대 경호원들을 처리할 계획이었다. 박선호는 궁정동 안가 경호원 대기실에 있는 정인형 경호처장과 안재송 부처장을 처리할 계획이었다. 다만 박선호는 정인형과 해병대 동기이자 친구 사이였던 만큼 죽이지는 않을 생각이었다.

김재규의 거사가 초읽기에 들어간 가운데, 방송 뉴스에서 김영삼과 글라이스틴 미국 대사가 회담을 나누는 장면이 나왔다. 이를 목격한 박정희는 불편한 심기를 재차 드러냈다. 그는 "총재도 아닌 사람이 무슨 이야기를 하느냐?"라고 말했고, 김영삼 구속 불발에 대해서도 불만을 토로했다. 이에 김재규는 "이미 국회에서 제명당했는데 구속까지 한다면 김영삼을 두 번 처벌한다는 인상을 줄 것"이라고 주장했다. 그러자 박정희는 인상을 잔뜩 찌푸리며 "정보부가 좀 무서워야지. 신민당 놈들 비행조서만 움켜쥐고 있으면 되나? 잡아들일 놈들은 바로 입건해야지"라고 소리쳤다. 김재규는 굳은 표정으로 아무 말도 하지 않았다. 이때 궁정동 안가 지배인인 남효주가 김재규에게 박선호의 호출을 알렸다. 김재규는 부속실로 들어가 박선호를 만났다. 이 자리에서 박선호는 최종적으로 거사 준비가 완료됐다고 밝혔다. 김재규는 다시 연회장으로 들어왔다. 심각한 상태인 김재규와 달리, 박정희와 차지철 김계원 등은 조만간 벌어질 엄청난 일들을 예상하지 못한 채 그저 연회를 만끽하고 있었다.

운명의 저녁 7시 41분. 신재순이 한창 노래를 부르는 와중에 김재규가 별안간 박정희에게 "각하, 정치를 좀 대국적으로 하십시오"라고 소리쳤다. 뒤이어 권총을 뽑아 "너 이 새끼 건방져"라고 외치며 차지철에게 총탄을 발사했다. 김재규가 쏜 총탄은 차지철의 오른쪽 손목을 관통했다. 차지철은 "김 부장, 왜 이래?"라고 외쳤고 연회장은 순식간에 아수라장이 됐다. 당황한 박정희는 "지금 뭐 하는 짓들이야"라고 소리쳤다. 김재규는 "너도 죽어봐"라고 말하며 박정희의 오른쪽 가슴에 두 번째 총탄을 발사했다. 폐에 관통상을 입은 박정희는 많은 피를 흘리며 쓰러졌다. 이때 입은 상처는 박정희의 직접적인 '사인'이 됐다. 김재규는 박정희에게 추가적인 총격을 가하려 했지만 권총이 격발 불량으로 발사되지 않았다. 갑자기 궁정동 전체의 불도 꺼지자 김재규는 밖으로 뛰쳐나갔고 차지철은 이 틈을 타 화장실로 도망쳤다. (궁정동 불이 꺼진 이유는 안가 영선 담당 강무홍이 총성을 전기 합선으로 착각하고 차단기를 내렸기 때문이다.)

한편 궁정동 '나'동 식당 앞에서 대기하고 있던 박흥주 등은 김재규가 총을 쏜 직후 식당으로 달려가 청와대 경호원들에게 무차별 총격을 가했다. 난데없는 기습 공격에 경호원들은 속절없이 무너졌다. 박선호는 경호원 대기실에서 정인형, 안재송에게 권총을 겨눴다. 박선호는 정인형에게 "움직이지 마, 우리 다 같이 살자"라고 호소했다. 그러나 안재송이 권총을 뽑으려 하자 박선호는 두 사람 모두에게 방아쇠를 당겼다. 당시 안재송은 국내 최고의 속사권총 실력자였지만 먼저 총을 겨눈 박선호에게 맥없이 당했다. 이로써 김재규의 중앙정보부 요원들은 차지철의 경호원들을 모두 제압하는 데 성공했다. 앞서 연회장 밖으로 뛰쳐나갔던 김재규는 급히 새로운 총을 찾았다. 박선호는 김재규가 원하는 총을 건네줬다. 김재규는 다시 연회장으로 들어갔는데, 마침 화장실에서 나와 경호원들을 찾고 있던 차지철과 마주쳤다. 차지철은 문갑을 치켜들고 비명을 지르며 거세게 저항했다. 김재규는 여유 있게 대응했고 차지철의 복부에 총을 쏴서 죽였다.

이제 남은 것은 박정희뿐이었다. 심수봉과 신재순은 박정희의 등 뒤에서 뿜어져 나오는 피를 막고 있었다. 당시 박정희는 "나는 괜찮아"라고 중얼거렸다고 한다. 김재규가 박정희에게 다가오자 그녀들은 황급히 몸을 피했다. 추후 신재순은 "그때 김재규와 눈이 마주쳤을 때를 영원히 잊지 못한다. 다음에는 나를 쏘겠구나 생각해 후다닥 실내 화장실로 뛰어갔다"라고 진술했다. 김재규는 박정희의 우측 관자놀이에 총을 겨눴다. 그런 다음 최후의 일격을 가했다. 마지막 총탄은 박정희의 오른쪽 귀 바로 윗부분을 뚫고 들어가 뇌를 관통했다. 무려 18년 간 절대권력을 유지했던 박정희는 부하의 손에 허무하게 세상을 떠났다. 그의 나이 61세였다. 이때까지만 해도 김재규의 거사는 기대한 것 이상으로 큰 성공을 거둔 셈이었다.

■ 사태 이후

하지만 김재규의 거사는 최종적으로 실패했다. 그는 거사 직후 중정이 아닌 육군본부로 향하는 결정적 실책을 저질렀다. 이후 궁정동 연회장에 함께 있었던 김계원의 밀고로 체포된 뒤 보안사 서빙고 분실로 끌려갔다. 10.26 사태로 우리나라에는 일정 부분 변화가 찾아왔다. 최규하 과도정부가 수립됐고 유신헌법이 폐기됐다. 억압적이었던 사회 분위기도 다소 완화되는 모습이 나타났다. 그러나 이 사태를 계기로 완전한 민주화가 도래하지는 않았다. 대통령, 중정부장, 경호실장이라는 최고 권력자들이 한꺼번에 사라지자 권력 공백 상황이 발생했고, 이 틈을 타 '전두환' 등이 중심이 된 신군부가 '12.12 쿠데타'를 통해 권력을 장악했다. 군부 권위주의 체제가 연장된 것이다.

10.26 사태의 주모자인 김재규는 추후 법정에서 "이 땅의 민주주

의를 위해 '야수의 심정'으로 유신의 심장(박정희)에 총을 쐈다"라고
밝혔다. 그가 사형 판결 직전 법정에서 행한 최후 진술은 이 같은
주장이 그저 허언이 아니라는 핵심 근거로 부각되곤 했다. 이에 시
민사회단체를 중심으로 10.26 사태를 민주화 의거로, 김재규를 민
주화 투사로 인정하자는 주장이 지속적으로 제기되고 있다. 반면
다른 한편에선 10.26 사태가 우발적, 충동적으로 발생한 것에 불과
하다는 주장이 나온다. 아울러 박정희 정권과 갈등을 겪던 미국이
김재규에게 박정희 암살을 암암리에 사주한 것이라는 주장이 제기
되기도 한다. 김재규는 내란 목적 살인죄와 내란 수괴 미수, 내란중
요임무 종사 미수죄 등이 적용돼 교수형을 선고받았다. 10.26 사태
가 발생한 다음 해인 1980년 5월 24일 형장의 이슬로 사라졌다.

20

12.12 쿠데타

어둠이 내려앉다

군부 독재의 불필요한 연장

12.12 쿠데타 이틀 후인 1979년 12월 14일, 서울 보안사령부 구내에서 기념 촬영한 쿠데타 주역들.

"전두환이가 불순한 장난을 치고 있는 것 같다."

—이건영 3군 사령관(중장)

1979년 12월 12일. 일단의 군인들이 중심이 된 쿠데타가 18년 만에 또다시 발생했다. '전두환' 보안사령관과 '노태우' 9 사단장을 필두로 한 '신군부' 세력은 당시 계엄사령관이던 '정승화' 육군참모총장을 강제 연행해 가는 패륜적 하극상을 자행했다. 이어 수도권 일부 병력과 전방 부대 병력이 전두환과 신군부의 이름으로 평양 주석궁이 아닌 서울의 국방부와 육군본부로 물밀듯이 진격해 들어왔다. 12월 12일의 그날 밤. '참 군인'들은 몰락했고, 육사 11기를 중심으로 한 '하나회' 정치군인들이 득세하게 됐다. 이 나라에서 민주주의에 대한 희망은 사라지고 군부 독재가 불필요하게 연장되는 어둠이 내려앉았다.

■ 사건의 발단

'10.26 사건'으로 18년 간 장기집권을 했던 박정희 정권이 무너졌다. 이를 계기로 정치범 석방 등 사회를 옥죄던 유신체제의 억압이 완화되면서 국가에는 변화의 바람이 불어오는 듯했다. 군부 내에서도 변화 움직임이 있었다. 당시 육군참모총장이자 계엄사령관이었던 정승화 총장(대장)은 박정희 정권 시절 군부 내 사조직을 만들고 정치 행위를 일삼던 군인들을 좌천시키려는 계획을 갖고 있었다. 정승화가 겨냥한 군인들은 다름 아닌 전두환 보안사령관(소장) 등 육군사관학교 11기가 중심이 된 '하나회' 멤버들이었다. 이들은 박정

희가 '구 군부'를 견제하기 위해 의도적으로 키운 '신 군부'였다. 박
정희의 비호 아래 전두환 등은 승승장구했다. 하지만 10.26 사건으
로 든든한 뒷배경은 사라지게 됐다.

정승화는 우선 충실한 군인들이라고 정평이 난 인물들을 군부 내
요직에 앉히며 지휘 계통을 개편해 나갔다. 장태완 수도경비사령
관, 정병주 특전사령관, 윤성민 육군참모차장 등이 대표적이다. 아
울러 당시 노재현 국방부 장관을 만나 군 인사 문제를 논의했다.
이 자리에서 정승화는 문제가 되는 신군부의 핵심 인물들을 신속
히 지방으로 좌천시켜야 한다고 건의했다. 노재현은 즉답을 피했
다. 좀 더 시간을 두고 고민해 보자고 답한 것으로 알려졌다. 당초
정승화가 계획했던 즉각적인 인사 조치는 이뤄지지 않았지만, 그의
강력한 의지로 조만간 조치가 이뤄질 예정이었다. 그런데 인사와
관련한 보안이 새면서 전두환에게 정승화의 계획이 보고되기에 이
르렀다.

■ 정승화 총장 강제연행

당시 전두환은 박정희를 시해한 김재규 중앙정보부장 등을 수사
하는 '합동수사본부장'이었다. 나라를 뒤흔든 사건에 대한 수사책
임자였던 만큼 막강한 권력을 갖고 있었던 셈이다. 하지만 정승화
의 계획이 현실화되면 하루아침에 힘없는 한직으로 밀려날 터였다.
위기감이 높아진 전두환은 모종의 반격을 모색했다. 그는 최측근인
허화평 보안사 비서실장, 허삼수 보안사 인사처장, 이학봉 보안사

대공처장 등을 불러 모았다. 이 자리에서 전두환 등은 10.26 사건과 관련한 정승화의 '혐의점'을 도출해 냈다. 그런 다음 그를 '강제 연행'해 직접 수사하겠다는 계획도 세웠다. 해당 혐의점이란 10.26 사건 당시 정승화가 사건 현장에 있었고 김재규의 내란 행위를 '방조'했다는 것이다. 또한 정승화가 김재규로부터 거액의 돈을 받았다는 확인되지 않은 혐의도 추가했다.

전두환은 11월 중순에 노태우 9 사단장, 유학성 국방부군수차관보, 황영시 1 군단장, 차규헌 수도군단장 등을 만나 정승화 연행 및 추후 행동과 관련한 구체적인 계획을 논의했다. 여기서 난상토론이 벌어진 것으로 알려졌다. 일부 사람들은 정승화 연행이 위험 부담이 크다며 극구 반대했다. 전두환은 10.26 사건의 심각성과 군 인사 문제 등을 거론하며 끈질기게 설득했다. 결국 모든 사람들이 전두환의 뜻에 동의했다. 이후 전두환은 박희도 1 공수여단장, 박준병 20 사단장, 최세창 3 공수여단장, 장기오 5 공수여단장 등과도 긴밀하게 접촉했다. 최종적으로 12월 12일이 거사일로 확정됐다. 다음 날인 13일에 개각이 있는 만큼 그전에 거사를 단행하기로 한 것이다. (전두환은 훗날 법정에서 같은 숫자나 짝수를 좋아해 12월 12일로 정했다고 진술했다.) 비로소 '쿠데타' 실행계획이 정식으로 수립됐다. 실제 거사가 벌어지면 전두환과 만난 인물들이 지휘하는 부대는 국방부 및 육군본부의 명령이 아닌 전두환의 명령에 의해 일사불란하게 움직일 것이었다.

운명의 날인 12월 12일. 전두환 측은 우선 정승화의 최측근들인 장태완 수경사령관, 정병주 특전사령관, 김진기 헌병감을 연희동 요정 연회로 유인해 묶어놓았다. 뒤이어 허삼수·우경윤 등 보안사 수사관과 수도경비사령부 소속 33 헌병대 병력 50명이 정승화가 머물고 있는 한남동 육군참모총장 공관으로 출동했다. 이들은 공관을 지키고 있던 군인들을 무차별 총격을 가해 제압했고 공관을 겹겹이 에워싸 포위했다. 허삼수, 우경윤 등은 공관 안으로 들어가 정승화를 접견했다. 정승화는 사전에 전두환으로부터 보안사 수사관들이 방문할 것이라는 소식을 전해 들었기 때문에 아무렇지 않게 맞이했다. 그는 다른 일정이 있어서 접견을 빨리 끝내고 싶어 했다. 공관 바깥에서 발생한 소란은 아직 인지하지 못한 상태였다.

잠시 미묘한 정적이 흐른 뒤, 허삼수가 단도직입적으로 정승화 연행 의사를 표명했다. 그가 당시 현장에서 밝혔던 연행 이유는 김재규로부터 돈을 많이 받았으니 이와 관련해 총장의 직접적인 증언이 있어야 한다는 것이었다. 증언은 공관이 아닌 '녹음' 준비가 된 별도의 장소(보안사 서빙고 분실)에서 해야 한다고 첨언했다. 방첩부대장을 역임했던 정승화는 녹음 준비가 된 장소라는 것이 무엇을 의미하는지를 알고 있었다. 이는 '고문'을 하면서 억지로 증언을 받아내겠다는 뜻이었다. 정승화가 최규하 대통령이 지시한 것이냐고 묻자 허삼수는 "재가가 있었다"라고 답했다. (정승화 연행과 관련한 대통령의 사전 재가는 없었다.) 정승화는 이를 믿지 않았다. 본인이 직접 대통령에게 확인을 하겠다고 했다. 정승화가 부관을 통해 대통령에게 전화 연결을 하려던 그 순간, 허삼수와 우경윤이 득달같이 달려들어 정승화를 강제로 체포했다. 대통령에게 전화를 하러 갔던 부관은 허삼수가 대동한 또 다른 보안사 수사관들에게 총격을 받고 쓰러졌다. 무력하게 체포된 정승화는 곧장 보안사 서빙고 분실로 끌려갔다. 정승화를 보위할 해병대 병력이 뒤늦게 공관에 도착했지만 이미 엎질러진 물이었다.

■ 대통령 재가 거부와 장태완의 포효

같은 시각, 전두환은 직접 최규하 대통령을 만나 정승화 연행에 대한 재가를 요구했다. 자신의 '직속상관'에게 물리적 강제력을 행사하는 중차대한 일인 만큼 대통령의 사전 재가는 반드시 필요했다. 전두환이 최규하에게 밝힌 정승화 연행 이유는 10.26 사건 방조 및 새로운 혐의점(돈을 받은 것 등) 발견이었다. (이때 최규하가 머물고 있던 총리 공관도 전두환 측의 반란군에게 포위된 상태였다.)

최규하는 이를 재가하지 않았다. 그는 시종일관 국방부 장관을 만나 논의를 해봐야 한다고 주장했다. 노재현 국방부 장관은 정승화 강제연행 시 육군참모총장 공관에서 발생한 총격전 소리에 놀라 급히 몸을 피한 상태였다. 그는 당초 무장공비가 침투한 것으로 판단했고 한미연합사로 달려가 도움을 요청했다. 전두환 측은 전방위적으로 노재현의 행방을 수소문했지만 좀처럼 찾을 수 없었다. 대통령의 계속된 거부로 전두환은 사전 재가를 받는 것을 포기했다. 빈손으로 쿠데타를 지휘하는 장소인 경복궁 30경비단으로 돌아갔다. 그곳에는 노태우, 유학성, 황영시, 장세동 등 쿠데타를 함께 실행하는 인물들이 모여있었다.

전두환 측이 추후 대책에 대해 논의하던 중 갑자기 한통의 전화가 걸려왔다. 정승화가 중용했던 장태완 수경사령관이었다. 전두환이 유인한 술자리에 있다가 정승화 납치 소식을 듣고 허겁지겁 자신의 부대로 돌아온 그는 사태의 진상을 파악한 후 전두환 등에게 즉각 정승화를 '원상 복귀'시키라고 요구했다. 장태완의 불같은 성격을 잘 알고 있었기에 그 누구도 함부로 반발하지 못했다. 군 선배인 유학성이 장태완에게 경복궁으로 와서 함께 하자며 거듭 회유하자 그는 "너희들한테 선전포고다 인마. 난 죽기로 결심한 놈이야"라고 외쳤다. 신군부의 갖은 회유에도 넘어가지 않은 장태완의 모습은 아직까지도 '참 군인'의 표본으로 회자되고 있다.

■ 보안사의 감청공작

장태완의 강경한 태도에 전두환 측의 대응도 빨라졌다. 느긋하게 있다가는 장태완의 전차 부대가 밀고 들어와 포문을 열 것이라는 위기감이 증폭됐다. (실제로 장태완의 명을 받은 수경사 소속 전차 부대가 30 경비단 쪽으로 쳐들어왔지만 전두환 측의 김진영 대령이 맨몸으로 막아 돌려세웠다.) 더욱이 이때 육군본부는 전두환 측의 행위를 하극상에 의한 '군사반란'으로 규정했고 전투준비태세 경보인 '진돗개 1'을 발령했다. 다급해진 전두환은 박희도 1 공수여단장에게 육군본부와 국방부를 무력으로 점령할 것을 명했다. 동원할 수 있는 부대들 중 1 공수여단의 기동력과 접근성이 가장 좋았다. 이와 함께 노태우 9 사단장은 전방부대 병력을 빼내 서울 중앙청으로 출동시켰다. 전방부대 병력 이동은 한미연합사령관의 승인이 있어야 가능한 것이었지만 완전히 무시됐다. 전두환 측은 육군본부, 국방부, 중앙청 등 핵심 기관들을 신속히 장악하는 것만이 승리이자 '생존'의 길이라고 판단했다. 이제 돌이킬 수 없는 강을 건너게 된 셈이었다.

1 공수여단이 빠르게 진격해 오자, 장태완은 박희모 30 사단장에게 연락해 1 공수여단의 진입로인 행주대교를 봉쇄할 것을 요구했다. 박희모는 장태완의 요구를 수용했고 부하들에게 행주대교를 봉쇄하라고 지시했다. 그런데 이 지점에서 전두환 보안사령부의 위력이 발휘됐다. 보안사는 군의 정보기관이었다. 군대 내 통신을 완벽하게 장악하고 있었고 장태완 등의 통화를 실시간으로 감청, 동향을 속속들이 꿰뚫었다. 또한 각급 부대의 보안사 요원들을 통해 지휘관들을 설득, 육군본부가 바라는 부대 동원을 사전에 봉쇄해 버렸다. 장태완이 박희모에게 요구한 내용을 파악한 보안사 요원은 즉각 박희모에게 연락했다. 그는 현재 대통령과 보안사령관이 함께 있고 이미 대세는 기울었다는 등의 거짓 정보를 흘렸다. 그러면서 1 공수여단이 행주대교를 통과하게 해 달라고 요구했다. 보안사의 감청 공작에 겁을 먹은 박희모는 해당 요구를 들어줬다. 이로써 1 공수여단이 무난히 행주대교를 통과해 서울로 진입할 수 있는 길이 열리는 듯했다.

■9 공수여단, 운명의 회군

육군본부와 수경사는 초비상이 걸렸다. 이대로 가다간 반란군에게 속절없이 당할 수밖에 없었다. 당시 육군본부와 국방부에는 1 공수여단에 대항할 수 있는 전투병력이 존재하지 않았기 때문이다. 수경사도 충분한 전투병력을 갖추지 못했기에 적절한 대처를 할 수 없는 상태였다. 육군본부는 1 공수여단에 집요하게 연락해 즉각 원대복귀하라고 요구했다. 만약 원대복귀하지 않을 경우, 군형법상 최고형에 처할 것이라는 경고도 했다. 극적인 반전이 일어났다. 1 공수여단이 행주대교를 앞에 두고 원대복귀하기로 결정했다. 육군본부의 요구에 응한 것이다. 이때 1 공수여단장인 박희도가 직접 지휘하지 않았기 때문에 원대복귀 결정이 내려질 수 있었다. (박희도는 여전히 30 경비단에 있었다.)

전두환 측에 유리하게 전개되던 상황이 일순간 틀어졌다. 더욱이 '9 공수여단'이 서울로 긴급 출동하기로 결정하면서 전두환 측은 최대 위기를 맞이했다. 전두환은 쿠데타를 시행하기에 앞서, 유사시 어느 부대보다 신속하게 병력을 동원할 수 있는 4개 공수여단 중 1,3,5 공수여단을 쿠데타에 끌어들였다. 하지만 9 공수여단은 포섭하지 못했던 만큼, 전두환은 쿠데타 당일 밤 이 부대의 출동을 우려하고 있었다. 결국 우려가 현실이 된 것이다. 9 공수여단의 화력과 규모는 매우 위협적인 수준이었다. 다급해진 박희도는 30 경비단에서 자신의 부대(1 공수여단)로 신속히 돌아갔다. 그는 직속상관인 특전사령관의 명령도 무시한 채 원대복귀한 1 공수여단을 다시 서울로 출동시켰다. 육군본부 측의 9 공수여단과 전두환 측의 1 공수여단이 서울에서의 무력 충돌을 앞두고 있는 '폭풍 전야'와 같은 상황이 도래했다.

바로 이 즈음, 전두환 측은 결과적으로 자신들에게 승리를 가져다주는 '묘안'을 육군본부에 제안했다. 서울에서 '내전'이 발생할 수 있으니, 각자가 동원한 부대를 동시에 원대복귀시키자는 것이었다. 일종의 '신사협정' 제안이었다. 육군본부는 잠시 고민 끝에 이를 수용했다. 그러나 전두환 측의 제안은 거짓이었다. 육군본부의 어처구니없는 결정의 배경에는 두 가지의 믿음이 존재했다. 첫째, 전두환 측도 내전을 진심으로 우려하는 만큼 반드시 회군을 할 것이라고 믿었다. 둘째, 만약의 경우 9 공수여단 외에 즉각 동원할 수 있는 또 다른 부대가 있을 것이라고 믿었다. 완벽한 착각이었다. 전두환 측은 내전을 불사하는 한이 있더라도 회군할 생각이 전혀 없었고, 9 공수여단 외의 부대는 이미 보안사의 감청공작 등으로 즉각 동원이 불가능한 상태였다.

결국 9 공수여단은 육군본부의 명령으로 회군했다. 육군본부는 전두환 측의 쿠데타를 진압할 수 있는 가장 확실한 카드를 스스로 거둬들였던 셈이다. 반면 은밀히 잠복해 있던 전두환 측의 1 공수여단은 9 공수여단의 회군을 확인한 뒤 행주대교를 지나 육군본부와 국방부로 빠르게 진격해 들어갔다. 뒤이어 전방에 있던 노태우의 9사단 병력도 중앙청으로 진입했다. 전두환 측의 부대에 제대로 대항할 수 있는 병력은 존재하지 않았다. 육군본부와 국방부 등을 장악한 전두환 측은 끝까지 저항 의지를 불태웠던 장태완, 정병주, 김진기 등을 체포해 서빙고 분실로 끌고 갔다. 앞서 장태완은 전세가 기운 것을 알았음에도 얼마 안 되는 수경사 병력을 이끌고 반란군 지휘 장소인 경복궁으로 진격해 포문을 열려고 했다. 하지만 내전을 우려한 부하들의 만류와 노태우 9사단 병력의 포위 작전 등으로 뜻을 이루지 못했다. 정병주는 일찌감치 신군부에 포섭된 부하들의 배신으로 한쪽 팔에 총상을 입은 채 억류돼 있었다. 전두환 측은 행방불명됐었던 노재현도 찾아내 정승화 연행에 대한 승인을 얻어냈다. 대통령에게도 사후 재가를 받았다. 이렇게 하룻밤 만에 12.12 쿠데타는 성공적으로 마무리됐다.

■ 쿠데타 이후

전두환을 중심으로 한 신군부 세력이 권력을 장악했다. 최규하 대통령은 허수아비에 불과했고 일개 별 두 개짜리 소장이었던 전두환이 사실상 최고 권력자로 군림했다. 이후 전두환 측은 비상계엄을 확대하는 '5·17 쿠데타'를 감행한 데 이어 '광주 민주화 운동' 등을 무력으로 진압했다. 이를 통해 전두환은 대통령의 자리까지 올라섰다. 쿠데타를 막으려 했던 군인들은 비참한 결과를 맞이했다. 정승화는 모진 고문을 받은 후 육군참모총장에서 이등병으로 강등됐다. 강제로 전역까지 당했다. 정승화와 뜻을 같이 했던 장태완, 정병주 등도 비슷한 운명을 맞았다. 더욱이 장태완의 경우 아들은 의문사했고 부인은 극단적 선택을 하는 등 가족들의 삶에도 불운이 닥쳤다. 정병주는 본인이 석연치 않게 생을 마감했다.

12.12 쿠데타는 그것을 주도한 전두환, 노태우가 대통령으로 재임한 1980년부터 1993년까지는 정당화됐다. 그러나 김영삼 정부가 출범한 이후에는 '하극상에 의한 쿠데타적 사건'으로 규정됐다. '역사 바로 세우기' 차원에서 12.12 쿠데타에 대한 재수사도 이뤄졌다. 그 결과 전두환과 노태우는 반란수괴 등의 혐의로 구속, 수감됐다.

부록

또 다른 정변들

당 태종 이세민의 권력 찬탈…
'현무문의 변'

中 대표 명군의 아킬레스건

당 태종 이세민. 중국의 3대 명군 중 한 명이지만
집권 과정에서 치명적인 문제점을 갖고 있었다.

고당 전쟁으로 우리에게 익숙한 '당 태종 이세민'은 중국의 대표 명군으로 꼽힌다. 그의 치세 기간에 당나라의 국력은 매우 강성했고 경제적으로도 크게 번영했다. 사람들은 태평성대였던 이 시기를 '정관의 치'(貞觀之治)라고 일컬었다. 하지만 빛이 있으면 어둠도 있다. 이세민의 집권 과정은 그야말로 처참했다. '현무문의 변'(玄武門之變)이라는 쿠데타를 일으켜 권력을 찬탈했고, 동복형제들과 어린 조카들을 모조리 척살했다. 자신이 죽인 동생의 부인을 후궁으로 삼는 패륜도 서슴지 않았다. 아무리 정치를 잘했다 한들, 이러한 측면은 이세민 집권 내내 정통성 및 윤리적 문제를 일으키며 그의 발목을 잡았다. 중국사 대표 명군의 처참한 골육상쟁인 '현무문의 변' 전말을 되돌아봤다.

■ 당나라 건국과 후계 갈등

617년 수나라 양제의 폭정은 갈수록 심해지고 있었다. 이에 중국 전역에서 반란이 일어났다. 수많은 반란 세력 중 가장 두드러진 인물은 태원유수 '이연'이었다. 그는 군사를 크게 일으켜 수나라의 수도 장안을 공격, 함락시켰다. 잠시 수 공제를 옹립했지만 얼마 안가 폐위했고 스스로 황제의 자리에 올랐다. 618년 당나라가 건국됐고 이연은 '당 고조'가 됐다. 이연 밑에는 대표적으로 세 명의 아들이 있었다. 첫째 이건성, 둘째 이세민(진왕), 셋째 이원길(제왕)이었다. 장남인 이건성이 차기 황태자로 선정됐지만, 눈에 띄는 활약을 선보여 세간의 주목을 한 몸에 받은 이는 차남인 이세민이었다. 이세민은 수나라 토벌 때 큰 전공을 세웠고 당나라에 대항한 각종 반란들을 효과적으로 진압했다. 단 한 번의 패배도 없었다. 이에 고조는 이세민에게 '천책상장'(天策上將)이라는 칭호를 하사하며 극찬했다. 이건성도 이연의 근거지였던 태원을 사수해 당나라가 천하를 통일하는데 이바지했지만, 이세민의 공적에 비할 바는 아니었다. 이세민은 태자의 궁에 버금가는 '홍의궁'까지 지으면서 위세를 떨쳤다.

이건성은 큰 압박감을 느끼기 시작했다. 명성이 자자한 동생이 언젠가 자신을 몰아내고 황태자가 될 수도 있음을 우려했다. 그는 이세민에 대한 공격을 결심했고 이를 위해 사전 작업에 들어갔다. 우선 세력을 규합했다. 특히 셋째인 이원길을 끌어들이는 데 성공했다. 이건성은 이원길에게 "이세민을 죽인 뒤 너를 황태제로 삼겠다"라고 약속했다. 당시 이건성 곁에는 뛰어난 책사인 '위징'도 있었기에 이세민으로선 만만치 않은 형국이 조성되고 있었다. 이건성과 이원길은 비빈들을 통해 고조에게 이세민과 관련한 부정적인 내용들을 일러바치기도 했다. 비빈들은 "이세민이 스스로 말하기를 '나는 천명을 가졌으니 바야흐로 천하의 주인이 될 것인데. 어찌 하찮게 죽겠는가'라고 했다"라고 전했다. 대로한 고조는 이세민을 불러 "천자인 나와 태자인 형이 너 앞에 있는데 그리도 천자가 되고 싶으냐?"라면서 크게 꾸짖었다. 이세민은 자신이 한 말이 아니었지만 일단 고개를 숙였다. 그런 다음 철저한 조사를 통해 모함의 배후에 이건성과 이원길이 있다는 것을 알아냈다.

이건성은 이세민의 세력 약화도 도모했다. 이세민의 최측근이라 할 수 있는 방현령, 두여회, 울지공 등을 조정으로 불러들여 이세민과 떼어놨다. 전공도 세웠다. 유혹달이 돌궐을 등에 업고 반란을 일으켰을 때, 이건성은 위징의 건의를 받아들인 뒤 직접 출진해 반란을 진압했다. 그동안 동생의 기에 눌려있었던 이건성은 정치적 투쟁에서 잇따라 성과를 올리면서 유리한 국면을 조성했다. 이에 이세민의 위기감은 최고조에 달했다. 이대로 가다간 속절없이 당할 수 있다고 판단했기에 나름대로 대책을 강구해 나갔다. 이런 가운데 돌궐이 당나라를 공격해 왔다. 이건성은 이 기회를 활용해 이세민 세력을 일망타진할 계획을 세웠다. 이원길을 돌궐을 막는 지휘관으로 삼은 후, 이세민의 측근인 울지경덕과 진경 등을 전장으로 데리고 가 살해하라고 지시했다.

이 계획은 이세민 세력에 은밀하게 전달됐다. 이세민의 처남인 장손무기는 즉각 군사들을 일으켜 이건성에게 쳐들어가자고 제안했다. 울지경덕도 "(이세민이) 움직이지 않는다면 본인이 나서겠다"라고 소리쳤다. 마침내 이세민은 정변을 단행하기로 결심했다. 당하기 전에 선수를 치기로 한 것이다. 고조의 명을 빙자해 이건성과 이원길을 특정 장소(현무문)로 유인한 뒤 그 자리에서 일거에 척살하기로 했다. 이때 방현령과 두여회 등도 조정에서 돌아와 정변 계획을 함께 논의했다.

■ 현무문의 변

626년 6월 3일, 이세민은 고조를 찾아가 이건성과 이원길이 고조의 후궁들을 희롱했고 그들이 지금 죄 없는 자신을 죽이려 한다고 보고했다. 화들짝 놀란 고조는 직접 추궁하겠다며 두 사람을 궁궐로 불렀다. 부름을 받았을 때 두 사람의 반응은 달랐다. 불안감을 느낀 이원길은 의심스러운 일이라며 핑계를 대고 가지 말자고 했다. 이건성은 별일 아니라면서 그냥 입궐하자고 했다. 그다음 날, 두 사람은 정예병 2000명을 대동한 채 태극궁으로 향했다. 군사들을 궁궐 안으로 데리고 들어올 수는 없었다. 군사들을 바깥에 남겨 두고 두 사람만 궁궐 안으로 들어갔다. 궁궐 안에 이세민의 군사들이 잠복해 있을 것이라곤 조금도 생각하지 못했다.

이건성과 이원길은 태극궁의 북문인 현무문에 들어섰다. 이때 이건성은 뭔가 이상한 기운을 감지했다. 급히 말을 돌려 궁궐 밖으로 나가려 했다. 그런데 저 멀리서 "대형! 어디로 가시는지요?"라는 소리가 들려왔다. 완전 무장한 이세민이었다. 이건성과 이원길은 크게 당황했다. 직감적으로 함정에 빠진 것을 알았기 때문이다. 이원길은 급히 화살을 뽑아 이세민을 향해 발사했다. 이세민은 가볍게 피했다. 그런 다음 이건성에게 기습적으로 화살을 쐈다. 화살을 정통으로 맞은 이건성은 그 자리에서 사망했다. 이 즈음 이세민의 측근인 울지경덕이 70여 명의 군사들을 이끌고 현장에 도착했다. 이들은 이원길을 향해 일제히 화살을 쏘려 했다. 그 순간, 이세민의 말이 갑자기 숲 속으로 뛰어들어갔다가 나뭇가지에 걸려 넘어졌다.

이세민 역시 낙마했다. 그는 머리에 충격을 입어 잠시 일어나지 못했다.

　이원길은 울지경덕 군사들의 공격을 피해 숲 속으로 도망친 상태였다. 그곳에서 쓰러져있는 이세민을 발견한 뒤 활대로 그의 목을 눌렀다. 이세민이 고통에 몸부림치던 찰나, 울지경덕이 말을 타고 들어와 "그만둬라"라고 외쳤다. 이원길은 아버지 고조가 있는 무덕전을 향해 도망쳤다. 울지경덕이 재빨리 추격하면서 이원길을 향해 화살을 쐈다. 화살은 이원길에게 정통으로 꽂혔다. 결국 이원길도 형인 이건성을 따라 사망했다. 이세민 세력의 정변 계획은 대성공이었다. 한편 궁궐 바깥에 있던 이건성 및 이원길의 군사들은 이상함을 느끼고 현무문 앞까지 진격했다. 여기서 현무문 진입을 막으려는 이세민의 군사들과 일대 격전을 벌였다. 쉽사리 우열을 가릴 수 없는 상황이 지속되는 가운데, 갑자기 현무문에 이건성 이원길의 머리가 내걸렸다. 현무문으로 진입하려 했던 군사들은 망연자실했다. 군사들은 중심을 잃었고 사방으로 뿔뿔이 흩어졌다. 이 군사들을 이끌었던 설만철도 부하들과 함께 종남산으로 달아났다. (추후 이세민은 자신의 측근이었던 설만균에게 설득돼 설만철에게 관용을 베풀었다.) 이세민 세력에게 남은 것은 고조밖에 없었다. 울지경덕을 선봉으로 한 군사들이 고조가 있는 장소로 진격했다.

■ 정변 이후
고조는 이때 배를 타고 궁궐 안에 있는 호수 가운데로 가 있었다.

이미 정변 소식을 전해 듣고 몸을 피한 것이다. 그는 아직 정변의 주체가 누구인지 파악하지 못하고 있었다. 조만간 울지경덕이 찾아와 다음과 같이 보고했다. "폐하, 태자와 제왕이 반란을 일으켰지만 진왕인 이세민께서 이들을 주살했습니다. 진왕은 폐하가 놀랄까 봐 소신을 보내 상황을 알려주라고 했습니다. 이제 제가 폐하를 모시겠습니다." 이후 이세민도 와서 이건성 및 이원길의 반란과 '선참후보'(先斬後報)를 알렸다. 고조는 해당 보고를 곧이곧대로 믿지 않았다. 두 아들이 반란을 일으켰을 리 없다고 판단했다. 졸지에 아들들을 잃은 고조는 매우 슬퍼하며 이세민을 나무란 것으로 알려졌다. 이에 격분한 이세민은 모든 문제의 근원이 부황에게 있다며 협박한 것으로 전해진다.

고조는 모든 것을 내려놓고 이세민을 새로운 황태자로 삼았다. 그로부터 2개월 뒤인 626년 9월 4일에는 양위까지 했다. 마침내 이세민은 황제 자리에 올라 '당 태종'이 됐고, 당나라의 권력을 완전히 장악했다. 같은 배에서 나온 형제들을 가차 없이 죽인 그는 무자비함을 계속 드러냈다. 이건성과 이원길의 아들들을 모조리 죽였으며 남은 가족들을 황실 호적에서 파버린 뒤 멀리 쫓아냈다. 동궁과 제왕부의 군사들도 남김없이 제거했다. 이세민은 이를 통해 후환을 철저히 없애려 한 것이다. 다만 적이지만 능력이 있는 사람을 중용하는 모습도 보였다. 대표적인 사람이 이건성의 책사였던 위징이다. 훗날 위징은 시도 때도 없이 간언을 하며 이세민이 올바른 정치를 하도록 이끌었다.

영락제, 조카를 끌어내리다…
'정난의 변'

중국판 계유정난 전말

명나라의 제3대 황제 '영락제'. 그는 중국판 계유정난을 일으켜 조카인
건문제를 끌어내리고 스스로 황제가 됐다

"을축일, 금천문에 이르러 곡왕 혜(穗), 이경륭 등이 문을 열고 왕을 받아들이니 도성이 마침내 함락되었다. 이날, 왕이 여러 장수들을 나누고 명하여 도성 및 황성을 지키도록 하고, 돌아와 용강에 주둔하면서 영을 내면 군민을 안무했다. 크게 수색하여 제태, 황자징, 방효유 등 50여 인을 붙잡고 그 성명을 방에 걸어 간신(奸臣)이라 하였다."

－성조본기 中

조선사 가운데 수많은 사람들을 충격에 빠뜨린 대표적인 사건은 수양대군의 '계유정난'이다. 수양대군은 쿠데타를 통해 권력을 장악했고 조카인 '단종'의 왕위를 찬탈했다. '충'(忠)을 중시하는 유교 국가 조선의 지향점과 매우 상반되는 사건이었다. 그런데 이 같은 일이 중국에서도 있었다. 주인공은 명나라의 제3대 황제인 '영락제'였다. 그는 황제가 될 만한 능력을 갖췄지만 적장자가 아니었기 때문에 황제가 되지 못했다. 되레 황권에 위협이 된다는 이유로 제거될 위기에 처했다. 그럼에도 영락제는 끝내 승리를 거뒀고, 조카인 '건문제'를 끌어내리고 황제의 자리에 올랐다. 성격 측면에서 계유정난과 유사한 '정난의 변'(靖難之變)을 통해서다. 정난의 변은 무려 4년간 치러진 대규모 정변이자 전쟁이었다. 이로 인해 명나라는 초창기부터 거대한 격변에 휘말리며 흔들렸다. 중국판 계유정난인 '정난의 변' 전말을 되돌아봤다.

■ 주체와 건문제

새로운 중국 통일왕조인 명나라를 건국한 주원장은 첫째 아들인

'주표'를 황태자로 삼았다. 내심 넷째 아들인 '주체'를 눈여겨봤지만 적장자 승계 원칙에 입각해 장남을 후계자로 선정했다. 주원장은 태자의 앞길을 터주기 위해 수많은 창업공신들을 겨냥한 대규모 숙청을 단행했다. 힘 있는 공신들은 훗날 태자에게 걸림돌이 될 수 있었기 때문이다. 아울러 25명이나 되는 아들들을 '번왕'으로 책봉한 뒤 지방으로 보내 국경수비를 담당케 했다. (독자적인 행정권이나 조세징수권 등 실질적 지배권을 행사하지 못하게 했다.) 아들들을 중앙정치에 관여하지 못하게 함으로써 태자의 부담을 덜어주려 했다. 지방으로 간 아들들은 각자 병권을 쥐고 세력을 형성했다. 이 가운데 북평(현재 북경)을 맡게 된 연왕 주체의 힘이 가장 강대했다. 그는 몽골의 침략을 잇따라 격퇴하며 공적을 올렸다.

1392년 별안간 황태자 주표가 세상을 떠났다. 당황한 주원장은 신료들과 함께 후계자 논의에 착수했다. 이때도 그는 능력 있는 주체를 후계자로 삼고 싶어 했다. 군사적으로 탁월한 재능을 선보였고 성품도 호방했으며 목표의식이 뚜렷했기 때문이다. 기실 주체는 아버지 주원장을 쏙 빼닮았다. 하지만 학사 유삼오 등 수많은 신료들이 나서서 "아들이 죽으면 손자가 적통을 잇는 게 도리"라고 주장했다. 주원장은 나라의 근간이 되는 유교적 원칙을 무시할 수 없었고, 주체 위로 형들이 또 있었기 때문에 신료들의 주장을 받아들였다. 이에 장남 주표의 아들이자 주원장의 손자인 '주윤문'이 16세에 황태손이 됐다. 주체와 달리 유순하고 학문을 좋아했던 그는 제태, 황자징 등 여러 참모들과 함께 차기 황제가 될 준비를 착실히 해나갔다.

황자징은 주윤문에게 우려되는 사안들을 경고하기도 했다. 그는 과거 한나라 때 일어난 '오초칠국의 난'을 예로 들면서, 지방에서 권세를 부리는 황자들이 큰 위협이 될 수 있다고 했다. 따라서 이들을 반드시 견제하거나 제거해야 한다고 주장했다. 주윤문도 숙부들의 군사력을 좌시하지 않았고 황자징의 견해에 적극 공감했다. 한편 주원장은 황태손을 염려해 다시 한번 걸림돌이 될 만한 사람들을 겨냥한 대규모 숙청을 단행했다. 양국공 남옥을 비롯해 2만여명이 처형된 '남옥의 옥'이 대표적이다. 이후 주원장은 죽음에 이르러 "나의 아들들이 내가 죽은 후 장례식에 참석하지 말고 영지를 지켜라"라고 유언하기도 했다. 황태손의 숙부들이 문상을 구실로 대거 수도로 몰려들 경우 변란이 발생할 수도 있다고 판단했기 때문이다.

1398년 주원장이 세상을 떠났고 주윤문이 명나라 제2대 황제(건문제)로 즉위했다. 건문제는 즉위 직후 가장 먼저 숙부들을 무력화시키는 작업에 착수했다. (이때 핵심 측근들 사이에서 가장 강력한 주체를 먼저 칠 것인지 아니면 나중에 칠 것인지를 두고 논쟁이 벌어졌다. 건문제는 고심 끝에 후자를 선택했다.) 주왕 주숙, 대왕 주계, 민왕 주편, 제왕 주부, 상왕 주백 등이 신속히 감금되거나 유배를 떠나게 됐다. 북평에서 이를 지켜본 주체는 머지않아 자신도 화를 입게 될 것이라고 생각했다. 가만히 앉아 당할 순 없었던 그는 당장이라도 거병하고 싶었지만, 수도인 남경에 있는 아들들이 걱정돼 결행하지 못했다. 당시 아들들은 주체 대신 주원장의 장례식에 참석했다가 인질로 잡혀 있었다. 건문제가 황자징의 건의를 받아들여 아들들을 풀어주자마자 주체는 반란을 일으켰다.

■ 정난의 변

연왕 주체가 내세운 반란의 명분은 '정난', 즉 황제 옆에 있는 간악한 간신들을 제거하고 문제를 일으키는 난을 다스린다는 것이었다. 자신의 군사들은 '정난군'으로 불렀다. 이들은 오랜 기간 몽골과의 전투로 인해 정예화된 군대로 거듭나 있었다. 정난군은 거병한 지 한 달 만에 그 규모가 수만 명으로 증가했고 파죽지세로 진격했다. 통주, 준화, 밀운에 이어 거용관, 회래까지 함락시켰다. 조정은 주체의 거병과 진격 소식에 당황했지만 이내 경병문에게 30만 대군을 맡겨 방어하도록 했다. 그런데 경병문의 군대도 정난군의 기습 공격을 받아 패배했다. 다급해진 조정은 지휘관을 이경륭으로 교체한 뒤 50만 대군을 맡겼다. 정난군은 백구하에서 이경륭의 군대와 대규모 전투를 벌였다. 치열한 접전 끝에 정난군은 밀리기 시작했고 주체 역시 궁지에 몰렸다. 수적으로 열세였기 때문이다.

때마침 주체의 아들인 주고후가 구원군을 이끌고 나타나 잠시 반전의 계기를 마련하는 듯했다. 그러나 황제군에 추가 병력이 합세해 규모가 더욱 불어나면서 정난군은 절망적인 상황에 처했다. 이때 극적인 일이 발생했다. 갑자기 황제군 쪽으로 강한 바람이 불기 시작했다. 정난군은 즉각 화공을 퍼부었고 전세는 순식간에 정난군에게 유리해졌다. 결국 이 전투에서 황제군은 10만 명 이상이 전사하며 대패했다. 이후 수많은 성들이 주체의 정난군에게 합류했다. 다만 정난군에게 곧바로 장밋빛 미래가 열린 것은 아니었다. 기대 이상으로 선방했지만 여전히 황제군의 전력이 훨씬 강했기 때문이다. 황제군은 전열을 가다듬고 반격에 나서 정난군이 잠시 점령했던 덕주를 탈환했다. 뒤이어 동창에서 정난군을 대파했다. 주체는 해당 전투에서 최측근 장수와 정예병력을 대거 잃었다.

주체는 뼈아픈 패배 이후에도 포기하지 않았다. 1401년 3월, 다시 군대를 이끌고 협하에서 황제군과 큰 전투를 벌였다. 그런데 이 전투에서 주체는 10여 명의 부하들과 황제군 진영을 정탐하다 포위되고 말았다. 졸지에 죽을 위기에 빠진 것이다. 건문제의 참살 승인만 있으면 정난의 변도 완전히 진압되는 것이었는데, 극적인 반전이 일어났다. 건문제는 "짐이 숙부를 죽였다는 책임을 지게 하지 마라"라는 조서를 내렸다. 전혀 예상하지 못한 전개에 황제군 군사들은 크게 놀랐고 아무런 행동도 취하지 못했다. 이에 주체는 무사히 포위망을 빠져나올 수 있었다. 전화위복이 찾아왔다. 정난군은 다음날 치러진 전투에서 황제군을 격파했다. 건문제의 우유부단한 처신이 황제군에게 독이 됐던 것이다.

정난군의 기적적인 승리에도 불구하고 아직까지 황제군이 전쟁 주도권을 쥐고 있었다. 황제군은 1402년 4월 소하에서 정난군을 무너뜨렸다. 이의 여파로 주체의 최측근이 전사했다. 이후 전쟁은 교착 상태에 빠지는 듯했다. 장기화되는 전쟁으로 지쳐버린 주체의 부하들은 일단 북쪽으로 퇴각한 뒤 군대를 휴식시키고 보리를 취식하면서 기회를 엿보자고 제안했다. 주체는 고심 끝에 다음과 같이 말했다. "지금 적이 대적한 지 오래돼 굶주리고 피로하니, 저들의 보급로를 차단한다면 가히 앉아서도 저들을 곤란케 할 수 있는데. 어찌 북으로 돌아가 장사들의 사기를 해이토록 할 것인가." 퇴각이 아닌 남아서 계속 싸우겠다는 이 결정은 결과적으로 주체와 정난군을 승리의 길로 인도한 결정타였다. 얼마 뒤 남경에는 잘못된 소문이 퍼졌다. 주체의 정난군이 북쪽으로 퇴각했다는 것이다. 이를 믿은 건문제는 황제군의 총지휘관인 서휘조와 휘하 군사들을 불러들이고 해산시켰다.

주체가 황제군의 행동에 의아해하고 있을 때, 그의 측근인 요광효가 나서서 "이 기회를 놓치지 말고 곧장 수도인 남경으로 진격하자"라고 제안했다. 주체 역시 이것이 하늘이 준 기회라고 생각했다. 황제군 주력이 알아서 사라져 줬던 만큼 거칠 것이 없었다. 정난군은 무서운 속도로 남하하기 시작했다. 엄청난 속도전으로 양주를 함락시켰고 장강까지 건넜다. 정난군이 북쪽으로 돌아간 줄로만 알았던 조정은 남경으로 빠르게 진격해 오는 정난군 소식을 접하자 혼비백산했다. 건문제는 다급하게 조서를 내려 군사들을 모집했고, 시간을 벌기 위해 주체에게 "영토를 나누자"라는 제안도 했다. 주체는 이를 무시하고 정난군을 계속 남경으로 진격시켰다. 남경에 당도한 정난군은 건문제가 있는 성을 집중 공격했다. 이윽고 대세가 기울었다고 판단한 이경륭 등이 성문을 열고 나와 주체와 정난군을 맞이했다. 마침내 1402년 7월 수도인 남경이 정난군에게 함락됐다. 건문제는 정난군이 밀려오자 궁궐에 불을 지르라고 명했다. 이후 그는 행방불명됐다. 불에 타 죽었다거나 승려로 변장한 뒤 몰래 탈출했다는 등의 소문만이 난무했다.

■ 공포정치

주체는 새로이 명나라의 황제가 됐다. 성조 영락제는 정통성이 취약했기 때문에, 항상 또 다른 쿠데타 가능성을 염려했다. 이에 그는 절대 권력을 추구하는 것만이 사는 길이라고 판단했다. 건문제처럼 형제들의 군사력을 무력화시켰고 지방 곳곳에 어사들을 파견해 권력을 행사했다. 아울러 '공포정치'를 적극 도입했다. 건문제의 측근들을 '간신'이라 명명한 뒤 당사자들은 물론 일가친척 모두를 잡아 죽였다. 일부 신료들은 '9족'이 멸족을 당했다. 처형 방식도 굉장히 끔찍했다. 허리를 자르는 '요참형', 사지를 찢어 죽이는 '거열형', 사람의 살을 포 뜨는 '능지형' 등이 행해졌다. 영락제의 무자비한 숙청을 나타내는 고사성어도 있었다. '과만초', 하나의 오이를 당기면 사방의 오이 넝쿨이 끌려온다는 뜻이었다.

영락제는 공포정치를 통해 권력을 공고히 다질 수 있었다. 그는 수도를 북경으로 옮겼고 환관들을 중용해 군 지휘권 등을 맡겼다. 환관정치의 폐단이 점점 나타나기 시작했다. 여러 차례 친정을 단행해 몽골족의 타타르부와 만주 여진족 등을 정벌하기도 했다. 또한 원래 원나라의 수도였던 북경을 새롭게 건설했다. 이로써 엄청난 규모의 '자금성'이 만들어졌다. 약 980개의 건물과 9000여 개의 방으로 구성됐다. 자금성을 건설할 때 수많은 사람들이 갖은 노역에 시달렸다고 한다. 어두운 측면이 많았지만, 영락제 집권 시기에 명나라는 전성기를 구가한 것으로 평가된다. 조선과도 상당히 우호적인 관계를 형성했다.

명나라 멸망의 결정타...
'이자성의 난'

명 말기 대규모 농민반란 전말

명나라 말기 농민 반란을 이끌었던 이자성의 동상.

'명나라'는 농민 반란에 의해 수립된 국가였다. 제1대 황제인 '주원장'이 농민 출신이자 농민군 수장이었다. 이러한 태생적 특성을 갖고 있는 명나라는 아이러니하게도 농민 반란에 의해 무너졌다. 17세기부터 명나라 전역에선 각종 폐단들에 대항한 농민 반란이 속출했다. 가장 대표적인 것이 '이자성의 난'이다. 이자성은 무수한 어려움을 딛고 일어나 농민군의 세를 불렸고, 정부군을 효과적으로 격파해 나갔다. 당시 명나라는 만주에서부터 치고 들어오는 '청나라'군을 상대하느라 정신이 없었다. 이자성군은 이 기회를 잘 활용해 끝내 명나라의 수도인 북경을 함락시켰다. 많은 사람들은 명나라가 청나라에 의해 멸망한 것으로 알고 있지만, 이미 그전에 이자성군에 의해 멸망했다. 다만 이자성의 난은 청나라에게만 좋은 일이었다. 청나라는 이자성군을 비교적 손쉽게 물리치고 중국 대륙의 새로운 패자로 등극했다. 명나라 멸망의 결정타였던 '이자성의 난' 전말을 되돌아봤다.

■ 쇠퇴하는 명나라와 농민 반란

명나라는 1500년대부터 뚜렷한 쇠퇴의 길을 걸었다. 과도한 세금 징수로 농민들의 어려움이 가중돼 유리걸식하는 자영농이 늘어만 갔다. '토목의 변'이나 이민족의 침략 등도 자주 발생해 국가는 큰 혼란에 빠졌다. 이 시기에 집권한 황제들은 국가를 바로 세울 수 있는 역량을 조금도 갖추지 못했다. 가정제, 만력제 등은 국정을 내팽개친 것은 물론 국고를 탕진했다. 1620년대에 이르러 기울어가던 명나라에게 치명타가 가해졌다. '대기근'이었다. 생사의 기로에 직면한 농민들은 더 이상 참지 못하고 봉기했다. 1627년 산시성에서 동시다발적인 농민 반란이 발생했다. (농민뿐만 아니라 탈영한 군인, 전직 관리 등이 대거 가담했다.) 농민 반란은 점차 결집했다. 왕가윤과 고영상 이라는 지도자 밑에서 하나가 돼 정부군에 대항했다.

황제인 '숭정제'는 대대적인 토벌을 명했다. 유능한 무장인 홍승주 가 이끄는 정부군이 1635년 위남에서 농민군을 공격했다. 이 전투 에서 농민군은 궤멸적인 타격을 입었다. 지도자는 체포된 뒤 처형 됐고 수많은 농민군이 전사했다. 그나마 운 좋게 살아남은 농민군 은 정부군에 투항하는 일이 비일비재했다. 한때 큰 위세를 떨쳤던 농민군은 완전히 사그라지는 듯했다. 그런데 농민군 내 핵심이었던 이자성만큼은 끝까지 투항을 하지 않고 정부군에 맞섰다. 그는 동 관에서 정부군과 전투를 벌였다. 결과는 또다시 참패였다. 이자성 은 가까스로 목숨을 부지한 채 소수의 군사들과 함께 도망쳤다.

이제 농민 반란이 활성화되기는 어려울 것처럼 보였다. 정부군은 농민군이 생각했던 것보다 강력했고 숭정제와 명나라 황조는 아직 건재했다. 얼마 뒤 예기치 못한 기회가 찾아왔다. 숭정제가 홍승주 를 전면에 내세워 '대청 전쟁'에 본격적으로 나선 것이다. 이틈을 타 이자성과 여타 농민군 지도자들은 하남으로 이동했다. 여기에서 황 실에 대한 불만이 넘쳐나는 수많은 사람들을 끌어들였다. 더욱이 이자성 등은 하남에서 어려운 사람들에게 곡식을 나눠주고 부패한 관리들을 처벌하는 등 획기적인 모습을 보여줌에 따라 지지세를 크게 넓혀갈 수 있었다. 1639년 이자성의 농민군이 재봉기 했을 때, 그 규모는 이전보다 훨씬 컸다. 질적인 측면에서도 눈에 띄게 성장했다. 농민군의 무장 상태는 양호했고 강력한 기병들이 선봉에 섰다. 비단 농민들만 있는 것도 아니었다. 이암, 송헌책 등 엘리트 문인들이 대거 가담해 농민군에게 힘을 보탰다.

■ 명나라 멸망

이 당시 숭정제는 영원성에서 청나라군을 잘 방어했던 '원숭환'을 처형하는 뼈아픈 실책을 저질렀다. 이에 명나라군의 전력은 크게 약화됐다. 이자성군은 파죽지세로 진격했고 낙양, 개봉 등을 점령했다. 또 다른 농민군인 장헌충군도 빠르게 세력을 넓혀갔다. 명나라군은 약화된 전력, 떠나간 민심, 청나라 방어 등으로 인해 농민군에게 제대로 대처하지 못했다. 이자성은 상양을 점령한 뒤 스스로를 상양왕이라고 칭했다. 뒤이어 순나라라는 국호를 사용했다. 장헌충 역시 스스로를 대서왕이라고 칭했으며 서나라라는 국호를 사용했다. 급기야 이자성은 1644년 서안까지 점령한 뒤 '대순'을 건국했고 황제의 자리에 올랐다.

확실한 기세를 탄 이자성군은 명나라의 수도인 북경을 향해 진격했다. 명나라 조정은 대혼란에 빠졌다. 과거와 달리 농민군을 막아낼 만한 군사력이 존재하지 않았다. 그나마 오삼계의 군사들이 있었지만 이들은 산해관에서 청나라 군대와 대치 중이었다. 신료들이 나서서 숭정제에게 남경으로의 천도를 건의했다. 숭정제는 이를 받아들이지 않았다. 남경으로 이동하다가 되레 이자성군에게 쉽게 공격당할 수 있고, 청나라군에 맞서는 오삼계군을 차마 버리고 갈 수 없다고 판단했기 때문이다. 산해관을 아예 포기하고 오삼계군을 북경으로 불러들이는 것도 어려웠다. 결국 숭정제는 북경에서의 항전을 선택했다.

이는 이자성군에게 호재였다. 외성 수비를 담당한 조화순 등이 이자성군에게 투항하면서 전세는 급격히 기울어졌다. 1644년 4월 25일, 마침내 자금성이 이자성군에게 함락됐다. 숭정제는 처첩과 딸을 죽인 뒤 신무문으로 나와 매산에서 목을 매 자결했다. 죽기 직전 그는 자신의 도포에 다음과 같은 글을 남겼다. "짐이 등극한 지 17년. 역적이 경성을 핍박하니 짐의 보잘것없음과 박덕함을 하늘조차 꾸짖는구나. 선조들이 이룩한 나라를 내가 부덕해 이 지경으로 만들었으니 지하에서 조상을 뵐 면목이 없다. 짐의 의관을 벗겨 얼굴을 가려라. 명나라의 백성들은 아무런 잘못이 없다. 명나라에 대한 그대들의 분노는 나의 시체에만 풀어주길 바란다." 이자성은 이 글을 읽고 감탄했고 숭정제의 무덤을 만들어주며 예우했다고 한다. 숭정제의 죽음으로 276년 간 존속한 명나라는 멸망했다.

■ 이자성의 몰락

이자성군은 북경을 점령한 직후 각종 만행을 저질렀다. 재물을 탈취하기 위해 약탈을 자행했고 마음에 들지 않는 사람들을 잡아다가 고문했다. 특히 못이 박힌 목관에 사람을 집어넣은 뒤 무자비하게 조여서 고통 속에 죽게 만들기도 했다. 명나라에 대한 복수심과 느슨해진 군 기강 등이 작용한 결과였다. 이자성은 이 사태를 알고도 적절하게 대처하지 않았다. 이에 이자성군에 대한 민심이 크게 악화됐다.

한편 오삼계군은 여전히 청나라군과 대치하고 있었다. 이자성은 오삼계를 회유해 아군으로 만든 뒤 청나라군에 맞서려 했다. 오삼계도 오랑캐를 싫어하는 만큼 회유에 넘어갈 것이라 예상했다. 뜻밖의 불운이 닥쳤다. 오삼계가 이를 거부하고 청나라군에 투항하기로 한 것이다. 뒤통수를 세게 맞은 이자성군은 즉각 오삼계군이 있는 장소로 진격했다. 청나라군이 오삼계군을 접수하기 전에, 이미 적군이 된 오삼계군을 궤멸시키려 했다. 이자성군과 오삼계군 간 치열한 전투가 벌어졌다. 우열을 가리기 힘든 상황이 지속되는 가운데, 저 멀리서 청나라군이 함성을 지르며 무섭게 돌격해 들어왔다. 이자성군은 순식간에 공황 상태에 빠졌고, 결국 참패했다. 청-오삼계 연합군은 내친김에 북경으로 진격해 깃발을 꽂았다.

이후에도 이자성군은 패배를 거듭했다. 우창, 강서, 동관 등에서 청나라군에 연이어 패하면서 세력이 급속히 약화됐다. 급기야 회생 불가 상태까지 치달았고 이자성은 최후를 맞이했다. 다만 그가 구체적으로 언제 어떻게 죽었는지는 밝혀지지 않았다. 1645년 후베이성의 구궁산에서 살해당했다거나 스스로 목숨을 끊었다는 설이 있다. 협산사라는 곳에서 승려가 돼 여생을 보냈다는 설도 있다. 이자성군과 쌍벽을 이뤘던 장헌충군도 청나라군에 패배해 소멸됐다. 이로써 청나라는 중국 전역을 완전히 장악했다.

● 정변 연대기

정 변	연 대	시 기
연개소문 정변	642년	고구려 영류태왕 24년
태조왕건 정변	918년	–
이자겸의 난	1126년	고려 인종 4년
묘청의 난	1135년	인종 13년
무신정변	1170년	의종 24년
공민왕 피살	1374년	공민왕 23년
위화도 회군	1388년	우왕 14년
무인정사	1398년	조선 태조 7년
조사의의 난	1402년	태종 2년
계유정난	1453년	단종 1년
중종반정	1506년	연산군 13년
인조반정	1623년	광해군 15년
정조 사망	1800년	정조 24년
갑신정변	1884년	고종 21년
동학농민혁명	1894년	고종 31년
을미사변	1895년	고종 32년
고종 사망	1919년	–
5 · 16 쿠데타	1961년	–
10 · 26 사태	1979년	–
12 · 12 쿠데타	1979년	–

● 참고 문헌

- 연개소문
- 고구려
- 왕건
- 고려사
- 고려사절요
- 이자겸의 난과 묘청의 난
- 서경의 아침 묘청
- 조선상고사
- 삼국사기
- 조선사연구초
- 이야기 한국사
- 대왕의 붉은 꿈 공민왕
- 이성계의 사람들
- 조선왕조실록
- 태종 이방원
- 수양대군 길에서 길을 묻다
- 낭송 연산군일기
- 조선국왕 연산군
- 조광조 별
- 광해군
  (탁월한 외교정책을 펼친 군주)
- 대왕 광해군
- 병자호란(역사평설)
- 인조의 나라(주자학은 조선 후기를 어떻게 망쳤나)
- 리더라면 정조처럼
- 영남 선비들, 정조를 울리다

- 이산 정조대왕
- 역적의 아들 정조
- 정조의 법치
- 정조어찰첩
- 초기 개화사상과 갑신정변 연구
- 갑신정변 관련자 심문 진술 기록
- 근대한국외교문서: 갑신정변
- 동학과 동학농민혁명
- 전봉준과 동학농민혁명
- 왕후 모살(을미사변 연구)
- 한국 근대사 산책
- 명성황후 최후의 날
- 고종과 이토 히로부미
  (망국의 길목에서)
- 고종 평전
- 고종의 자객
- 나는 김재규의 변호인이었다
- 짓밟힌 서울의 봄
- 김지하와 그의 시대
- 나의 한국 현대사
- 12.12(그날의 진실)
- 80 서울의 봄
- 5.16 쿠데타
- 당 태종 평전
- 정관정요
- 제왕 중의 제왕 이세민
- 영락제: 화이질서의 완성

"아버지가 딸에게 이야기해주듯 편하고 흥미롭게 역사를 풀어나간다. 몰입해서 읽다 보면 어느새 역사가 딱딱한 암기과목에서 벗어나 우리 곁으로 친숙하게 다가와 있다. 역사에 흥미를 느끼고 싶고 교훈을 얻고자 하는 분들이라면 누구든 이 책을 읽어보길 추천한다."

_이정문 더불어민주당 국회의원

"대체로 정변은 서민들에겐 혼란의 기억이요, 정치세도가들에겐 실패의 역사로 전해지곤 한다. 그러나 이 책은 정변을 더 나은 내일을 위한 다양한 사람들의 노력으로 서술하고 있다. 그것이 실패했든 성공했든 역사에서는 혼란을 통해 성장이 이뤄지고 아픔을 딛고 더 나은 내일이 만들어졌다. 또 하나의 훌륭한 역사교육 교재가 완성됐다. 이 책이 이 땅의 기억을 이어나갈 아들딸들에게 좋은 이정표가 되리라 기대해본다."

_윤창현 국민의힘 국회의원

"662년 '연개소문 정변'부터 1979년 '12.12 쿠데타'까지 1300여년 정변의 역사가 20차례에 걸쳐 파노라마처럼 펼쳐지면서, 딱딱하게 느껴질 수 있는 역사가 흥미진진한 이야기로 다가온다. 역사도 참 재미있는 분야라는 것을 이 책을 통해 알 수 있었다. 평소에 역사에 관심 있었던 분들 뿐만 아니라, 포스트 코로나와 같은 시대의 정변을 준비해야 하는 기업인과 대학생에게 꼭 추천하고 싶은 책이다."

_정도진 중앙대학교 경영학부 교수

"대변혁의 한 가운데에 선 우리는 치열하게 고민하며 새로운 미래를 열어가고 있다. 역사의 흐름을 뒤바꾼 정변을 흥미롭게 그려낸 이 책에서, 그 답을 찾을 수 있지 않을까. 역사의 거울로 비추어본 지혜와 통찰력은 더 나은 내일로 가는데 도움을 줄 것이라 믿는다."

_조봉현 IBK경제연구소장

"먼 옛날 역사는 이야기로 세대를 거쳐 구전되었을 것이다. 아이들과 학생들에게 들려주고 싶은 역사 이야기라기에 읽어보았다. 정변의 생생한 장면들이 펼쳐지면서 읽는 내내 가슴을 요동치게 하고 많은 생각을 하게 만드는 책이다."

_한동환 KB경영연구소장

● 갈라북스 · IDEA Storage 출간 도서

세상 모든 지식과 경험은 책이 될 수 있습니다.
책은 가장 좋은 기록 매체이자 정보의 가치를 높이는 효과적인 도구입니다.

갈라북스는 다양한 생각과 정보가 담긴 여러분의 소중한 원고와 아이디어를 기다립니다.

- 출간 분야: 경제 · 경영/ 인문 · 사회 / 자기계발
- 원고 접수: galabooks@naver.com